OSWALD METZGER

Einspruch!

Buch

Können wir uns Deutschlands Staatswesen in der derzeitigen Verfassung noch leisten? Das Rentensystem kollabiert, das Gesundheitssystem ist unbezahlbar, die Staatsverschuldung hat einen Höchststand erreicht. Kurz: Deutschland steht am Abgrund. Und kein Berufspolitiker wagt es, schmerzhafte Wahrheiten auszusprechen, geschweige denn, grundlegende Reformen anzustoßen. Halbherzige Reparaturversuche zögern den drohenden Bankrott bestenfalls hinaus. Oswald Metzger, Querdenker und bis 2002 Abgeordneter der Grünen im Bundestag, legt eine umfassende Bestandsaufnahme der deutschen Misere vor. Sein Fazit: Die Politik der letzten Jahrzehnte hat versagt, radikale Einschnitte und realistische Neuregelungen sind nötig. Ob Sozialleistungen, Kündigungsschutz oder Rentensystem – Metzgers unkonventionelle Lösungsvorschläge fordern ein umfassendes Umdenken, eine sinnvolle Umverteilung der Gelder und mehr private Einsatzbereitschaft. Sollen unsere Kinder wirklich die trübe Suppe auslöffeln müssen, die wir ihnen in unserem kurzsichtigen Festhalten am Status quo, unserer egoistischen Besitzstandswahrung einbrocken?

Autor

Oswald Metzger, geboren 1954 in Grabs/Kanton St. Gallen, wuchs im schwäbischen Bad Schussenried auf, wo er noch heute lebt. Nach dem Abitur studierte er Rechtswissenschaften in Tübingen. Von 1974 bis 1979 gehörte er der SPD an und wurde 1987 Mitglied der Grünen. Kommunalpolitische Erfahrungen sammelte er im Gemeinderat seiner Heimatstadt und im Kreistag von Biberach. Von 1994 bis 2002 profilierte er sich auf Bundesebene als haushaltspolitischer Sprecher seiner Fraktion und war Obmann im Finanzausschuss. Als Metzger wegen innerparteilicher Auseinandersetzungen 2002 in einer Kampfabstimmung um den 6. Platz der Baden-Württembergischen Landesliste gegen Cem Özdemir unterlag, verzichtete er auf eine weitere Kandidatur für den Bundestag.
www.Oswald-Metzger.de

Oswald Metzger

Einspruch!

Wider den organisierten Staatsbankrott

GOLDMANN

Umwelthinweis:
Alle bedruckten Materialien dieses Taschenbuches
sind chlorfrei und umweltschonend.

Der Goldmann Verlag ist ein Unternehmen
der Verlagsgruppe Random House GmbH

1. Auflage
Vollständige Taschenbuchausgabe August 2004
Wilhelm Goldmann Verlag, München,
in der Verlagsgruppe Random House GmbH

Redaktion: Dr. Ulrich Mihr
Grafiken: Ingrid Schobel, München
Umschlaggestaltung: Design Team München
Umschlagfoto: Sauro Porta
Druck: GGP Media, Pößneck
Verlagsnummer: 15280
KF · Herstellung: Sebastian Strohmaier
Made in Germany
ISBN 3-442-15280-1
www.goldmann-verlag.de

Inhalt

Teil II

Abschied vom Schlaraffenland

Teil III

Der öffentliche Haushalt in der Verschuldungsfalle

Teil IV

Epilog

Anhang

Vorwort zur Taschenbuchausgabe

Dieses Buch wurde Anfang April 2003 abgeschlossen und erschien im darauffolgenden Monat in seiner ersten Auflage. Inzwischen sind fünf Auflagen gedruckt und die Frankfurter Allgemeine Sonntagszeitung kürte das Buch Ende 2003 zu einem der zehn besten Wirtschaftsbücher des Jahres. Für die nun vorliegende Taschenbuchausgabe stellte sich nur kurz die Frage nach einer inhaltlichen Neubearbeitung. Zwar sind einige Personen der Zeitgeschichte wie Florian Gerster als zeitweiliger Chef der Bundesagentur für Arbeit längst wieder Geschichte, ist nicht Berthold Huber, sondern Jürgen Peters Nachfolger von IG-Metallchef Zwickel geworden, gibt es mit Sicherheit schon wieder aktuelleres Zahlenmaterial der amtlichen Statistik – doch substanziell hat sich die Situation auf der Reformbaustelle Deutschland in den vergangenen zwölf Monaten leider nicht wesentlich verändert. Dieses Buch gibt nach wie vor die Grundprobleme der überwiegend umlagefinanzierten Sozialsysteme wieder, beschreibt den verkrusteten Arbeitsmarkt mit seiner Abschottung gegenüber Arbeitslosen und ein Steuersystem, das intransparent und leistungsfeindlich ist wie kein anderes auf diesem Globus. Und die Lösungsvorschläge gehen nach wie vor weit über das hinaus, was sich das politische Establishment in Berlin zutraut. Die Lage der öffentlichen Finanzen hat sich im abgelaufenen Jahr weiter massiv verschlechtert. Die Kassen sind so leer wie nie, die gesamtstaatliche Verschuldung auf Rekordniveau und der europäische Stabilitätspakt ist faktisch mausetot, weil die deutschen Kreateure ihn im laufenden Jahr bereits das dritte Mal in Folge verletzen. Der Politikbetrieb reagiert seit Jahresbeginn 2004 wieder so unglaublich ignorant und tatenlos angesichts der strukturellen Krise in Deutschland, wie wir es seit vielen Jahren gewohnt sind und wie Sie es – ketzerisch, aber nicht verbissen – im ersten Kapitel über die Mechanismen des Politikbetriebs nachlesen können.

Dabei hatte es im letzten Jahr durchaus hoffnungsvolle Zeichen in Deutschland gegeben. Ein leibhaftiger sozialdemokratischer Parteivorsitzender und Bundeskanzler hatte am 14. März mit seiner »Agenda 2010«-Rede im Deutschen Bundestag den Aufschlag für eine Reformdebatte geliefert, die das gesamte letzte Jahr beherrschte. Er setzte Einschnitte bei Arbeitslosenhilfe und Rente in seiner Partei durch, bemühte aber so oft den Rücktrittsdrohungsknüppel, dass er im Februar 2004 den Parteivorsitz an einen Sozialdemokraten mit Stallgeruch, nämlich an Franz Müntefering abgeben musste. Denn trotz einiger richtiger Reformschritte machte die SPD in den Umfragen keinen Stich, lehnte sich das Parteiestablishment gegen den erfolglosen wirtschaftsfreundlichen Kanzler auf.

Das Jahr 2003 verzeichnete auch einen gescheiterten IG-Metall-Streik. Der Arbeitskampf um die 35-Stunden-Woche in Ostdeutschland wurde verloren, weil die Arbeitnehmer dort ihren bescheidenen Arbeitskostenvorteil gegenüber Westdeutschland gerade angesichts der bevorstehenden Osterweiterung der Europäischen Union nicht aufgeben wollten, weil die Kolleginnen und Kollegen in Osteuropa – gut ausgebildet und hochmotiviert – zu noch weit niedrigeren Kosten arbeiten. Der gescheiterte Arbeitskampf in Ostdeutschland wurde im Ausland übrigens mehr als im Inland als entscheidendes positives Signal eines endlich beginnenden mentalen Wandels in Deutschland gewertet. Und auch die Union ließ sich vom Reformdrive anstecken. Angela Merkel verankerte mit Erfolg, aber gegen den hinhaltenden Widerstand der »sozialdemokratischen« bayerischen CSU ein modernes Steuerkonzept und das Gesundheitsprämienmodell in der CDU-Programmatik. Ganz offensichtlich versucht die Union die Erwartungshaltungen ihrer Wählerinnen und Wähler schon in der Opposition zu dämpfen, um in künftiger Regierungsverantwortung nicht falscher Versprechungen wegen zu büßen.

Im Spätherbst 2003, als sich plötzlich die Steuerkonzepte von Paul Kirchhoff und Friedrich Merz auf der tagespolitischen Bühne tummelten, kam sogar kurzzeitig so etwas wie ein Reformhype-Klima im Lande auf. Viele glaubten, man stehe wenige Monate vor einem steuerpolitischen Befreiungsschlag. Die Presse schrieb sich stellenweise in ein wahres Reformfieber hinein. Doch so, wie im Jahr 2000 der Börsenhype crashte, so zerstoben nach dem Jahreswechsel alle Hoffnungen auf die Fortsetzung der Reformpolitik. Nach der Einigung im Steuerstreit zwischen Regierung und Opposition im Vermittlungsausschuss kurz vor Weihnachten, war die Reformbescherung auf dem kleinsten gemeinsamen Nenner mehr schlecht als recht gelungen. Und von nun an herrschte das, was wir in Deutschland jetzt bereits wieder seit fünf Monaten erleben: Stillstand, Rückschritt, politische Blockade.

Die Union will an die Macht und gönnt deshalb mit ihrer Bundesratsmehrheit der rot-grünen Koalition keinen substanziellen Erfolg. Sozialdemokraten und Grüne rufen das Ende der Zumutungen aus, beschließen bürokratische Monster wie die Ausbildungsplatzabgabe und machen ganz offiziell Verschuldung wieder hoffähig, weil man sich in der Konjunkturkrise nicht kaputtsparen dürfe. Dabei wächst derzeit die Volkswirtschaft, vor allem befeuert durch das positive weltwirtschaftliche Umfeld, mit einer Jahresrate von real 1,5 Prozent. So hoch war die Wachstumsdynamik in Deutschland seit 2000 nicht mehr. In einem solchen Umfeld müsste eine auf Strukturreformen ausgerichtete Politik Vertrauen und Glaubwürdigkeit in die Gesellschaft hinein vermitteln. Die Bevölkerung giert nach Ehrlichkeit, ist mehr zur Veränderung bereit, als die Parteien wahrnehmen. Der Vertrauensverlust in die Gestaltungsfähigkeit der Politik wächst derzeit atemberaubend.

Alles scheint möglich in Deutschland. Eine Lähmung, die sich bis zu den nächsten Bundestagswahlen hinzieht und dem Land (und der nächsten Regierung) eine katastrophale Schuldenlast hinterlässt nach dem Motto: Nach uns die Sintflut. Aber vielleicht auch eine Große Koalition der Vernunft, die spätestens im Herbst an die Arbeit gehen müsste, um gemeinsam die wichtigsten Reformen in der Steuerpolitik, bei Rente, Gesundheit und Pflege und weniger Regulierung im Arbeitsmarkt durchzusetzen und dadurch die Staatsfinanzen nachhaltig zu konsolidieren.

Das Allgemeinwohl unseres Landes ist wichtiger als eure Machtspiele, möchte man den Parteistrategen in Bund und Ländern zurufen. Wenn das politische Establishment nicht bald die Strukturreformen tatkräftig anpackt, dann wird es einen Aufstand der bürgerlichen Wählerschichten geben, der sich auch in politischer Radikalisierung manifestieren kann – nicht nur in Wahlabstinenz und dem wirtschaftlichen Abschied aus Deutschland.

Bad Schussenried, im Mai 2004 *Oswald Metzger*

Vorwort

Politiker als Buchautoren? Ich habe nie viel davon gehalten. Es gibt viele belanglose Produkte, Schnellschüsse fürs Image. Man will ja schließlich als Vordenker, als intellektueller und strategischer Kopf gelten. Ich wollte nie ein Buch schreiben. Doch ein Verlag machte mir bereits ein Angebot, als ich noch einige Wochen Abgeordneter im Deutschen Bundestag war. Damals sprang ich nicht richtig auf das Projekt an.

Der Durchbruch kam ausgerechnet mit einem Talkshow-Auftritt bei Sabine Christiansen Ende November letzten Jahres. Obwohl ich diese Sonntagabendrunde so unterirdisch finde, dass ich sie – wenn überhaupt – vor dem Bildschirm selten mehr als zehn Minuten aushalte, hat mir mein eigener Auftritt dort weitere Verlagsangebote eingebracht. Plötzlich war ich im Zugzwang. Ein Buch schreiben und damit als Politiker (jetzt ohne Mandat) Geld verdienen. Das hat doch was! Und Sie wissen ja, mit einem Buch kann man sich als Vor- und Querdenker, als konzeptioneller und kluger Kopf verkaufen. Man kann nach getaner Arbeit wieder durch die Talkshows tingeln und dadurch den Weg für ein politisches Comeback bereiten.

Natürlich habe ich den Ehrgeiz, ein ebenso gehaltvolles wie unterhaltsames Buch zu schreiben. Ich will im ersten Teil meine Erfahrungen mit den Mechanismen des bundesrepublikanischen Politikbetriebs beschreiben: ketzerisch, doch nicht verletzend und verbissen, aber auch mit Selbstironie. Im größeren

Hauptteil versuche ich die Mythen unseres Sozialstaates zu entlarven und Lösungsvorschläge aufzuzeigen. Das geht weit über das hinaus, was in den nächsten Monaten die tagespolitischen Schlachten beherrschen wird. Die Gewerkschaften rufen einen heißen Mai aus, um den sozialdemokratischen Kanzler und seine ersten Reformgesetze noch auszubremsen. Sie und wir alle werden uns aber auf eine Reformagenda einstellen müssen, die unsere Gesellschaft und unseren Staat bis zum Ende dieses Jahrzehnts in einem langen Prozess aus der wohlfahrtsstaatlichen Erstarrung löst. Viele Tabubrüche wird es noch geben müssen, viele Besitzstände sind noch zu schleifen. Unser Verhältnis zum Sozialstaat wird sich wandeln müssen – weg von der Rundumversorgung, hin zum Subsidiaritätsprinzip, der Hilfe zur Selbsthilfe. Mehr Eigenverantwortung wird die kollektiven sozialen Sicherungssysteme flankieren müssen, weil die demografische Entwicklung sonst zum Kollaps der umlagefinanzierten Sozialversicherungen und des Staatsbudgets führt.

Natürlich wünsche ich mir, dass Sie nicht schlapp machen nach den ersten Seiten und das Buch im besten Sinn lesenswert finden. Ich bedanke mich beim Riemann Verlag für die Chance, drei Monate ausschließlich an diesem Buchprojekt arbeiten zu können. Danke auch an Sebastian Hofmann, Jochen Raven und Michael Vöhringer, mein Dream-Team während meiner letzten Bundestagsjahre, ohne deren kreative und freundschaftliche Mitarbeit der Abgeordnete Metzger nicht ins Rampenlicht hätte treten können. Vor allem bedanke ich mich bei meiner Frau Ulrike, die den oft abwesenden Partner in langen Jahren und vielen Auseinandersetzungen nicht aufgegeben hat. Sie hat auch meine dreimonatige Anspannung beim Recherchieren und Schreiben, neben ihrem Geschäft und der

Familienarbeit, die mehr als sonst auf ihren Schultern lastete, am unmittelbarsten erleben müssen. Ihre Tochter Rahel ertrug mich, der ich plötzlich ständig zu Hause war, neben Schule, Führerscheinerwerb und vermehrter Hausarbeit. Immer wieder stellte sie mir in diesen langen Wochen einen erstklassigen Espresso neben den PC. Danke!

Bad Schussenried, im April 2003 *Oswald Metzger*

Teil I
Die Mechanismen des Politikbetriebs

1
Politik und Kompetenz – ein Widerspruch

Im Herbst 1994 landete ich unverhofft als Abgeordneter im Bonner Regierungsviertel. Für mich begann ein Lebensabschnitt, wie ihn sich kein Mensch vorher ausmalen kann. Das Leben als Abgeordneter ist geprägt durch eine schier unglaubliche Geschäftigkeit, einen privilegierten beruflichen Status und eine soziale und emotionale Entkoppelung von der realen Welt. Das Jahr ist ab sofort in parlamentarische Sitzungswochen unterteilt, gut 20 im Schnitt pro Jahr, in die viele Abgeordnete möglichst viel Arbeitszeit reinpacken. Sie wollen damit ihr schlechtes Gewissen beruhigen, weil sie kaum noch zu Hause sind. Partner, Familie und Freunde sind auf einmal weit weg. Zu Hause sind die Politiker fast nur noch in den Wahlkreiswochen, doch sie sind nicht wirklich »anwesend«, weil sie bei unglaublich vielen Terminen präsent sein müssen. Wenigstens schlafen sie dann in der Regel zu Hause, was für sie einen unglaublichen Zugewinn an Familienleben bedeutet.

Das alles spielt sich in einem Umfeld geradezu panischer Profilneurosen ab: Keiner gönnt dem anderen einen Erfolg, und die Woche ist fast schon gelaufen, wenn montags in *Spie-*

gel oder *Focus* die falschen Kolleginnen und Kollegen – vor allem der eigenen Fraktion! – erwähnt werden, der eigene Name aber fehlt.

Alle strampeln pausenlos um öffentliche Wahrnehmung. Wer bei Journalisten als Volksvertreter gefragt ist und befragt wird, sagt im Zweifel zu allem etwas. Denn nichts wäre schlimmer, als eine Profilierungschance auszulassen und womöglich nicht bald die nächste zu bekommen. Der öffentliche Auftritt, gute Präsenz in der Presse und vor allem der Kopf im Fernsehen – das ist Balsam fürs Politikerego, es nützt der eigenen Partei, und die Wähler daheim sehen, dass ihr Abgeordneter bedeutend ist. Die Medien, die Verbandsvertreter, der ganze bezahlte Parlamentsbetrieb, kurzum alle im Dienstleistungsunternehmen Deutsche Politik-AG spielen das Spiel mit.

In einem Interview mit meiner oberschwäbischen Heimatzeitung in Biberach hatte ich nach den ersten Bonner Wochen verkündet: »Ich will kein Hinterbänkler sein!« Richtig naiv tönte ich damals, der von mir als Hauptaktionsfeld gewählte Haushaltsausschuss sei ein Querschnittsarbeitsfeld, in dem ich viele Politikfelder kennen lernen könne. Schließlich gelte auch in Bonn der altlinke Sponti-Spruch: »Ohne Moos nix los!« Die erste Legislaturperiode stellte ich als meine bundespolitische Lehrzeit dar, die ich nach vier Jahren als »Politiker-Geselle« abschließen wollte.

Zwei Monate später und nach dem ersten Redeauftritt als »haushaltspolitischer Sprecher« der Grünen im Parlament war ich bereits »Haushaltsexperte«. Zeitungen und Fernsehsender hatten mich dazu ernannt. »Vollends durch« als »Fachpolitiker«, wie sich mein damaliger Fraktionsvorsitzender Joseph Fischer ausdrückte, war ich, nachdem die *Frankfurter Allgemeine Zeitung* den drei Grünen im Haushaltsausschuss, ihrem

Sprecher Metzger voran, ein Porträt auf der legendären Spalte der ersten Buchrückseite widmete.

Das war nur vier Monate später. Können Sie sich vorstellen, wie verblüfft ich von meiner eigenen Karriere war?

Ich hatte noch keine Ahnung, wie der Parlamentsbetrieb im Detail funktionierte, ich hatte noch keinen einzigen Bundeshaushalt im Parlament verabschieden helfen, und doch war ich schon Haushaltsexperte. Wer als Berufspolitiker mehr als zweimal zum gleichen Thema etwas sagt, gilt als Experte. Entsprechend oberflächlich sind die Debatten im und ums Parlament. Unbeeinträchtigt von Sachkenntnis stochern viele im Politikbetrieb mit der Stange im Nebel. Die Funktionen, für die in den Parlamentsfraktionen Sprecher gewählt oder ernannt werden (oder sich gelegentlich selbst ernennen), sind ebenso vielfältig wie lächerlich. Ein Politiker muss eine Funktion haben, sonst hat er kein Gewicht, scheinen viele Abgeordnete zu denken.

Geschäftigkeit, blinder Aktionismus und opportunistisches Schielen nach den Trends der Woche – durch fragwürdige Meinungsumfragen gestützt – ersetzen viel zu häufig solides Arbeiten, konzeptionelle Debatten und konkretes Handeln, obwohl die Bevölkerung das alles doch von den Managern des Gemeinwohls (von Regierung und Parlament) erwarten dürfte.

2
Die Personalauswahl garantiert Substanzlosigkeit

Es gibt extrem viele »Experten« im Parlament. Dass sie kaum jemals Fachfrauen und Fachmänner im Wortsinne sind, erwähnte ich bereits. Natürlich haben die meisten Berufspolitiker auch Berufe und Ausbildungen, doch viele verloren den Bezug zu ihrer einstigen Tätigkeit. Außerdem werden die Fachausschüsse des Parlaments häufig nicht auf Grund der fachlichen Eignung der Abgeordneten besetzt, sondern eher nach den angesagten und zur Profilierung taugenden Themen in der laufenden Legislaturperiode. In Aufgabenfelder, die absehbar Konjunktur haben und größere mediale Aufmerksamkeit garantieren, drängen mit Ellbogen auch Politiker, denen es an Kompetenz zu diesen Themen mangelt. Doch es gibt auch noch andere Motive. Haushaltspolitiker reisen als Berichterstatter gerne, auch Außen- und Wirtschaftspolitiker sind viel unterwegs. Abgeordnete, die wenig Auftritte in der Öffentlichkeit ergattern oder im Parlament kaum Aufmerksamkeit erregen, genießen – zur Bedeutungslosigkeit verdammt – eben die angenehmen Seiten eines privilegierten Berufs mit glänzender Altersversorgung. Und dann gibt es im Parlament natürlich auch noch die Hardcore-Lobbyisten, Vertreter von Verbänden und Gewerkschaften, die ihre Aufgabe als Abgeordnete vor allem definieren durch den Aufbau neuer Besitzstände oder zumindest durch die Verteidigung alter Pfründe ihrer Klientel.

Eine Entwicklung darf nicht übersehen werden: In Zeiten der medialen Demokratie übt das Parlament immer weniger Einfluss aus, und die Regierung dominiert das Parlament, ganz besonders aber die Regierungsfraktionen, immer stärker. Das gilt in ähnlicher Weise für die Opposition, denn auch dort konzentrieren sich Macht und Einfluss auf die Wenigen in der Fraktionsführung. Nur ein kleines Grüppchen von Parlamentariern im Bundestag hat wirklich Gewicht und kann tatsächlich etwas gestalten.

Neigung und Fachwissen sind also nur selten die Triebfedern für die Übernahme von Themenfeldern, sondern meist ist es die Gier nach der guten, medialen Vermarktung der eigenen Person oder die beschauliche Idylle der Dienstreisen oder die harte Lobbyarbeit für bestimmte Interessengruppen. Dieses Grundraster bei der Verteilung von Aufgaben im Parlament verhindert geradezu inhaltliche Substanz. Kompetenz ist eben kein Kriterium! – Und das gilt auch in Bereichen, die unbedingt reformiert werden müssen: Arbeitsmarkt, Gesundheit und Rente.

Im Bundestag ist ein besonders merkwürdiges Phänomen zu beobachten, das die Bevölkerung direkt am Geldbeutel trifft. Neun von zehn Abgeordneten sind Fachpolitiker, und sie wollen in aller Regel mehr soziale Gerechtigkeit durch mehr Leistungen des Staates schaffen oder durch staatliche Lenkung möglichst alle Lebensbereiche in erwünschte Bahnen lenken. Das kostet immer sehr viel Geld und schafft immer mehr Bürokratie.

Für den Staatshaushalt zuständig sind im Parlament die Haushaltspolitiker, in dieser Legislaturperiode 45 von 603 Abgeordneten. Diese kleine Minderheit ist ständig mit der Spendierfreudigkeit der überwältigenden Mehrheit der Fachpolitiker konfrontiert, und das mit fatalen Konsequenzen. Das Ergebnis kennen Sie seit Jahrzehnten. Weil Geld nicht wie Manna vom Himmel fällt, kommt der Staat mit seinen Einnahmen nicht aus, erhöht beständig die Schuldenlast. Zins und Zinseszins müssen aber bezahlt werden. Immer größere Anteile der Steuereinnahmen fließen in die Bedienung des Schuldendienstes. 1965 betrug die Zinssteuerquote 3,3 Prozent, 2001 bereits 14,8 Prozent. Steuern und Abgaben steigen. Jeder kann es an seiner Gehaltsabrechnung Monat für Monat ablesen. Der Brutto-Netto-Vergleich spiegelt den immer gefräßiger werdenden Staat wider.

Wider besseres Wissen wurden die sozialen Leistungen auch dort erhöht, wo die Finanzierungsbasis durch die Alterung der Gesellschaft ständig knapper wurde. »Die Rente ist sicher« war verlogenes Schlagwort eines christdemokratischen Arbeitsministers mit sozialdemokratischen Allüren. Das ist ein Mythos des Sozialstaats, der sich aus organisierter Verantwortungslosigkeit nährt.

Das Verhalten vieler Politiker ist bestimmt von Inkompetenz, Borniertheit und Angst vor dem Liebesentzug durch die Bürger, die stets nach staatlichen Wohltaten lechzen. Auf die fatale Praxis, die daraus entstanden ist, werde ich im 2. Kapitel eingehen.

Ein besonders pikantes Beispiel für die Selbstüberschätzung von Politikern erlebte ich hautnah in den entscheidenden Wochen der ersten Rot-Grünen Regierungsbildung im Oktober 1998. Fast zwei Drittel meiner damaligen Kolleginnen und Kollegen in der Grünen-Bundestagsfraktion fühlten sich zu höheren Weihen berufen – als Staatssekretäre, Regierungsbeauftragte, Ausschussvorsitzende. Der von Ehrgeiz geprägte Kampf um Ämter und Würden stand häufig in krassem Gegensatz zur fachlichen und persönlichen Eignung der sich berufen Fühlenden. Ich hatte keine weiteren Ambitionen, weil mich der Spielraum des Haushaltssprechers reizte, den ich in der Oppositionszeit schätzen gelernt hatte und den es jetzt in Regierungsverantwortung auszubauen galt. Doch jene Wochen der personellen Entscheidungen waren geprägt von Gier und Missgunst in der gesamten Fraktion. Das Intrigenspiel war so widerlich, dass ich mich förmlich dazu zwingen musste, zu den Sitzungswochen in dieses Bonner Haifischbecken anzureisen. Auch Grüne werden zu Hyänen, wenn es um Macht und Pfründe geht.

3
Parteien brauchen Parteisoldaten

Gerade meine Partei, Bündnis 90/Die Grünen, liefert schlagende Beweise dafür, wie aus einer Antiparteien-Partei, die dieses Attribut auch noch mit moralischer Inbrunst wie eine Monstranz vor sich hertrug, innerhalb einer Generation eine normale Partei mit den klassischen Ritualen des Politikbetriebs wurde. Die Gründungsjahre, der Charme des Andersseins, das anarchische Chaos des ersten Jahrzehnts war für die Grünen in der Rückschau ein Segen.

In jenen entscheidenden Jahren sammelte sich eine Vielzahl von Quereinsteigern aus allen möglichen gesellschaftspolitischen Lagern – von Eine-Welt-, Frauen-, Friedens-, Umweltbewegten bis zu den Frustrierten in anderen Parteien und Organisationen – in dieser neuen Partei. Noch heute profitieren die Grünen von jenem Humankapital, das ihnen damals fast von alleine in den Parteischoß viel. Nicht nur die Fischers, Trittins, Künasts, die heute Bekanntesten der damaligen Einsteigergeneration, sondern viele sehr gute Köpfe, die in hauptamtlichen kommunalen Positionen oder vor allem in Landtagsfraktionen und in der Bundestagsfraktion sitzen, sind beredtes Zeugnis dieser im deutschen Parteiensystem nach wie vor bemerkenswerten »Quereinsteiger-Partei«. Und ich bekenne gern, dass auch mich dieses Projekt so fasziniert hat, dass ich es von Beginn an gewählt habe. Mitglied wurde ich allerdings erst 1987, nachdem ich bereits das erste Mal für die Grünen für den Bundestag kandidiert hatte. Ich vergesse dieser Partei nie, dass sie mich bei einem Landesparteitag 1986 als Parteilosen auf ihrer Landesliste (Platz 8) platzierte.

Doch auch bei uns Grünen wollen politische Karrieren inzwischen nach den alten Ritualen aufgebaut werden. Die Methode ist immer die gleiche: Frau oder Mann engagiere sich in der Jugendorganisation der Partei, tauche möglichst oft als Delegierter auf Landes- und Bundesparteitagen auf, stehe auffällig häufig als Antragsteller unter Anträgen, die mindestens eine beachtliche Parteitagsminderheit hinter sich haben, wenn nicht gar mehrheitsfähig sind – und der persönliche Bekanntheitsgrad in der Partei wird rasch wachsen. Gelegentliche Beiträge in Parteiblättern sind ebenso nützlich wie Positionen als Beisitzer in Landesvorständen, die einen näher an die Spitzen der Landespartei heranbringen. Denn die Aspiranten auf bezahlte Ämter müssen sich systematisch an die Spitzenleute heranrobben, deren Aufmerksamkeit auf sich lenken und Loyalität demonstrieren oder zumindest heucheln, denn gegen die Häuptlinge wird kaum einer auf der Karriereleiter nach oben klettern. Gelebte Linientreue ist wichtiger als ein eigener Standpunkt, auch wenn er kompetent vorgetragen wird. Die Parteitagsrhetorik mit den gerade aktuellen parteiinternen Reizthemen muss selbstverständlich beherrscht werden. Ansehen in einer breiteren Öffentlichkeit ist weniger wichtig, persönliche Glaubwürdigkeit und fachliche Kompetenz zählen kaum. So werden Parteisoldaten rekrutiert, in meiner Partei auch viele Parteisoldatinnen, weil bei uns Grünen ja schon das Geschlecht ein wichtiges Merkmal der Qualifizierung ist.

Niemand sollte sich bei den Usancen, die auf dem Parteienparkett üblich sind, darüber wundern, dass nur wenige Selbständige und Freiberufler, aber auch vergleichsweise wenige in der Privatwirtschaft abhängig Beschäftigte in der bezahlten Politik zu finden sind. Der öffentliche Dienst dominiert unsere Politik. Und ein Berufsstand ist in den Parteien besonders stark vertreten: die Beamten. Allen voran die Lehrer. Ich wage die Behauptung, dass eine Karriere in der Privatwirtschaft ein Hindernis für parteipolitisches Engagement darstellt. Wer es im Beruf außerhalb bestimmter Berufsfelder des öffentlichen Dienstes zu etwas bringen will, hat nicht die Zeit, viele Abende und Wochenenden auf endlosen, langweiligen Parteiveranstaltungen zu verbringen. So fördern die Rituale des Politikbetriebs auch einen bestimmten Typus des im Denken wie im Status beamteten Berufspolitikers.

Ach, überhaupt: die Lehrer und die Politik. Wer sich nur zwischen Klassenzimmer, Hörsaal und Klassenzimmer bewegt, pflegt lebenslang den gewohnten Frontalunterricht. Ein Lehrer hat immer Recht, wenn er vor seiner Klasse steht. Der typische Lehrer ist ein ausgesprochener Einzelgänger, kooperative Arbeitsformen mit Kollegen oder gar Supervisionen sind ihm fremd. Er leidet aber schwer an seinem selbst gewählten Schicksal, sich mit überforderten Schülern und noch überforderteren Eltern auseinander setzen zu müssen. Doch pädagogisches Gespür ist ein Fremdwort im Lehreralltag, obwohl regelmäßige pädagogische Fortbildungen stattfinden, aber selbstverständlich während der Unterrichtszeit. Denn die unterrichtsfreie Zeit darf dafür nicht angetastet werden, weil Lehrer unglaublich aktiv werden in ihrer Freizeit, die ja auch nicht zu knapp bemessen ist. Einziger Trost des lausigen Lehrerdaseins ist wenigstens die ordentliche Bezahlung und eine erstklassige Pension. Lehrerehepaare sind wenig beliebte Bauherren. Sie verfügen zwar über ein Einkommen, das schlüsselfertiges Bauen noch möglich macht, sind aber gefürchtet wegen ihrer Mängelrügen, mit denen sie kurz vor Ablauf der Gewährleistungsfrist in langen Briefen ihre Handwerker traktieren. Der Schulfrust braucht eben ein Ventil.

Richtig revolutionär werden Lehrer meiner Generation immer dann, wenn sie sich nach dem zweiten oder dritten Glas Rotwein abends in der Weinstube über mangelnde Gerechtigkeit in der globalisierten Welt erregen. Denn ein Lehrer hat unglaublich hohe Ansprüche an eine verteilungsgerechte Gesellschaft, vor allem aber an seinen Dienstherrn. Werden Forderungen an ihn selbst gestellt, reagiert er agressiv, vor allem, wenn man den privilegierten Beamtenstatus des Lehrers in Frage stellt. Redend, schreibend, alles besser wissend und immer ein bisschen leidend, schlägt er sich durchs Leben. Dieses Naturell ist gut aufgehoben in der Politik, oder finden Sie nicht?

Politiker, die sich in den Kommunalparlamenten die politischen Sporen verdient haben, geraten auf Parteitagen zunehmend in die Minderheit. Denn wer ein Gemeinderats- oder Kreistagsmandat ausübt, für das er vor allem in ländlichen Regionen den Bürgern und Wählern viel stärker mit seiner ganzen Person haftet als für ein Parteiamt, hat neben Familie und Beruf einfach keine Zeit mehr für zusätzliche Parteitermine. Allein die abendlichen Rats- und Fraktionssitzungen sind ehrenamtliche Belastung genug.

Deshalb geben bei Parteitagen überwiegend jene Akteure den Kurs vor, die nicht pragmatisch, sondern ideologisch für die als gerecht erkannte Sache fechten. Denn wer in einem Kommunalparlament mit Andersdenkenden für seine Grüne, Rote, Schwarze oder Gelbe Sache streitet, lernt meist sehr schnell, dass es vernünftige Rezepte für die Lösung gesellschaftlicher Probleme in allen politischen Lagern gibt und dass der Kompromiss zum wirklichen Leben gehört. Außerdem sind politische Phrasendrescher im Kommunalparlament schnell entlarvt, weil Kollegen und Bürger die Substanz des Gesagten schnell überprüfen können.

Parteitage funktionieren jedoch nach einem anderen Muster. Entweder sind sie – vor allem auf Bundesebene – rein mediale Inszenierungen mit einem Auditorium aus delegierten Claqueuren. Oder sie sind ideologisch in ihrer einfältigen Grundbotschaft: Die »anderen« sind schlecht, sie bieten keine Konzepte zur Lösung der gesellschaftlichen Probleme. Wir sind die einzig wahren Guten!

Auf diesem banalen Strickmuster beruht in der inszenierten Parteienrepublik die Abgrenzungsbotschaft, die jedes Parteimitglied im Schlaf herunterbeten kann. Kommt ein guter Vorschlag von der falschen Seite, muss ich den Vorschlag ablehnen, auch wenn er in der Sache gut ist. Meine Partei hat immer Recht, auch wenn der von ihr postulierte Lösungsweg der Holzweg ist. Doch Abgrenzung um jeden Preis führt zu Blockade und Selbstblockade und wirkt abschreckend auf kreative Persönlichkeiten, die solche Mechanismen verurteilen, weil sie jede Veränderung unmöglich machen.

»Politik und ihre Persönlichkeiten« war immer ein heißes Thema. Ohne einen starken Hang zur narzisstischen Selbstverliebtheit und eine gewaltige Profilneurose kommt ein Mensch in diesem Beruf selten nach ganz oben. Mir selbst sind diese Eigenschaften keineswegs fremd. Was ich aber verabscheue, ist die damit häufig verbundene Verlogenheit, die kennzeichnend ist für den Politikbetrieb. Opportunismus des Geschäfts, oberflächliche Beliebigkeit und typische Phraseologie der nichts sagenden Politikersprache verführen zu standpunktlosen und austauschbaren Spitzenpolitikern jeglicher Couleur. Ich will die Vergangenheit nicht glorifizieren, wenn ich mich nach kantigen Persönlichkeiten der Sechziger- und Siebzigerjahre im Parlament zurücksehne – etwa an Franz-Josef Strauß oder Herbert Wehner. Selbst ein Gregor Gysi war im vergangenen

Jahrzehnt eine Gnade für den Berufsstand der Politiker, intellektuell spritzig und rhetorisch brillant. Heute beherrscht Stromlinienförmigkeit die Szenerie, selbst wenn man einräumen muss, dass Gerhard Schröders Aufstieg zum Kanzler in gewissen Phasen seiner Karriere zu Lasten seiner Partei ging. Auch Außenminister Joseph Fischer profilierte sich in vielen Jahren gegen die linke Mehrheit seiner Partei. Parasitäre Publizität nennt sich dieser Mechanismus, der Einzelne ganz nach oben tragen kann. Überwiegend führt allerdings Profilierung zu Lasten der eigenen Partei aufs machtpolitische Abstellgleis. Heiner Geißler ist dafür ein gutes Beispiel, obwohl er auch ohne Macht viel öffentliche Aufmerksamkeit erhält – zu Recht, wie ich meine. Manche sagen mir Geißler'sche Attitüden gegenüber meiner Partei nach. Ich möchte nicht grundsätzlich widersprechen.

Es ist beileibe kein Trost, dass auch auf der gesellschaftlichen Bühne, in Verbänden, Gewerkschaften, in den Medien, beim Führungspersonal in zahlreichen Unternehmen, die opportunistischen und eigennützigen Blender den Ton angeben. Wir brauchen wieder Leute mit Format in Führungsfunktionen der Gesellschaft, die eigene Standpunkte haben, ohne starrköpfig zu sein, die gegen den Strom des nur modernistischen Zeitgeistes schwimmen, in denen ein inneres Feuer für die Sache brennt und die nicht nur der Eigennutz leitet.

Ich erinnere mich an eine heftige Auseinandersetzung im Jahr 1997. Die CDU/FDP-Koalition hatte ihre Petersberger Steuerbeschlüsse durch den Bundestag gebracht und der SPD-dominierte Bundesrat machte sich unter Federführung von Oskar Lafontaine daran, diesen steuerpolitischen Befreiungsschlag der amtierenden Koalitionsregierung zu verhindern.

Union und FDP verfolgten mit ihrem Steuerreformpaket

(den Petersberger Steuerbeschlüssen) das Ziel, zahlreiche Steuervorteile im Einkommensteuerrecht zu streichen und dafür die Steuertarife deutlich zu senken. Der Eingangssteuersatz sollte von knapp 26 auf 15 Prozent sinken, der Spitzensteuersatz von 53 auf 39 Prozent. Die dadurch entstehenden Steuerausfälle lagen rechnerisch für das Jahr 1999, dem ersten Jahr der vollen Gültigkeit, bei rund 17 Milliarden Euro. Aus diesem Grund war als Gegenfinanzierungsinstrument auch noch eine Mehrwertsteuererhöhung im Gespräch, die aber nicht näher benannt wurde. An den hohen Steuerausfällen für die defizitären öffentlichen Haushalte entzündete sich die Hauptkritik der Opposition.

Ich saß für meine Fraktion als Stellvertreter im Vermittlungsausschuss von Bundestag und Bundesrat. Dort erlebte ich die Blockadestrategie aus nächster Nähe. Weil wir Grünen, allen voran meine Kollegin Christine Scheel, uns damals mit einem eigenen Steuerreformkonzept – ganz im Gegensatz zur großen SPD – profiliert hatten, mühte sich eine Minderheit in unserer Fraktion darum, mit der einen Grünen Stimme im Vermittlungsausschuss, mit der wir der Schwarz-Gelben Steuerreform hätten zur Mehrheit verhelfen können, Politik im besten Interesse des Landes zu machen.

In einer Realo-Runde in der Parlamentarischen Gesellschaft zu Bonn tagten wir eines Abends, um über die Strategie im Vermittlungsverfahren zu sprechen. Ich plädierte pointiert für eine vermittelnde Strategie jenseits der SPD-Blockade und warb – auf Grund der Finanzlage der öffentlichen Haushalte – für eine mehrstufige und damit bezahlbare Umsetzung der Petersberger Steuerbeschlüsse. Ich war überzeugt, dass es uns Grünen gut anstehen würde, im Interesse des Gemeinwohls das konzeptionell richtige Steuerkonzept umsetzen zu helfen.

Ich wies ausdrücklich darauf hin, dass wir Grünen mit einer Position, die das Interesse des Landes über das Parteiinteresse stellt, auch bei den kommenden Wahlen punkten könnten. Der anwesende Joseph Fischer, damals Fraktionsvorsitzender, war außer sich. In barschem Ton teilte er der Versammlung mit, dass Oswald Metzger in der gleichen Liga wie Halo Saibold spiele, damals Grüne Abgeordnetenkollegin, die später an einem wichtigen Wahlsonntag für die *Bild am Sonntag*-Schlagzeile »Urlaubsflüge sollen rationiert werden!« verantwortlich gemacht wurde. Es komme überhaupt nicht in Frage, betonte Fischer, dass die Grünen der ablösungsreifen Kohl-Regierung zu einem Erfolg verhülfen. Hier müssten wir Seite an Seite mit der SPD streiten. Ich hingegen würde nur einer Schwarz-Grünen Liaison das Wort reden.

Fischers Philippika hatte zwei Wirkungen. Die Mehrheit für die Fischer-Linie bei den Realos stand. Und ich produzierte, ob des Saibold-Vergleichs erbost, einen Riesenfleck auf dem Tischtuch, weil ich mein mit bestem französischen Rotwein gefülltes Glas so hart auf den Tisch aufsetzte, dass es mir in der Hand zerbrach. Schade um den Chateau Cheval-Blanc, 1er Grand Cru, Jahrgang 1985.

Machtpolitisch bewies die Bundestagswahl 1998, dass Joseph Fischers Spekulation auf den Posten des Außenministers einer Rot-Grün geführten Bundesregierung aufging. Bei einer mit Grüner Unterstützung erfolgreichen Petersberger Steuergesetzgebung wäre daraus mit Sicherheit nichts geworden. Seine persönlichen Ambitionen waren Fischer wichtiger als die Gunst der Wähler, die wir Grünen nach meiner Überzeugung durch eine vermittelnde, sachorientierte Position in dieser wichtigen politischen Frage hätten erringen können.

Sie erinnern sich: Die Grünen kamen 1998 zwar in die

Bundesregierung, aber durch Stimmenverluste geschwächt. Waren 1994 mit 7,3 Prozent der Stimmen 49 Mandate errungen worden, waren es bei der Wahl 1998 nur 6,7 Prozent und 47 Mandate.

Bis zur Bundestagswahl 2002 gab es landauf, landab nur noch dramatische Niederlagen für unsere Partei. Fischers machiavellistische Nase hatte trotzdem die richtige Witterung aufgenommen, aber um den Preis der zunehmenden Nibelungentreue zur SPD, die jetzt zum strategischen Dilemma der Grünen werden kann.

4
Die Einschaltquote – Maß aller Dinge

Im politischen Prozess gibt es viele Verhaltensmuster, die auch im Kampf um Führungspositionen in der Wirtschaft alltäglich sind. Der Hauptunterschied ist jedoch, dass sich das politische Leben vor den Augen einer breiten Öffentlichkeit abspielt. Jeder Schritt wird beobachtet, jede Äußerung interpretiert. Bewerber um öffentliche Ämter konkurrieren und bekriegen sich in den Medien. Die Inszenierung und Selbstikonisierung verselbständigt sich auf der politischen Bühne. Die Vermarktung ist häufig wichtiger als das Produkt. Deshalb bringen es Vermarktungskünstler in der Politik weiter als in der Wirtschaft, denn dort ist in der Regel auch heute noch mehr Substanz gefragt.

Gleichwohl hat das Inszenatorische, auf der öffentlichen Bühne zu stehen, vor laufenden Kameras gefragt zu werden, die Chance öffentlich wahrnehmbarer Intervention etwas beinahe Libidinöses. Es befriedigt die Eitelkeit der eigenen Person. Ich möchte das an einem Beispiel veranschaulichen. Als ich im vergangenen November die Wahl hatte, an einem Donnerstagabend im ZDF bei »Berlin-Mitte« mit Heiner Geißler und Oskar Lafontaine zu diskutieren, zu diesem Zeitpunkt aber bereits für Sabine Christiansen am folgenden Sonntag angefragt war, entschied ich mich – trotz wiederholter telefonischer Bitten der von mir geschätzten Maybrit Illner – für die ARD-Talkrunde. Ausschlaggebend war für mich die Wirkung der größeren Bühne: sechs bis sieben Millionen Zuschauer in der ARD gegenüber etwa vier Millionen im ZDF.

Ach ja, man sollte natürlich wissen, dass sonntags bei Sabine Christiansen nicht gern die gleichen Gäste wie bei »Berlin-Mitte« gesehen werden. Deshalb entschied ich mich gegen die inhaltlich qualifizierte ZDF-Talkrunde.

Wer nach den letzten Seiten den Eindruck gewinnen konnte, da rechne ein Frustrierter mit dem Politikbetrieb ab, der täuscht sich gewaltig. Mir haben die acht Jahre im Deutschen Bundestag, bis auf die wenigen Frust-Sitzungswochen zu Zeiten der ersten Rot-Grünen Regierungsbildung, viel Freude gemacht. Ich hatte mit 39 Jahren so etwas wie meinen Traumjob gefunden. Für einen couragierten Menschen, der etwas bewegen und nicht zu allem Ja und Amen sagen will, gibt es kaum einen schöneren Beruf in unserer Gesellschaft als den des freien Abgeordneten. Wer dieses Amt als Mandat auf Zeit begreift, hat, ketzerisch formuliert, jeweils vier Jahre lang absolute Narrenfreiheit. Wer natürlich nach den Annehmlichkeiten einer langen MdB-Karriere strebt, der wird seine Aufmüpfigkeit zu zügeln wissen. Immerhin lockt eine Altersversorgung, die ab dem neunten Jahr der Parlamentszugehörigkeit die Versorgungsaltersgrenze von 65 Jahren um jeweils ein

Jahr reduziert. Wer schon vor 1996 im Parlament saß und 18 Jahre im Deutschen Bundestag durchgehalten hat, kann mit 55 Jahren und 4624 Euro Monatspension in den Ruhestand gehen. Deshalb will der klassische Hinterbänkler nicht unangenehm auffallen, vor allem in der eigenen Partei nicht, denn sie muss ihn schließlich nominieren. Er wird lieber mit dem Strom schwimmen und sich möglichst die Beamtenpolitiker-Laufbahn dauerhaft sichern.

Deshalb bin ich für einen radikalen Systemwechsel bei der Alimentierung der Bundestagsabgeordneten. Da ich 2006 wieder in den Deutschen Bundestag will, handelt es sich bei dem Vorschlag nicht um eine Abrechnung mit dem alten Berufsstand. Ich hätte bei Verwirklichung die Konsequenzen selber zu tragen.

Der Deutsche Bundestag kann ohne Verlust an demokratischer Repräsentanz der Bevölkerung von 598 auf 400 Abgeordnete verkleinert werden. Die Bezahlung der amtierenden Abgeordneten muss, der verlogen geführten Diätendiskussion in der breiten Öffentlichkeit zum Trotz, massiv erhöht werden. Denn wenn wir das Parlament als Gesetzgebungsorgan mit qualifizierten Frauen und Männern besetzen wollen, dann müssen sie auch anständig verdienen. Wir erwarten von ihnen ja völlig zu Recht Höchstleistungen für das Gemeinwohl unserer Republik. Ich schlage vor, ohne dass ich vor Maßlosigkeit erröte, die monatlichen steuerpflichtigen Diäten der Abgeordneten von heute gut 7000 auf 11 000 Euro zu erhöhen.

Gleichzeitig würde ich ab diesem Zeitpunkt alle neuen Versorgungsansprüche für das Alter streichen. Bei der vorgeschlagenen Diätenhöhe wäre allen Abgeordneten der Aufbau einer privaten Altersvorsorge möglich.

Ich bin überzeugt, dass ein solcher Systemwechsel bei der

Alimentierung der Parlamentarier in kürzester Zeit ein anders zusammengesetztes Parlament zur Folge hätte: weniger öffentlicher Dienst, mehr Freiberufler und Selbständige, mehr fruchtbarer Austausch zwischen Gesellschaft, Wirtschaft und Politik. Der finanzielle Aufwand für den Steuerzahler würde bei dieser Lösung nicht steigen.

Auch ein Wahlrecht, das den Wählern mehr Einfluss auf die Persönlichkeitsauswahl für die Parlamente sicherte, wäre ein Mittel gegen das überkommene Beamtenparlament. In Bayern und Baden-Württemberg können die Wähler, zumindest bei Kommunalwahlen, den Parteien mit ihren Wahlvorschlägen einen Strich durch die Rechnung machen, weil sie Stimmen auf einzelne Kandidaten häufeln (kumulieren) oder Kandidaten unterschiedlicher Parteien wählen (panaschieren) können. Warum sollte eine differenziertere Stimmabgabe durch das Wahlvolk nicht auch auf Bundesebene und bei Landtagswahlen möglich sein? Das Personalauswahlmonopol der Parteien mit ihrem Listenproporz wäre gebrochen, couragiertere und unabhängigere Persönlichkeiten könnten profitieren. Und die Politikerverdrossenheit ließe sich bei den Wählern ganz nebenbei beseitigen, weil ihr Einfluss auf die Zusammensetzung des Parlaments deutlich größer wäre als heute.

5
Das Hofschranzentum der Journalisten

Ein Politiker ohne gedruckte oder gesendete Resonanz ist wie ein Fisch auf dem Trockenen. Ohne Publizität ist er ein Nichts. Angesichts der existenziellen Bedeutung der Medien für Politiker ist das Verhältnis der beiden Berufsstände von starken Spannungen geprägt.

Politiker pflegen Journalistenkontakte. Wer über Herrschaftswissen verfügt, geht damit hausieren, um sich bei als wichtig geltenden Journalisten wichtig zu machen. Wer eine Ansammlung von Journalisten oder gar einen Pulk mit Kameras und Mikrofonen sieht, tänzelt so lange in auffälliger Erregung in der Nähe umher, bis sich ein Journalist endlich seiner annimmt. Solche kleinen Auftritte sind immer am Dienstagnachmittag in Sitzungswochen in der obersten Etage des Reichstags zu beobachten, wenn die Fraktionssitzungen zwischen 14.00 und 15.00 Uhr beginnen. Hier haben beim Medien-Schaulaufen auch die weniger Profilierten die Chance, einen Hauch von Bedeutung zu erlangen.

Bei solchen Anlässen spürt man auch die Gleichgültigkeit der Kollegen am stärksten. Man meint, ein intensives Gespräch mit einem Fraktionskollegen zu führen, doch die Augen des Gesprächspartners irrlichtern immer wieder zu den Pulks der auf lohnende Beute lauernden Journalisten. Wird der Gesprächspartner von einem Journalisten erkannt oder erkennt er selbst einen Medienvertreter, dann wird das tief schürfendste Gespräch augenblicklich unterbrochen. Führt man jedoch ein Gespräch mit einem Journalisten, dann drängt sich zuverlässig ein vorwitziger MdB-Kollege dazwischen. Hier erfahren Politiker die Gier nach Öffentlichkeit mit allen Sinnen.

Doch auch Journalisten sind gnadenlos. Sie unterbrechen Politiker mitten im Satz, sie drängen sie zu vorschnellen Urteilen, sie verführen sie zur Abgabe von Meinungen. Oft locken sie mit Gerüchten und Halbwahrheiten, um von Insidern endlich das ultimative Herrschaftswissen zu bekommen. Häufig werden Geschäfte auf Gegenseitigkeit gemacht. Der Journalist erhält einen vertraulichen Rechnungshofbericht oder eine geheime Sitzungsunterlage. Dafür platziert er ein Zitat des Abgeordneten in einem Beitrag zu einem ganz anderen Thema. Der Informant will ja nicht als Quelle enttarnt werden. Nach vertraulichen Sitzungen in Koalitions-Arbeitsgruppen, Ministerien oder wo auch immer wird so offen getratscht, dass es an ein Wunder grenzt, wenn vertrauliche Verabredungen auf der Berliner Bühne länger als einen Tag vertraulich bleiben.

Das enge Beziehungsgeflecht zwischen Journalisten und Politikern ist meist ein reines Zweckbündnis. Solange der Politiker Gewicht hat, ist er gefragt. Solange er Erfolg hat, sonnen sich alle in seinem Glanz. Die Medienvertreter sind ähnlich eitel und profilneurotisch wie Politiker. Wenn Kanzler, Minister, Fraktions- und Parteichefs Hof halten, erinnern manche Medienvertreter an das speichelleckende Hofschranzentum in absolutistischen Monarchien. Manche bringen diese Servilität sogar im Fragegestus und -duktus bei Pressekonferenzen oder in Interviews zum Ausdruck. Kritisch gefragt oder gar berichtet wird über die Spitzenpolitiker meist nur dann, wenn einzelne Repräsentanten gerade am Boden liegen oder in den Umfragen zur Wählergunst absacken. Dann schlägt für die jahrelang geknechteten Journalisten die Stunde der Rache. Dann werden die journalistischen Messer gewetzt, und jene, die man jahrelang nach oben geschrieben oder gesendet hat, lässt man fallen wie eine heiße Kartoffel. Mitleid mit dem politischen Establishment brauchen Sie deswegen aber nicht zu bekommen. Für Journalisten und Politiker ist der Medienzirkus ganz einfach Mittel zum Zweck, und der Zweck ist die Karriere.

Die Angst vor den sensationsgeilen Hyänen mancher Medien erklärt, warum viele Politiker eine Hassliebe zu Journalisten entwickelt haben. Sie brauchen sie, aber sie schätzen sie nicht. Manche Politiker versuchen, sich die Journalisten vom Leibe zu halten, und spielen die einsilbigen Sphinxen oder die arroganten Gockel, die Zuwendung nach Gutsherrenart verteilen. Diese Politiker-Spezies trifft die Rache der gedemütigten Journalisten in Phasen der politischen Schwäche am härtesten. Wieder andere versuchen ihr Glück mit Kumpanei. Viele Politiker und Journalisten reden sich mit dem vertraulichen »Du« an. Doch die Vertraulichkeit ist meist nur Pose, in Wahrheit geht es um den gegenseitigen Nutzen.

Viele Abgeordnete der zweiten und dritten Garnitur meiden den Kontakt zu Journalisten, weil sie panische Angst davor haben, sich zu verplappern und Steilvorlagen für kritische Beiträge über die eigene Partei zu liefern. Aus Angst vor unliebsamen Äußerungen von Hinterbänklern werden häufig vom Parteiapparat Sprachregelungen ausgegeben: Die ganze Fraktion, die ganze Partei soll zu einer bestimmten Sache mit einer Stimme sprechen. Doch das misslingt im Wechselspiel der Profilneurosen so gut wie immer.

Dabei ist es eigentlich wie im richtigen Leben so einfach. Journalisten machen ihre Arbeit. Dabei wollen sie selbstverständlich ernst genommen und mit ihren Anliegen respektvoll behandelt werden. Wer mit ihnen seriös umgeht, wird in der Regel auch nicht aufs Kreuz gelegt. Wie man in den Wald hineinruft, schallt es bekanntlich heraus. Diese Volksweisheit gilt auch für den Umgang mit Medienvertretern. Ich wollte als junger Mann selbst Journalist werden und hatte mich vergeblich um ein Volontariat bei meiner Heimatzeitung beworben. Aber mein Respekt vor dem Beruf des Journalisten ist geblieben, und ich habe diesen Respekt im Gegenzug von vielen Journalisten auch wieder erfahren.

6
Macht und Ohnmacht der Talkshows

Ich bekenne freimütig, dass ich zu den Einschaltquoten der inflationären TV-Talkrunden extrem wenig beitrage. Das mag daran liegen, dass ich die Phraseologie der Politikerkollegen nicht auch noch in der Freizeit ertragen will. Außerdem bringt der Schlagabtausch vor den Kameras selten substanzielle Erkenntnisse.

Trotzdem registriere ich als gelegentlicher Gast in TV-Runden, welch unglaubliche Resonanz auf diese Fernsehauftritte folgt. Eine gute Presse hat eine viel geringere Bedeutung als Fernsehpräsenz. Nach meinem bisher einzigen Auftritt bei Sabine Christiansen erhielt ich binnen zweier Wochen über 500 E-Mails und rund 300 Briefe, ungefähr 200 Mal wurde ich angerufen. Noch Monate nach der Sendung sprechen mich wildfremde Leute auf der Straße, im Zug, im Flugzeug, ja im Auslandsurlaub auf diesen Auftritt an. Diese Erfahrung machte mir bewusst, was es bedeutet, eine Stunde lang vor rund sechs Millionen Zuschauern diskutieren zu dürfen.

Dabei gestehe ich: Genau diese Sonntagabendsendung, für die viele Politiker alle anderen Termine sausen lassen, habe ich in meiner aktiven Zeit als Abgeordneter genau sechs Mal abgesagt. Die telefonischen Einladungen kamen jeweils am Freitagnachmittag, wenn ich schon im Zug von Bonn nach Bad Schussenried saß. Angesichts meines knappen privaten Zeitbudgets war mir das vereinbarte freie Wochenende mit meiner Familie immer wichtiger, als am Sonntag nach Berlin zur Sendung zu fliegen. Zur Einschätzung des Abgeordneten Metzger, dem viele Kollegen auf Grund seiner guten Medienresonanz immer nachsagten, er sei mediengeil, ist diese Information vielleicht nicht ohne Belang.

In den drei Berliner Jahren habe ich dann keine Einladungen mehr erhalten. Erst nach meinem Ausscheiden aus dem Deutschen Bundestag im Oktober 2002 und nach meinen kritischen Kommentaren zum Rot-Grünen Koalitionsvertrag war mein Marktwert der Redaktion von Sabine Christiansen wieder eine Einladung wert. Der erste Termin im Oktober war bereits mit Studiovertrag unter Dach und Fach. In einer Runde mit Sozialministerin Ulla Schmidt sollte ich über Reformkonzepte in der Kranken- und Rentenversicherung diskutieren. Die Flüge waren gebucht, meine Frau wollte mich begleiten. Auf der Homepage von sabine-christiansen.de war ich seit rund 24 Stunden als Gast angekündigt. Doch am Samstagabend um 18.00 Uhr kam die telefonische Ausladung. Ich reagierte professionell mit Verständnis, ich blieb sachlich, kochte aber innerlich.

Ich kann es freilich nicht beweisen, aber ich bin überzeugt, dass ich auf Grund sozialdemokratischer oder Grüner Intervention kurzfristig durch die Grüne Fraktionsvorsitzende Krista Sager ersetzt wurde. Gewisse Kreise wollten Ulla Schmidt nicht mit einem kritischen Kopf aus dem Lager des kleinen Koalitionspartners auftreten lassen.

Dass Gäste bei Fernsehrunden die Zusammensetzung mitbestimmen, ist ein offenes Geheimnis. Manche Spitzenpolitiker treten nur auf, wenn ihnen nicht genehme Gesprächspartner nicht eingeladen werden. Medienberater aus der Politszene hängen Sonntag für Sonntag beispielsweise bei Christiansen hinter den Kulissen herum. Ein Schelm, wer Böses dabei denkt. Das Einfluss- und Machtkartell der Politik ist offensichtlich so stark, dass es sogar den politischen Talk-Quotenrenner im öffentlich-rechtlichen Fernsehen beeinflussen kann. Ein bisschen mehr journalistische Unabhängigkeit und Zivilcourage würde gewiss nicht schaden.

Selbst erlebt habe ich die Einflussnahme auf eine geplante Sendung bei Sandra Maischberger im Spartensender n-tv. Ich sollte mit Theo Waigel vor einigen Jahren über die Haushalts- und Finanzpolitik der Rot-Grünen Regierung diskutieren. Theo Waigel schätze ich persönlich sehr. Doch er war in jenen Tagen auf mich nicht gut zu sprechen und lehnte es ab, mit mir gemeinsam in der Sendung aufzutreten. Die Redaktion war flexibel und teilte die Sendezeit gerecht in zwei Hälften auf. So kam ich Theo Waigel nicht ins Gehege.

7
Von Medienperformance und Neidreflexen

In meiner parlamentarischen Lehrzeit hatte mich niemand gewarnt vor einem Phänomen, das im politischen Geschäft an der Tagesordnung ist: Gute Presse für einen einfachen Abgeordneten macht böses Blut. Die Frauen und Männer in der Fraktions- und Parteispitze dürfen in den Medien präsent sein, auch die Würdenträger in der Regierung, aber nicht das Fußvolk. Wer sich selbst erhöht, wird erniedrigt werden, das gilt auch in der Politik. Nachdem ich als haushaltspolitischer Sprecher die ersten öffentlichkeitswirksamen Akzente gesetzt hatte, bekam ich im Haushaltsausschuss bald Gegenwind von der politischen Konkurrenz: »Der will sich ja nur profilieren!« Dieser oft gehörte Satz wurde von einem Kollegen so leicht dahingesagt, doch er war abgrundtief gehässig gemeint. Dabei saßen dieser Kollege und ich in einem Ausschuss, dessen tatsächliche Bedeutung im Parlamentsbetrieb – jedenfalls damals – weniger vom öffentlichen Auftritt und mehr von der Wirksamkeit im Verborgenen bestimmt war.

Noch schärfer ist der Gegenwind in der eigenen Fraktion, wenn man zu oft den Kopf aus der Deckung streckt. Der Widerstand gegen zu häufige Medienpräsenz entfaltet seine Wirkung erst langsam, dann aber schlagartig: »Der beißt in jedes Mikrofon, der produziert sich vor jeder Kamera!« Damals war Theo Waigel noch Finanzminister. Die von mir vorgetragenen Positionen dienten der Profilierung eines Grünen Themas. Ich kämpfte für eine nachhaltige Haushalts- und Finanzpolitik. Ich bezeichnete die wachsende Staatsverschuldung als Raubbau zu Lasten künftiger Generationen. Das war die Grüne Position, doch ich hatte zu viel Öffentlichkeit bekommen. So profilieren durfte sich nur jemand, der eine Führungsfunktion in Fraktion oder Partei hatte.

Nach dem ersten Jahr wunderte ich mich, dass Positionspapiere für die Fraktion plötzlich ungewöhnlich lange im Geschäftsgang waren, bis sie endlich auf die Tagesordnung kamen. Im zuständigen Arbeitskreis mussten mehrere Wiederholungsrunden gedreht werden, bis endlich entschieden wurde. Dies war Verzögerungstaktik, hinhaltender Widerstand im Apparat als Disziplinierungsmittel für zu viel öffentliche Aufmerksamkeit. Ich verstand nur zu gut. Ab sofort legte ich nach mehreren Auftritten in den Medien mindestens zweimonatige Pausen ein, um die Kollegen bei Laune zu halten und mir ihre Kooperationsbereitschaft zu sichern. Das funktionierte viele Jahre gut, weil die Haushaltspolitik im Jahreslauf des Parlamentsbetriebs ja mit regelmäßig wiederkehrenden Terminen auf die Tagesordnung kommt: Im Herbst stehen die Etatberatungen an, es folgt die Verabschiedung des Bundeshaushalts kurz vor Weihnachten, im Mai und November sind die Termine für die Vorlage der Steuerschätzung.

Doch kurz vor dem Ende meiner Zeit als MdB ging diese Planung meiner zyklischen Präsenz in den Medien nicht mehr auf. Ausgerechnet im letzten halben Jahr vor dem Listenparteitag der baden-württembergischen Grünen, bei dem ich um die erneute Nominierung für den Bundestag kämpfte, hatte ich eine extrem lange Phase hoher öffentlicher Resonanz. Zu allem Überdruss verzögerte sich die Nominierung noch um zwei Monate, weil der erste Parteitag wegen eines falsch berechneten Delegiertenschlüssels wiederholt werden musste. Statt satzungsgemäß maximal 200 stimmberechtigten Parteitagsdelegierten wählten in den ersten beiden Wahlgängen des Grünen Parteitags in Ehingen ein paar zu viel geladene Delegierte mit. Es war zwar blamabel, aber die einzig richtige Konsequenz: Der Parteitag wurde nach wenigen Stunden abgebrochen und am 13. April 2002 in Freiburg wiederholt.

Was für viele aussah wie Metzgers innerparteilicher Wahlkampf über die Medien, war in Wirklichkeit vor allem eine Folge äußerer Sachzwänge.

Dem Thema »Reform des Niedriglohnsektors« hatten die Grünen ihre Fraktionsklausur Anfang 2002 in Wörlitz gewidmet, und ich hatte mich vor Weihnachten 2001 mit meiner Attacke auf die 630-Mark-Jobregelung (»größte Missgeburt in unserer Regierungszeit«) in dieser Diskussion sehr weit vorgewagt – sehr zum Leidwesen des SPD-Regierungspartners, der zu diesem Thema den Gewerkschaften die Stange hielt und in Unbeweglichkeit erstarrt war.

Einige Wochen zuvor hatte die unendliche Geschichte des militärischen Transportflugzeuges mit dem Namen A-400 M begonnen. Der A-400 M hatte monatelang die Schlagzeilen beherrscht, weil Rudolf Scharping partout ohne haushaltsrechtliche Ermächtigung 73 Maschinen dieses Typs fest unter Vertrag nehmen wollte. Zur Karnevalszeit 2002 drohte dann auch noch der »blaue Brief« aus Brüssel, die Frühwarnung an die deutsche Regierung, das Haushaltsdefizit auf maximal 3 Prozent im Jahr 2002 zu begrenzen.

Fünf lange Monate Dauerpräsenz in den Medien, vor allem auch in den Fernsehnachrichten, lagen hinter mir. Jetzt bekundete ich auch noch mangelnde Loyalität der Regierung gegenüber: vor allem beim blauen Brief und dem A-400 M.

Das brachte viele in der Fraktions- und Parteispitze zur Weißglut. Das Wort von Metzgers »Amoklauf« machte die Runde.

In Folge passierten in jenen Monaten sehr merkwürdige Dinge hinter den Kulissen. Kaum jemand weiß, dass der Grüne Außenminister Fischer einer der Hauptunterstützer des französisch-deutschen Lieblingsrüstungsprojekts A-400 M war. Der »nützliche Idiot« Rudolf Scharping musste 2002 politisch für andere den Kopf hinhalten. Scharping war für diese Rolle wegen seiner Tollpatschigkeit im Swimmingpool geradezu prädestiniert. Er musste den ganzen Ärger wegen der fehlenden haushaltsrechtlichen Bewilligung für den Kauf ausbaden. Doch vor allem der Kanzler und sein Außenminister wollten 73 Transportflugzeuge kaufen, obwohl der Deutsche Bundestag im Etat 2002 nur die Mittel für rund 40 Flugzeuge bewilligt hatte.

Joseph Fischer selbst hatte Rezzo Schlauch, den Grünen Fraktionsvorsitzenden, »umgedreht«, der ebenso wie seine Sprecherkollegin Kerstin Müller von den Haushältern unserer Fraktion in Vorbereitung auf eine Spitzenrunde mit Schröder,

Eichel, Scharping und den Rot-Grünen Fraktionsspitzen auf ein klares »Nein« zur hohen Stückzahl »gebrieft« worden war. Wie zufällig war Fischer im Kanzleramt unmittelbar vor der A-400 M-Runde Schlauch über den Weg gelaufen und hatte ihm klar gemacht, dass die Grünen dieses Projekt nicht mit kleinkarierten Budgetrechtsfragen verhindern dürften. Schlauch gab anschließend in der Runde weisungsgemäß grünes Licht.

»Spätestens beim Bruch des parlamentarischen Budgetrechts endet die Loyalität zur eigenen Regierung!«, verkündete ich daraufhin als Grüner Haushaltssprecher.

Mit dem danach losbrechenden Streit um die Beschaffung der Flugzeuge, den die Grünen Haushaltspolitiker bis auf die Spitze trieben, hatte ich mir den Außenminister zum unerbittlichen Gegner gemacht. Fischers Einsatz für das europäische Rüstungsprojekt war alles andere als uneigennützig. Die Auftragnehmerin EADS ist de facto, nicht de iure ein im Management französisch gelenktes, europäisches Luftfahrtunternehmen. Der Auftrag diente als Schmiermittel im stotternden deutsch-französischen Verhältnis. Schließlich würde der Außenminister die ihm wohl gesinnten Franzosen bei europäischen Personalentscheidungen über kurz oder lang wieder brauchen.

Auch meine harte Haltung zum »Drei-Prozent-Defizitkriterium« des europäischen Stabilitätspakts missfiel Fischer. Unser Land kann jedoch das »Drei-Prozent-Defizitkriterium« ohne Strukturreformen bei sozialstaatlichen Leistungen und ohne eine konsequente Konsolidierung des Bundeshaushaltes auf der Ausgabenseite nicht einhalten. Doch der Außenminister fraternisierte ersichtlich mit der französischen »Laissez-faire«-Finanzpolitik: lieber das Maastricht-Kriterium flexibler interpretieren, um weitere Schulden machen zu können – auch für deutlich höhere Ausgaben im Verteidigungsetat, wie es die Franzosen vorexerzieren. Wenn im Kampf gegen den internationalen Terrorismus der Etat des Auswärtigen Amtes steigen sollte, gewissermaßen im Kielwasser des Verteidigungsetats, dann ist das nur ein willkommener Nebeneffekt.

Warum bereitete der Abgeordnete Metzger der eigenen Führung, aber auch dem Kanzler so viel Verdruss? Um es ganz pointiert auszudrücken, will ich eine kleine Episode aus den ersten Februartagen des Jahres 2002 erzählen. Die Deutschen kämpften gegen den drohenden blauen Brief aus Brüssel, während ich – und ursprünglich auch Hans Eichel – zur »demütigen Hinnahme« rieten. Der Druck aus Brüssel hätte sich nämlich als sehr hilfreich gegen Heilsversprechungen in den Wahlprogrammen der Parteien erweisen können. Der Kanzler sicherte sich am 4. Februar in Paris die französische Unterstützung für den deutschen Widerstand gegen das »Drei-Prozent-Defizitkriterium«. Ganz gewiss spielte bei diesem Deal auch das deutsche Signal an die Franzosen eine Rolle, dass nach Wim Duisenberg ein Franzose mit deutschem Segen EZB-Präsident werden könne. Duisenberg kündigte wenige Tage danach an, dass er im Sommer 2003 sein Amt aufgeben werde.

Die Tagesthemen griffen am 7. Februar das Thema auf. Am Abend der Weiberfasnacht gegen 22.45 Uhr saß Gerhard Schröder höchstpersönlich vor dem Bildschirm im Kanzleramt und hörte den Abgeordneten Metzger sagen: »Schröder war außerordentlich unklug und undiplomatisch in den letzten Tagen in Richtung Brüssel. Gerade der Rücktritt (Duisenbergs) führt natürlich jetzt auch zu einer Nachfolgediskussion, und in Verbindung mit den Irritationen, die die Deutschen mit ihrem Amoklauf gegen die EU-Kommission auslösen, tut das dem Euro nicht gut.«

Der Kanzler war so aufgebracht, dass er unmittelbar nach der Sendung Rezzo Schlauch ins Kanzleramt zitierte und ihm kurz vor Mitternacht lautstark klar machte, er werde sich das nicht bieten lassen. Das sei in höchstem Maße koalitionsschädigend. Bis zum nächsten Morgen müsse die Angelegenheit von den Grünen öffentlich bereinigt sein. Die Grüne Pressestelle formulierte dann in großer Eile eine Pressemitteilung, in der sich der Parteivorsitzende Fritz Kuhn und der Fraktionsvorsitzende Rezzo Schlauch von meinen »Ausfällen« mit deutlichen Worten distanzierten. Doch der Tagesthemen-Beitrag hatte keine Agenturreaktionen zur Folge. Die »Tickerlage« blieb ruhig. Am nächsten Morgen erschien Schlauch nochmals im Kanzleramt. Er schlug Schröder vor, auf eine Distanzierung von Metzger in der Presse zu verzichten, weil man damit das Thema unnötigerweise hochziehe. Schröder hatte sich inzwischen so weit beruhigt, dass er angesichts der ruhigen Nachrichtenlage Schlauchs Vorschlag akzeptierte. Die bereits fertige Pressemitteilung verließ die Grüne Pressestelle nie.

Doch ich will mich nicht im Anekdotischen verlieren. Kehren wir zurück zu meiner These über die Bedeutung dieses Zeitabschnitts. Die Phase meiner Dauerpräsenz in den Medien, vor allem die zahlreichen Statements auf vielen Fernsehkanälen, erregten den Neid meiner eigenen Parteifreunde. Aber auch meine mangelnde Loyalität gegenüber der eigenen Führung beim Kauf der Transportflugzeuge und bei der Diskussion über den drohenden blauen Brief aus Brüssel war im Rückblick schädlich für meine Chancen, auf dem Freiburger Parteitag am 13. April 2002 wieder nominiert zu werden. Meine erfolgreichen Aktivitäten verdrossen die Grünen Spitzenleute und die Mehrheit der Parteibasis. Vermutlich zog ich deshalb bei meiner Kandidatur um den 6. Platz der Landesliste gegen Cem Özdemir den Kürzeren. Mit dem bisherigen 8. Platz der beiden vorangegangenen Landeslisten wollte ich jedoch nicht vorlieb nehmen. Ich stellte mich nicht mehr zur Wahl für den 8. Platz, weil ich mir dafür zu schade oder einfach zu stolz war. Übrigens sitzen für die baden-württembergischen Grünen heute neun Abgeordnete im Parlament, so viele wie nie zuvor. Ich trauere der verpassten Chance nicht nach, weil ich persönlich konsequent sein wollte.

8
Die Lagermentalität der Journalisten

Wie kommt ein Politiker häufig in die Medien? Mit guten inhaltlichen Konzepten? Da täuschen Sie sich gründlich! Oder mit harter Kritik an der politischen Konkurrenz? Das funktioniert schon eher. Oder mit inhaltlichen oder strategischen Gegenvorschlägen zur Programmatik und Strategie der eigenen Partei? Das klappt garantiert, und es klappt besonders gut, wenn die Gegenvorschläge mit persönlichen Spitzen gegen die eigenen Topleute gewürzt sind.

Dieser Mechanismus funktioniert absolut zuverlässig, und ich selbst habe oft genug von diesen PR-Mechanismen im Politikbetrieb profitiert. Journalisten haben nämlich dasselbe Lagerdenken wie das politische Establishment. Wer Grundpositionen ändern will, und seien sie noch so überholt und ideologiebefrachtet, scheitert in der Politik häufig nicht nur am Beharrungsvermögen der eigenen Partei, sondern auch an der Schwarz-Weiß-Rezeption in den Medien.

Querdenker sind auch für die Medienleute sperrig, weil sie sich im Umgang mit ihnen eigene Gedanken machen und vorliegende Konzepte und Strategien selbst hinterfragen müssen. Diese Mühe machen sich die meisten Journalisten nur ungern. Die Berichterstattung über Streitereien bei den Grünen, Roten, Schwarzen oder Gelben ist doch viel einfacher. Das versteht jeder Leser, und vor allem auch jeder Berichterstatter. Auf die Schubladen der Vorurteile lassen sich eben leicht die Etiketten kleben.

Fatal ist jedoch, dass dieses Lagerdenken in der gesellschaftspolitischen Arena unseres Landes großen Einfluss hat auf die unreflektierte Lagerberichterstattung in den Medien. Lagerdenken und Lagerberichterstattung unterstützen die Blockade der dringend notwendigen Veränderungen in unserer Gesellschaft. Wer die üblichen Denkschablonen verlässt, ist Freund und Feind gleichermaßen suspekt. Ein Politiker, der dies wagt, muss fachlich sehr kundig sein, denn nur über das eigene Lager hinaus anerkannte Fachkompetenz kann die komplette Ausgrenzung verhindern. Außerdem muss er den Mut haben, sich selbstbewusst und souverän von den Denkverboten der parteipolitischen Auseinandersetzungen zu lösen.

9
Wissenschaftliche Expertisen und politische Beratungsresistenz

In unserem Land herrscht kein Mangel an fachkompetenter Politikberatung. Es gibt institutionalisierte Gremien wie den Sachverständigenrat zur Begutachtung der gesamtwirtschaftlichen Entwicklung (»Die Fünf Weisen«), die renommiertesten Wirtschaftsforschungsinstitute verfassen Frühjahrs- und Herbstgutachten, unzählige wissenschaftliche Beiräte sitzen in diversen Ministerien. All diese Gremien und Institutionen sind mit Personen besetzt, die über ein erstklassiges Fachwissen verfügen.

Doch welche Wirkung zeitigt diese umfassende Beratung? Sie erschöpft sich in alljährlich wiederkehrenden Ritualen. Die »Fünf Weisen« oder andere Weise überreichen dicke Wälzer an mehr oder weniger gut aufgelegte Kanzler oder Minister. Anschließend treten sie vor die Bundespressekonferenz, um ihre gewichtigen Ratschläge den Journalisten mit professoralem Ernst zu erläutern.

Die Politik reagiert mit vertrauten Reflexen auf die Expertisen. Bei offiziellen Reaktionen verkündet die Regierung, die Erfolge ihrer Politik würden von den Experten bestätigt, die Opposition verkündet selbstverständlich das Gegenteil. Für die Umsetzung aller inhaltlichen Vorschläge in den Gutachten bedeutet dies: ab in die Schubladen. Im Parlament kommen die Gutachten in den Wochen danach auch noch zu Ehren. Abgeordnete der Regierungsfraktionen lesen ein paar Sätze vor, aus denen sie abermals Bestätigung für ihre Politik ableiten. Oppositionsvertreter tragen Passagen vor, die sie als Beleg für das totale Versagen der Regierung werten. Dieses selektive Vorlesen im Parlament beschließt die Rezeption des Gutachtens auf der politischen Bühne.

Bei einem Totalverriss der Regierung durch die Gutachter kommt es schon mal vor, dass der Ton bei den Gescholtenen rauer wird. Im November 2002 behaupteten die »Fünf Weisen«, der Koalitionsvertrag von Sozialdemokraten und Grünen bremse die wirtschaftliche Erholung durch Steuer- und Beitragserhöhungen auf breiter Front. Er verhindere Strukturreformen in den sozialen Sicherungssystemen und die Senkung der Lohnnebenkosten. Arbeit werde nicht billiger, sondern teurer, und das führe nicht zum Abbau der Arbeitslosigkeit. In die gleiche Kerbe schlugen die renommiertesten Wirtschaftsforschungsinstitute. Wolfgang Clement, damals frisch gebackener Superminister für Wirtschaft und Arbeit, reagierte auf die vollkommen berechtigte Kritik am wirtschaftspolitischen Kurs der neuen alten Regierung sehr säuerlich: »Ich bin nicht sicher, dass die Gutachter genau wissen, worüber sie eigentlich reden.«

Mit so brutaler Missachtung, ja Geringschätzung, hatten Politiker die wissenschaftlichen Expertisen lange nicht mehr vom Tisch gefegt. Dass sich Ludwig Stiegler, kurzzeitiger Interimsvorsitzender der SPD-Bundestagsfraktion vor den letzten Bundestagswahlen, gleichzeitig Bert Rürup zur Brust nahm, einen der »Fünf Weisen« und Chef der Rentenkommission der Bundesregierung, machte das Bild von der Beratungsresistenz komplett: »Ich habe die Schnauze voll davon, dass wir vor unseren Mitgliedern und Wählern täglich den Kopf hinhalten müssen für dieses Professorengeschwätz. Ich erwarte, dass Professoren wie Herr Rürup uns nicht länger mit ihrer Ejaculatio praecox (vorzeitiger Samenerguss) beglücken.«

Hätten die beiden SPD-Politiker auf die Expertise so reagiert, wie es sich in langen Jahrzehnten als Ritual eingespielt hat, dann wären der Koalition pikanterweise weitere herbe Kommentare erspart geblieben, Kommentare, die sich mit der maßlos überzogenen und gehässigen Kritik an den Sachverständigen befassten.

Obwohl es im Finanzausschuss des Deutschen Bundestags in den vergangenen Jahren jeweils eine mehrstündige Debatte mit dem Vorsitzenden und einzelnen Mitgliedern des Sachverständigenrats gab, findet ein intellektuell redlicher Diskurs zwischen Parlament und Gutachtern so gut wie nicht statt. Zu groß ist auch hier die Versuchung, die Bewertung nach bewährtem Muster vorzunehmen. Opposition und Regierungsfraktionen vereinnahmen die ihnen jeweils ins Konzept passenden Passagen.

Nach meiner Überzeugung kann dieses Ignorantentum in der Politik nur bekämpft werden, wenn sich kompetente Personen aus den verschiedenen Fraktionen, aber auch die Fachleute aus den Ministerien, in kleinen Denkfabriken (Think Tanks) mit Wissenschaftlern, Wirtschaftsführern und meinungsbildenden Journalisten zusammensetzen und in vertraulichem Rahmen ohne parteipolitische Tabus über Lösungskonzepte reden und deren konkrete Umsetzung vorbereiten. Solche Zirkel im direkten Umfeld des Parlaments könnten die Chance für ordnungspolitische Aufklärung bieten. Die Kommissionen jedoch, die Gerhard Schröder mit seinem Regierungsstil kultiviert, arbeiten fernab der Gesetzgebung und tragen nur zur systematischen Entmachtung des Parlaments bei.

Das könnte grundlegende Reformen im Arbeitsmarkt, bei Rente und Krankenversicherung fördern, weil das Wissen um die volkswirtschaftlichen Wechselwirkungen in solchen mit Abgeordneten aller Fraktionen besetzten Denkfabriken wachsen würde. Es könnten Kompetenznetzwerke entstehen, in denen die Ideologien zurückgedrängt würden zu Gunsten gemeinwohlorientierter Lösungen. Auch nach acht Jahren im Parlament habe ich mein Vertrauen in die Kraft der Argumente nicht verloren. Ich bekenne hier, dass ich ein unverbesserlicher Optimist bin.

10
Der Elfenbeinturm der Wissenschaft

Der Politikbetrieb funktioniert nicht wie ein volkswirtschaftliches Seminar an der Universität. Das sollten Wissenschaftler stets bedenken, wenn ihre theoretisch ausgefeilten Ratschläge in praktische Politik umgesetzt werden sollen. Sie müssen im eigenen Interesse viel stärker die Grundorientierung der Politik beeinflussen. Ihre Aufgabe ist eine Mischung aus der Ermutigung für begonnene Strukturreformen und der Forderung nach weiteren Veränderungen. Auch Professoren sollten bedenken, dass ihre Vorschläge den Keim des Irrtums in sich tragen können. Patentrezepte gibt es bekanntlich weder in der Politik noch in der Wissenschaft.

Mehr Selbstreflexion, weniger Besserwisserei, mehr Rücksichtnahme auf den mühsamen Veränderungsprozess, der von der Politik gefordert wird, das rate ich den Experten. Um mehr Distanz zu den eigenen Urteilen zu entwickeln, bräuchten sie nur an die extrem unterschiedlichen Interessenlagen von 82 Millionen Menschen in Deutschland zu denken.

Vergessen wir dabei eines nicht: Auch unabhängige Gutachter werden oft auf Vorschlag der Regierung berufen. Sie arbeiten im Wissenschaftsbetrieb oder in Forschungsinstituten, die überwiegend von öffentlichen Aufträgen leben. Manches »Sowohl-als-auch«, manche diplomatische Zurückhaltung, manche unscharfe Formulierung in den Gutachten sind leicht zu erklären: Das Sein bestimmt das Bewusstsein … Viele Wissenschaftler sind genauso eitel und karrieresüchtig wie die Akteure im Politikbetrieb, sie sind stromlinienförmig und streben stets nach weiteren Berufungen als Experten und nach lukrativen Aufträgen.

11
Die Lobbyisten – eine Spezies für sich

Die organisierten Interessenvertreter, Lobbyisten genannt, sind ein Wesensmerkmal einer demokratischen Gesellschaft, in der sich nicht jeder Einzelne persönlich um die Durchsetzung seiner Interessen kümmern kann. Das gelingt vielleicht noch im Heimatort gegenüber der Gemeindeverwaltung, aber im komplizierten Gestrüpp der Landes- und Bundesbürokratie erleiden nicht organisierte Interessen mit größter Wahrscheinlichkeit Schiffbruch. Aus diesem Grund brauchen wir grundsätzlich Interessenvertreter: Verbände aller Art und natürlich auch Gewerkschaften.

In Berlin-Mitte, im Umfeld des Reichstages, wimmelt es von hauptamtlichen Lobbyisten. Diese Menschen rufen bestimmte Abgeordnete an oder klopfen an der Bürotür, weil sie auf Anliegen ihrer Auftraggeber – Verbände oder größere Firmen – aufmerksam machen wollen. Sie geleiten jene Abgeordneten, die sie für wichtiger im Meinungsbildungsprozess halten, zu feinstem Essen mit ihren Präsidenten oder Vorstandsvorsitzenden. Nicht immer treffen sie dabei die richtige Wahl bezüglich des Einflusses oder der Einsatzfreude des Eingeladenen, so dass eine Kosten-Nutzen-Analyse gelegentlich die Schwächen der Lobbyisten aufdeckt.

Manche Vertreter dieser Spezies sind smart, manche sind schleimig oder gar unterwürfig. Andere sind hartnäckig oder werden gar unverschämt, wenn sie Mitarbeiter gefragter Abgeordneter um Termine angehen. Allen gemeinsam ist eine vorgegaukelte Konzilianz, hinter der das vertretene Sonderinteresse opportunistisch versteckt wird. In Schnellbleichen für Parlamentslobbyisten wurde ihnen vermutlich beigebracht, dass Volksvertreter nur dann das Gefühl haben, nicht instrumentalisiert zu werden, wenn die knallharten Eigeninteressen in nach Gemeinwohl klingende Argumente verpackt werden.

Ein ganz bestimmter Menschenschlag übt die Tätigkeit des hauptberuflichen Lobbyisten aus. Ich habe diesen Menschenschlag in Bonn und Berlin über Jahre hinweg kennen gelernt. Denn um Türen zu öffnen und Kontakte zu Entscheidungsträgern zu knüpfen, müssen Lobbyisten über einen Strauß von (Un-)Tugenden verfügen, die viele von uns von den allseits beliebten Vertretern an der Haustüre kennen. Sie müssen geduldig im MdB-Vorzimmer ausharren, ohne missmutig zu werden. Sie müssen beständig damit rechnen, dass Termine kurzfristig platzen, selbst wenn ihre Vorgesetzten dafür eigens nach Berlin geflogen sind. Besonders schlimm soll es manchmal jene Lobbyisten treffen, die früher selber Abgeordnete waren, vielleicht nicht die bekanntesten, aber doch Ex-MdBs, die das Innenleben des Parlaments aus eigener Erfahrung kennen. Wer die Fronten gewechselt hat, den lassen die Damen und Herren Abgeordneten ihre Verachtung besonders fühlen!

Ich möchte behaupten, dass ein noch so gut bezahlter Interessenvertreter im Dunstkreis des Deutschen Bundestags nicht zu den fachlichen Besten seines Berufsstandes gehören kann. Denn wer die Demütigungen ertragen muss, die bei diesem Beruf an der Tagesordnung sind, hat sich entweder über seine Arbeitsumstände schwer getäuscht, oder er hat nichts Besseres gefunden.

12
Die Sitzungswoche der Schmarotzer

Frühstück, Mittagessen, Abendbrot: Wer als Abgeordneter in den Sitzungswochen in Berlin arbeitet, fördert die Gastronomie. Ihre Zweitwohnungen sehen die meisten Abgeordneten nur nachts zum Schlafen. Entsprechend karg sind sie möbliert, die Küche bleibt meist kalt, und die Kühlschränke sind leer. MdBs essen häufig unregelmäßig, weil vor allem das Mittagessen zu »normalen« Zeiten oft ausfallen muss. Der Sitzungsbetrieb in den Ausschüssen und im Bundestag kennt keine Pausen. Entsprechend teuer ist für sie das Leben in Berlin-Mitte.

Das bietet den Lobbyisten die Chance, wohltätig zu wirken. Sie offerieren den geplagten Abgeordneten täglich eine große Auswahl an Frühstücksterminen, größere oder kleinere Verabredungen zum Mittagstisch und vor allem unzählige parlamentarische Abende. Bei allen diesen Einladungen sind Speis und Trank selbstverständlich kostenlos.

Für die einladenden Interessengruppen sind diese kuriosen Events oft sehr kostspielig. Als Gastgeber kann man sich angesichts der starken Konkurrenz nämlich eines absolut nicht leisten: Knauserigkeit. Dabei verlaufen diese Einladungen nach dem immer gleichen Strickmuster. Die Veranstalter reden mehr oder weniger launig und freuen sich immer überschwänglich, wenn ein paar prominente Politiker da sind. Selten jedoch finden sie das Ende ihrer Ausführungen, bevor die Büfetts halb abgeräumt und die Weinkisten zur Hälfte geleert sind. Dann wird unvermeidlich zum »gemütlichen« Teil übergegangen. Doch die Gemütlichkeit erleben viele, die kurz da waren, nicht mehr, weil sie schon das Büfett der zweiten, wenn nicht dritten Veranstaltung des Abends abräumen helfen. Gut besucht sind immer die Lobbytermine, die ein gutes kulinarisches Angebot mit ansprechendem Ambiente zu verbinden wissen.

Ich kenne Volksvertreter, die zu Hause stolz erzählen, dass sie ohne Geld durch die Berliner Sitzungswoche gekommen sind. Den Lobbyisten sei Dank!

13
Die Regelungswut und ihre Urheber

Alle Welt beklagt zu Recht die Regelungsdichte in unserem Land. Viele Gesetze vermitteln den Eindruck, als ob ihre Urheber alle nur erdenklichen Lebenssachverhalte, flankiert durch Verwaltungsvorschriften und Ausführungsbestimmungen, in Paragrafen pressen wollten. Diese Flut von Gesetzen kündet von der unermüdlichen Betriebsamkeit der Bürokratie. Doch das wirkliche Leben jenseits der Paragrafenwelt steckt stets voller Unwägbarkeiten und Überraschungen und verlangt den Menschen eigene Entscheidungen ab, und zwar jenseits aller staatlichen Regelungswut.

Gesetzentwürfe entstehen in aller Regel als Referentenentwürfe in den zuständigen Ministerien. Arbeitsteilig wird dort – vor allem bei umfangreicheren Novellierungen oder gar Artikelgesetzen, die ganz unterschiedliche Gesetzesmaterien berühren – fein ziselierte Formulierungskunst betrieben, bei der vor lauter Detailversessenheit oft die große Linie verloren geht. Im »Steuerabbauvergünstigungsgesetz« der letzten Jahreswende steckte ursprünglich, auf der Suche nach Mehreinnahmen für den Fiskus, auch die höhere Besteuerung bestimmter Finanzmarkt-Produkte, die der privaten Altersvorsorge dienen. Doch gerade das Vorsorgesparen fürs Alter ist angesichts der Alterung unserer Gesellschaft zwingend erforderlich! Deshalb ist es völlig unsinnig, die vorausschauenden Sparer zu bestrafen, anstatt sie zusätzlich anzureizen. Dies ist ein schlagendes Beispiel dafür, wie der Blick für die komplexen volkswirtschaftlichen Wirkungsmechanismen im Wolkenkuckucksheim der praxisfernen Ministerialbürokratie verloren geht.

Zum parlamentarischen Procedere gehören die Anhörungen in den federführenden Ausschüssen des Bundestags. Wirtschaftsverbände, Gewerkschaften, Sozialverbände, die mitgliederstarken wie die exotischen, flankiert von Professoren der unterschiedlichsten Fachrichtungen, meist jedoch von Juristen und Ökonomen, tun ihre vielfältigen Meinungen in einem ritualisierten Verfahren kund. Zuerst schütten sie das Sekretariat des Ausschusses mit ausführlichen schriftlichen Stellungnahmen zu. Danach rücken sie zu den mündlichen Anhörungen an, die mit ihren stereotypen Verlaufsmustern unsäglich langweilig sind. Denn die Abgeordneten der jeweiligen Fraktionen fragen gern die von ihnen selbst vorgeschlagenen Verbandsfunktionäre oder Wissenschaftler, weil sie Argumente für ihre vorgefasste Sicht der Dinge bekommen möchten. Häufig ist das Frage- und Antwortspiel in den öffentlichen Anhörungen abgekartet, weil vorher en détail besprochen. Manche Abgeordneten wie manche geladenen Experten machen sich nicht einmal die Mühe, Fragen und Antworten frei vorzutragen. Sie lesen ab, was ihnen aufgeschrieben wurde.

Eine wichtige Erfahrung lässt sich aus jeder dieser Anhörungen mitnehmen. Keine noch so umfangreiche Gesetzesvorlage ist so kompliziert, dass sie nicht durch Modifizierungsvorschläge betroffener Interessengruppen deutlich bürokratischer ausgestaltet werden könnte. Was alle Verbände, vor allem die Vertreter der Wirtschaft, in Sonntagsreden angeblich bekämpfen wollen – die Bürokratisierung unserer Gesellschaft –, dazu tragen sie im Gesetzgebungsverfahren gelegentlich selbst bei. Aber das ist kein Wunder. Denn die Stellungnahmen der Verbände geben meist den kleinsten gemeinsamen Nenner einer sehr heterogenen Mitgliederstruktur wieder. Um starken Einzel- oder Gruppeninteressen in der vertretenen Branche Rechnung zu tragen, gibt es häufig Spezialwünsche, die vorgebracht werden müssen. Lang lebe die Verrechtlichung aller denkbaren Interessenlagen! Aber Sie wissen ja, seit Jahr und Tag schallt es aus der Verbandsecke dieser Gesellschaft: Bürokratie abbauen!

14
Die Gewerkschaften und ihre Seilschaften

Im Frühsommer 2001 verabredeten sich eine Dame und drei Herren aus Politik und Gewerkschaften zu einem Projekt mit Namen »Tariftreuegesetz«: Kerstin Müller, Fraktionssprecherin der Grünen im Bundestag, Peter Struck, SPD-Fraktionsvorsitzender im Berliner Reichstag, und die Gewerkschaftsvorsitzenden Klaus Wiesehügel (IG Bau) und Frank Bsirske (ver.di). Wiesehügel war damals gleichzeitig SPD-Abgeordneter, Bsirske ist eingeschriebenes Parteimitglied der Grünen, was ungewöhnlich ist für einen Spitzenfunktionär einer Gewerkschaft.

Mit dem Projekt »Tariftreuegesetz« sollte verhindert werden, dass bei öffentlichen Ausschreibungen von Verkehrsleistungen im Nahverkehr und bei öffentlichen Bauvergaben die am Ort der ausschreibenden Auftraggeber geltenden Tariflöhne unterboten werden. Die Rot-Grüne Fraktionsspitze wollte sich offensichtlich zum Handlanger gewerkschaftlicher Besitzstände machen und einen Preiswettbewerb unterbinden, obwohl er zur marktwirtschaftlichen Ordnung unabdingbar gehört. Leid Tragende wären die Kommunen gewesen, die bei Auftragsvergaben nicht mehr von günstigeren Preisen hätten profitieren können. Besonders gebüßt hätten aber mittelständische Bauunternehmen aus den neuen Bundesländern, deren Tariflöhne niedriger sind als im Westen. Ihr Wettbewerbsvorteil wäre schlagartig weggefallen und hätte zu verringertem Auftragsvolumen und weiterem Stellenabbau geführt. Dass dieses Gebietsschutzdenken, das eine neue kleine Mauer zwischen West- und Ostdeutschland aufgebaut hätte, auch die Union verführte, konnte man aus einer unheiligen Allianz ableiten, die Edmund Stoiber und Wolfgang Clement in dieser Angelegenheit im Bundesrat bildeten.

Außer mir leisteten vor allem Andrea Fischer, Margareta Wolf und Werner Schulz in unserer Fraktion gegen das Tariftreuegesetz hinhaltenden Widerstand. Schulz, der neben unserer Fraktionsvorsitzenden federführend die Details verhandelte, beklagte sich bitter darüber, dass die SPD sich nicht scheute, den befangenen Gewerkschaftsführer Wiesehügel selber als Wortführer in der Rot-Grünen Meinungsbildungsrunde auftreten zu lassen.

Anfang Dezember 2001 kam das Gesetz dann zur abschließenden Absegnung in die grüne Fraktionssitzung. Erklärte Absicht der Koalitionsspitzen war es, die erste Lesung noch vor Weihnachten im Bundestag durchzuführen. Doch mit vereinten Argumenten der genannten Opponenten kam in unserer Fraktion fast eine Zwei-Drittel-Mehrheit gegen das Tariftreuegesetz zu Stande. Kerstin Müller war alles andere als begeistert, weil sie sich persönlich bei Struck, Bsirske und Wiesehügel im Wort fühlte.

Die Entscheidung war gegen 17.30 Uhr gefallen und sofort an die SPD signalisiert worden. Ab 18.00 Uhr saß ich direkt nach der Fraktionssitzung mit einigen anderen Kollegen und unserer Fraktions- und Parteiführung zusammen. Wir erörterten ein Papier zum Niedriglohnsektor, das für die jährliche Fraktionsklausur in Wörlitz vorbereitet werden sollte. Doch an konzentriertes Diskutieren war nicht zu denken. Abwechselnd gingen Kerstin Müller, Rezzo Schlauch und Fritz Kuhn vor die Tür, weil ständig die Handys klingelten. Bsirske, Struck, Müntefering, Kanzleramtsminister Steinmeier, ja sogar Wolfgang Clement mobilisierten Druck auf die Grüne Führung, weil die Gewerkschaften und die SPD-Führung am Ausflippen waren. Allgemeiner Tenor der Anrufe: Diese Entscheidung müsst ihr zurücknehmen.

Gegen 21.00 Uhr, inzwischen saß ich bereits wieder in meinem Büro, meldete sich Fritz Kuhn, der Parteivorsitzende, auf meinem Handy. Ich müsse verstehen, dass angesichts der Vorgeschichte und des guten Verhältnisses zu den Gewerkschaften die Fraktionsführung doch habe grünes Licht für das Tariftreuegesetz geben müssen. Die Fraktion werde anderntags in einer Sondersitzung Gelegenheit erhalten, die Entscheidung zu korrigieren. Rezzo Schlauch, der Fraktionsvorsitzende, informierte mich einige Minuten später telefonisch über die erteilte Zustimmung trotz anders lautender Beschlusslage der Fraktion. Die Fraktion folgte am nächsten Tag übrigens brav dem Verlangen unserer Fraktionsspitze und lieferte ein kollektives Beispiel für das Rot-Grüne Rollenspiel von Koch und Kellner.

Trotzdem hatte unsere anfängliche Ablehnung in der Fraktion durch Zeitverzug Sand ins Getriebe dieses Gesetzesvorhabens gebracht. Es kam nicht mehr vor Weihnachten in den Bundestag, sondern erst im Februar 2002. Verabschiedet wurde es Ende April im Bundestag. Weil zu dieser Zeit längst Vorwahlkampf herrschte, verhinderte die Union dieses Gesetz im Juli 2002 im Bundesrat. Selbst Bayern stand jetzt in der Ablehnungsfront. Aber inzwischen war Edmund Stoiber ja nicht nur Ministerpräsident, sondern auch Kanzlerkandidat.

15
Wo bleibt in der Politik das Volk?

Im ganzen Kapitel wurden vorwiegend die vielfältigen Mechanismen des Politikbetriebs dargestellt. Ich habe die Rituale und die unterschiedlichsten Einflusssphären, denen sich der parlamentarische Betrieb ausgesetzt sieht, beschrieben: Parteien, Medien, Lobbys, Gutachter.

Von einer wichtigen Gruppe, der amorphen Masse von rund 60 Millionen Wahlberechtigten, gemeinhin das »Volk« genannt, war nichts zu lesen. Doch die Wähler tun, wenn auch mit abnehmender Tendenz, ihre Pflicht und Schuldigkeit, wenn sie alle vier Jahre bei Bundestagswahlen ihr Kreuz machen und dieses Kreuz dann vier Jahre lang tragen müssen, wie Joseph Fischer in Wahlkampfreden zu kalauern pflegt.

Das Volk tritt, außer in Wahlentscheidungen, auf der politischen Bühne einfach nicht direkt in Erscheinung. Es gibt ja eine Instanz, die das Volk ersetzt: die Demoskopie. Meinungsumfragen und Kopfnoten für die Hitparade der Politikerpopularität sind das Surrogat der »Vox populi« – der Stimme des Volkes. Wie das Kaninchen auf die Schlange starren die Politstrategen auf die neuesten Umfragen. Das lähmt die Entwicklung eigener Standpunkte und verführt gleichzeitig zu einem von Augenblicksstimmungen geprägten Aktionismus.

Als im Herbst 2000 die Ölpreise auf den Weltmärkten explodierten und gleichzeitig der Kurs des Dollar gegenüber der Deutschen Mark aufwertete, stiegen die Sprit- und Heizölpreise auf ein neues Allzeit-Hoch. Boulevardpresse, ADAC und Opposition gelang es gemeinsam, die Rot-Grüne Ökosteuer für die Preissteigerungen verantwortlich zu machen. Zwei Stufen Ökosteuer mit knapp 14 Pfennig Preiserhöhung mussten ernsthaft begründen, dass beispielsweise 1 Liter Dieselkraftstoff binnen zwei Jahren um fast 65 Pfennige teurer geworden war. Das war blanker Unsinn! Doch die mediale Horrorkampagne wirkte. Die Politik sollte auf Wechselkurs- und Marktpreisschwankungen mit steuerpolitischen Maßnahmen reagieren. Die Haushaltspolitiker der Koalition und Finanzminister Hans Eichel rieten dringend von teurem Aktionismus ab. Doch der Kanzler konnte angesichts des Meinungsklimas nicht widerstehen. Die Entfernungspauschale im Steuerrecht für die Fahrt zur Arbeitsstätte wurde um 10 Pfennig ab dem 11. Kilometer erhöht. Ein Steuergeschenk, das den weiten Weg zur Arbeit belohnt und die Zersiedelung der Landschaft beschleunigt. Nach den Steuerkonzepten von Grünen, Union und FDP sollte diese so genannte Kilometerpauschale jedoch abgeschafft werden, um mit den entstehenden Mehreinnahmen die Steuertarife weiter abzusenken. Die hohe Entfernungspauschale blieb natürlich auch bestehen, als die Preise an den Tankstellen längst wieder deutlich gesunken waren. Auf etwa 2 Milliarden Euro beläuft sich das Steuergeschenk an die Pendler – jährlich wohlgemerkt, in einem Staatshaushalt, der jährlich immer neue Kredite zu seiner Finanzierung braucht. So unsinnig und fatal ist aktionistische Tagespolitik.

Natürlich spielt das Volk auch noch eine Rolle in den Stimmungsbildern, die Abgeordnete nach Wahlkreiswochen, in denen sie zu Hause Kontakt zu vielen Menschen hatten, nach Berlin in die parlamentarischen Sitzungswochen mitbringen. Natürlich registriert auch jeder MdB sorgfältig, zu welchen Themen besonders viele besorgte oder zustimmende Briefe, E-Mails und Anrufe in seinen Büros eintreffen.

Doch die Bedeutung der eigenen Erfahrungen des MdB überwiegt nur selten die Macht der Demoskopie. »Themen-Hobbing« ist ein Begriff, der im Umfeld dieser Umfragegläubigkeit entstanden ist. Politische Parteien kümmern sich nicht mehr um die Entwicklung und Durchsetzung von Lösungskonzepten für gesellschaftliche Probleme, sondern sie laufen dem volatilen Zeitgeist nach, der sich in Umfragen widerspiegelt oder sogar mit Umfragen erst erzeugt wird.

Was bei uns in Deutschland fehlt, ist das Plebiszit auch auf Bundesebene. Volksabstimmungen sind ein gutes Korrektiv auch in der repräsentativen parlamentarischen Demokratie. Entsprechende Initiativen scheiterten kurz vor den letzten Bundestagswahlen wieder einmal an der Union. Die erforderliche Zwei-Drittel-Mehrheit im Deutschen Bundestag kam nicht zu Stande.

Die Politik sollte das Volk jedoch nicht als Störfaktor für große, aber strittige Entscheidungen begreifen. Warum haben die Deutschen nicht über die Euro-Einführung per Volksabstimmung entscheiden können? Wäre eine Volksabstimmung über die Abschaffung der Wehrpflicht nicht zu vertreten? Die Politik würde durch den Zwang zum argumentativen Konflikt bei wichtigen Einzelentscheidungen gewiss nicht schlechter. Die Blankovollmachten der Wähler für vier oder fünf Jahre haben sich offensichtlich nicht bewährt.

Teil II
Abschied vom Schlaraffenland

16
Meine prägende Erfahrung: der Haushaltsausschuss

Der Haushaltsausschuss des Deutschen Bundestags hat mich politisch und persönlich geprägt. Dieser Ausschuss kostete mich und meine Mitarbeiter den größten Teil unserer Arbeitskapazität, er brachte mir aber auch die tiefsten Einblicke in die Funktionsweise von Verwaltung und Politik. Geradezu nebenbei fiel Herrschaftswissen aus den unterschiedlichsten Geschäftsbereichen für mich ab. Ich ging ganz gezielt in dieses Gremium, weil es von seinem Selbstverständnis her vor allem auf möglichst effizienten und sparsamen Umgang mit den Ausgaben des Staates achten soll. Doch mit den Jahren erwarb ich die Selbstsicherheit und das Wissen, mich auch für die Einnahmenseite, für die Steuerpolitik, zu engagieren. Wer im Haushaltsausschuss erlebt hat, welche riesigen Summen von Ausgaben die soziale Sicherung bindet, und zwar nicht nur die Arbeitslosenhilfe, sondern vor allem die Alterssicherungssysteme der Renten und der Beamtenversorgung, der muss sich bald mit großem Engagement auch in die Debatte um die großen Reformaufgaben unseres Sozialstaates einmischen: Arbeitsmarkt, Kranken- und Rentenversicherung.

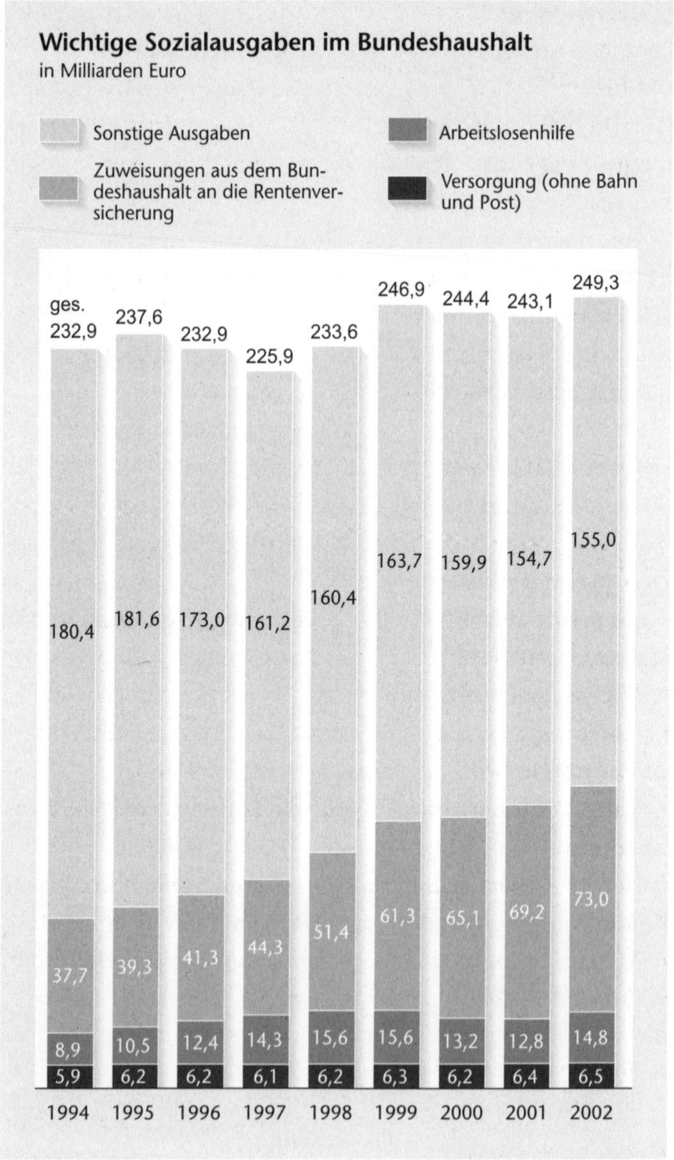
Wichtige Sozialausgaben im Bundeshaushalt
in Milliarden Euro
Sonstige Ausgaben
Zuweisungen aus dem Bundeshaushalt an die Rentenversicherung
Arbeitslosenhilfe
Versorgung (ohne Bahn und Post)
ges.
232,9
237,6
232,9
225,9
233,6
246,9
244,4
243,1
249,3
180,4
181,6
173,0
161,2
160,4
163,7
159,9
154,7
155,0
37,7
39,3
41,3
44,3
51,4
61,3
65,1
69,2
73,0
8,9
10,5
12,4
14,3
15,6
15,6
13,2
12,8
14,8
5,9
6,2
6,2
6,1
6,2
6,3
6,2
6,4
6,5
1994
1995
1996
1997
1998
1999
2000
2001
2002

Gegen die maßlose Kreditfinanzierung öffentlicher Haushalte brachte ich schon 1994 eine grundsätzliche Abneigung mit ins Bonner Parlament. Ich hatte damals bereits 14 lange Jahre im Gemeinderat von Bad Schussenried Erfahrungen gesammelt, wie der Schuldendienst eine hoch verschuldete Kleinstadt zeitweise handlungsunfähig machen kann.

Von Anfang an setzten die drei Grünen Haushälter (die leider viel zu früh verstorbene Kollegin Kristin Heyne, die derzeitige Haushaltssprecherin Antje Hermenau und meine Wenigkeit) auch in den Oppositionszeiten auf einen strikten Konsolidierungskurs. Wir wollten auch Wünsche der eigenen Fraktion nach höheren Ausgaben nur gegen praktikable Kürzungsvorschläge ins Parlament einbringen. Sparen wurde ein Markenzeichen der Grünen Finanzpolitik, und der Grüne Haushaltssprecher avancierte in Fraktion, Partei und Medien bald zum »Sparkommissar«.

Ich werde nie vergessen, wie mich Michaele Hustedt, damals in unserer Fraktion für die Umweltpolitik verantwortlich, nach einer meiner ersten Bundestagsreden besorgt aufforderte, für meine Sparpolitik doch eine Grüne Argumentationskette zu entwickeln: »Du musst unsere Partei auf diesen Weg mitnehmen. Das geht nicht allein mit konservativer Verzichtsrhetorik!«

Sie hatte Recht, und ab diesem Zeitpunkt finden sich in den Positionspapieren, Reden und Interviews des Grünen Haushaltssprechers neue Formulierungen wie »nachhaltige Finanzpolitik«, »Verschuldung ist Raubbau an künftigen Generatio-

< Die Ausgaben für soziale Leistungen beanspruchen immer größere Anteile im Bundeshaushalt. Extrem gewachsen sind in den vergangenen zehn Jahren die Zuweisungen an die Rentenversicherung. Von 37 Milliarden Euro im Jahr 1994 explodierte dieser Ausgabenposten auf 73 Milliarden Euro im Jahr 2002.

nen« oder »die Schulden von heute sind die Steuererhöhungen von morgen«. Fraktion und Partei übernahmen nach und nach diese Formulierungen. Auch im Bundestagswahlprogramm 1998 wurde von den Grünen die Staatsverschuldung als »Leben zu Lasten der Zukunft« verurteilt. Die hier zitierten Wortschöpfungen sind inzwischen allgemein gebräuchlich. Dieses »Wording« prägte ab Mitte 1999, nach Lafontaines Flucht aus dem Amt, die Rot-Grüne Finanzpolitik der Bundesregierung. Hans Eichel war neuer Chef im Bundesfinanzministerium und seine Chefhaushälter im Ministerium hatten ihn auf die von der Grünen Haushaltspolitik in den Bonner Oppositionsjahren geschaffenen Formulierungen eingeschworen.

Auch in einem anderen Feld der Politik hatten wir Grünen schon in der Oppositionszeit einen Riesenschritt in Richtung sozialstaatlicher Realität begonnen: beim Thema Rente. Als Norbert Blüm, mehr genötigt, denn aus Überzeugung, den demografischen Faktor in die Rentenformel einbauen ließ, bewertete meine Kollegin Andrea Fischer im *Spiegel* diese Position als unterstützenswert, während die SPD dagegen wetterte. Wir forderten bereits damals eine neue »Generationengerechtigkeit« bei der Rentenfinanzierung. Die jungen Beitragszahler sollten nicht allein für die Alterung der Gesellschaft aufkommen müssen. Deshalb hielten wir es für angemessen, dass die Einkommenszuwächse bei der jährlichen Rentenanpassung niedriger ausfallen sollten als die Lohnzuwächse der Beitragszahler im vorhergehenden Jahr.

In der nächsten Fraktionssitzung musste sich Andrea Fischer herbe Kritik anhören, weil sie an die Öffentlichkeit gegangen war, bevor die Meinungsbildung in der Fraktion abgeschlossen war. Ich sprang ihr bei, froh, dass die Grünen in dieser Debatte mit einem eigenen Standpunkt auftauchten. Ich sah im Bundeshaushalt die jährlich steigenden Zuschüsse an die Rentenversicherung und war heilfroh, dass eine Grüne mit dem sozialdemokratischen Mythos aufräumte, dass eine umlagefinanzierte Rente in einer Gesellschaft mit immer mehr älteren Menschen auf Dauer funktionieren könne. Beharrlich trieb die spätere Gesundheitsministerin die Positionsveränderung der Grünen voran, in der Fraktion, auf Parteitagen und sogar im Wahlprogramm 1998, das die Notwendigkeit eines demografischen Faktors in der Rentenversicherung betonte.

In jenen Zeiten funktionierte der Grüne Reformmotor noch: in der Haushalts- und Finanzpolitik, bei der Debatte über die Renten- und – ansatzweise – auch über die Krankenversicherung. Auch an dieser Stelle sei nochmals an Christine Scheels Verdienste bei der Ausarbeitung eines Grünen Alternativkonzepts zu den Schwarz-Gelben Petersberger Steuerbeschlüssen erinnert. Damals ließ Joseph Fischer, Fraktionsvorsitzender der Grünen, diese Reformdebatten nicht nur zu. Er trug persönlich durch entsprechenden Input in die Fraktion zu ihnen bei und goutierte die positive Resonanz in Medien und Wirtschaftskreisen. Fischer wusste im Gegensatz zu vielen anderen, dass eine Regierungsbeteiligung der Grünen ökonomische Kompetenz in wirtschaftspolitischen Kernfragen zur Voraussetzung hatte.

Inzwischen haben Sie, liebe Leserinnen und Leser, sicher längst erkannt, was ich Ihnen in diesem Kapitel schildern will: die Entwicklung eines Kommunalpolitikers aus der oberschwäbischen Provinz, der in Bonn als Haushaltsexperte der Grünen reüssierte und sich mit den Jahren im Parlament beständig thematisch verbreiterte, bis er von den Medien als »finanzpolitisches Gewissen seiner Partei« apostrophiert wurde. Dieser Politiker mischte sich ohne Rücksicht auf formale Zuständigkeiten in der Bundestagsfraktion beharrlich in die Arbeitsmarkt-, Gesundheits- und Rentenreformdebatte ein.

Vielleicht wundern Sie sich, dass ich mich auch noch berufen fühle, ein Buch über radikale Reformen unseres Sozialstaates zu schreiben. Ich bin kein Ökonom, der wissenschaftliche Abhandlungen darüber schreibt. Ich habe zwar Jura studiert, aber keinen akademischen Abschluss. Ich bin Politiker aus Überzeugung und mit Leidenschaft, man sagt mir Gespür für konzeptionelle Umsetzung und Kommunikationstalent nach. Ich gehöre zur altmodischen Fraktion »Klare Sprache« und vertraue auf die Kraft der Argumente. In den folgenden Kapiteln will ich die Mythen unseres Sozialstaates entlarven, ohne den Wunsch nach sozialer Gerechtigkeit zu desavouieren. Ich überspitze gelegentlich in der Zustandsbeschreibung, diskutiere Lösungsmöglichkeiten und verleugne trotz allem nicht, dass es keine schnell wirkenden Patentrezepte gibt. Dabei werde ich mich bemühen, die Komplexität volkswirtschaftlicher Zusammenhänge klar und spannend darzustellen.

17
Kündigungsschutz als Einstellungsbarriere

Wir Deutschen sind ein merkwürdiges Volk. Wir frönen seit vielen Jahrzehnten einem immer teurer werdenden Luxus, dessen sich viele von uns überhaupt nicht bewusst sind. Die Organisation unseres Arbeitsmarktes ist ein ganz wesentlicher Teil dieses volkswirtschaftlichen Luxus. Wir Deutschen starten später als in den meisten Ländern der Welt ins Berufsleben, weil sich viele eine sehr lange Erstausbildung leisten. Wir gehen früher als irgendwo sonst in den Ruhestand, obwohl wir uns – immer rüstiger und umtriebiger – einer beständig steigenden Lebenserwartung erfreuen. Zwischen Ausbildung und Rente, in unserer produktiven Erwerbsphase, gönnen wir uns im internationalen Vergleich ebenfalls deutlich niedrigere Jahresarbeitszeiten, weil die Wochenarbeitszeit kürzer und der Urlaub länger sind, und obendrein krankheitsbedingtes Fehlen ab dem ersten Tag vom Arbeitgeber voll bezahlt wird.

Wir haben ausgesprochen arbeitnehmerfreundliche Kündigungsschutzbestimmungen – im Arbeitsrecht und in Tarifverträgen, besonders für ältere Arbeitnehmer, aber auch für bestimmte Personengruppen, etwa Behinderte. Trotz dieser Schutzregelungen sind in Deutschlands Betrieben Mitarbeiter, die über 55 Jahre alt sind, seltener anzutreffen als in anderen Ländern. Was erklärt diesen auffälligen Widerspruch?

Für ältere Arbeitnehmer hat sich in Zeiten hoher Arbeitslosigkeit der Kündigungsschutz längst zur Einstellungsbarriere entwickelt. Fragen Sie nur mal qualifizierte und arbeitswillige Arbeitssuchende, wie viele Absagen sie sich einhandeln, wenn sie Ende vierzig oder gar Anfang fünfzig sind. Was von der Arbeiterbewegung und ihren Gewerkschaften auf Grund der frühkapitalistischen Erfahrung des Heuerns und Feuerns in langen sozialen Kämpfen durchgesetzt wurde, hier speziell der Kündigungsschutz, hat sich längst wegen der Kostenbelastungen für die Unternehmen ins Gegenteil verkehrt. Wenn ich mich als Unternehmer von einem Mitarbeiter nur schwer oder mit unverhältnismäßig hohen Kosten trennen darf, dann verzichte ich im Zweifelsfall auf eine Einstellung, ziehe jüngere Mitarbeiter vor, oder ich fülle Lücken in meiner Kapazität mit Überstunden und Leiharbeitsunternehmen.

Auch ein anderer Automatismus in der Lohnstruktur, der tendenziell in der Privatwirtschaft wie im öffentlichen Dienst gilt, hat seinen Anteil an diesem Mechanismus, und er wird viel zu wenig hinterfragt: Je älter die Mitarbeiter sind, desto teurer sind sie, weil in vielen Tarifverträgen Betriebszugehörigkeit und Lebensalter automatisch zu Einkommenssteigerungen führen. Alt gleich teuer, jung gleich billig, das ist kein vernünftiges Kriterium für leistungsgerechte Bezahlung. In der Zeit, in der viele Menschen eine Familie und einen eigenen Hausstand gründen, der Finanzbedarf also besonders groß ist, verdienen die allermeisten weniger als in den Jahren vor dem Ruhestand. Sie kennen das Phänomen der Saturiertheit bestimmt, wenn die erwachsenen Kinder endlich auf eigenen Füßen stehen und die annähernd abbezahlten Eigenheime schon wieder zu groß sind, es sei denn alle Kinder und Enkel kommen zu Besuch. Die Dienstalterszulagen im Tarifvertrag des öffentlichen Dienstes, in der Beamtenbesoldung und auch altersbezogene Tarifregelungen in der Privatwirtschaft sollten abgeschafft werden. Das frei werdende Finanzvolumen könnte in eine vom Alter unabhängige und leistungsgerechte Vergütung fließen.

Der Kündigungsschutz ist keineswegs nur eine Einstellungsbarriere für Ältere. Er betrifft alle Arbeit Suchenden, weil viele kleine Handwerker und Mittelständler ihre Belegschaften auf einer maximalen Mitarbeiterzahl von fünf Beschäftigten halten. Bei mehr als fünf Mitarbeitern gilt der allgemeine gesetzliche Kündigungsschutz, und viele Unternehmer schrecken vor der Überschreitung dieser Schwelle zurück. Selbst in Zeiten guter Auftragsbestände greifen sie lieber auf Schwarzarbeit oder auf Überstunden der Stammbelegschaft zurück. Vor allem die Sozialdemokraten betrieben die Rücknahme einer sinnvollen Lockerung des Kündigungsschutzes, die von CDU und FDP in ihrer letzten Legislaturperiode gegen den erbitterten Widerstand der Gewerkschaften und der SPD durchgesetzt worden war. Der Schwellenwert für den allgemeinen Kündigungsschutz war von mehr als fünf auf eine Betriebsgröße von mehr als zehn Mitarbeitern heraufgesetzt worden. Die Rücknahme dieser kleinen und sinnvollen Maßnahme der Schwarz-Gelben Koalition zur Deregulierung war ein fataler Fehler der Rot-Grünen Regierungskoalition.

Der erhöhte Kündigungsschutz für Behinderte hat ebenfalls nicht nur positive Auswirkungen. Viele Betriebe bezahlen lieber eine Abgabe, wenn sie die Mindestquoten für die Beschäftigung von Behinderten nicht erfüllen, als dass sie Behinderte mit hohem Kündigungsschutz einstellen. Viele arbeitssuchende Behinderte beklagen sich bitter, dass sie überhaupt keine Chance bekämen, ihre Produktivität im ersten Arbeitsmarkt unter Beweis zu stellen. Selbst in sozialen Institutionen wird über eine längere Probezeit für Behinderte diskutiert oder über

Abfindungsregelungen für den Trennungsfall, damit die Einstellung nicht an der Angst vor den Kosten der Kündigung scheitert.

18 Umgehungstatbestände und »Brücken in den Vorruhestand«

Obwohl ein harter Kündigungsschutz gerade ältere Arbeitnehmer vor Entlassung schützen soll, weil Alter und Betriebszugehörigkeit in Sozialplänen ganz wesentlich zu hohen Punktwerten beitragen, wird dieser Schutzmechanismus ständig unterlaufen. Andererseits ist es aber auch ein Unding, dass im Sanierungsfall eines Unternehmens die Belegschaften altern, weil die jüngeren Mitarbeiter, egal wie qualifiziert, zuerst entlassen werden müssen. Das ist aber die logische Konsequenz aus den heutigen Sozialauswahlkriterien des Arbeitsrechts.

Ältere Mitarbeiter sind, wie wir wissen, in der Regel auf Grund der Lohnstruktur teurer, aber auch in Maßen weniger produktiv und altersbedingt auch häufiger krank. Also versuchen gerade Großunternehmen alles, um sich trotz des Kündigungsschutzes bei Massenentlassungen vor allem von ihren älteren Beschäftigten zu trennen. Frühere Staatsunternehmen wie Post und Bahn sind hier ganz vorne dabei, aber natürlich auch die Privatwirtschaft. Damit dieses System trotz Kündigungsschutz und Sozialplanauswahl funktioniert, haben Sozialpolitiker aller Couleur, die Gewerkschaften und die Arbeitgeber einen Umgehungstatbestand geschaffen, der in einer vornehmen Wortschöpfung verkleidet wurde: Brücken in den Vorruhestand werden gebaut. Dabei handelt es sich um Verträge zu Lasten Dritter, zu Lasten der Beitragszahler in der Arbeitslosen- und Rentenversicherung. Ausgerechnet der christdemokratische Sozialpolitiker Norbert Blüm hat sich als »Brückenbau«-Architekt betätigt. Denn in seine Amtszeit fiel die Verlängerung der Bezugsdauer von Arbeitslosengeld für über 57-Jährige. Statt wie bei allen anderen Arbeitslosen nach Lebensalter zwischen zwölf und 18 Monaten gestaffelt, beziehen sie bis zu 32 Monate Arbeitslosengeld als Versicherungsleistung aus Nürnberg. Wenn sie 60 Jahre alt sind, gleiten sie einfach in den Etat der Rentenversicherung. Wir finanzieren also rund acht Jahre lang Menschen aus den Sozialsystemen, die häufig in den Betrieben bis zur gesetzlichen Altersgrenze ihr Einkommen verdient und Beiträge und Steuern bezahlt hätten.

Wir mustern die oft Unkündbaren vorzeitig und auf die teuerste Art aus dem Arbeitsprozess aus. Diese Praxis halte ich für unsozial, ganz im Gegensatz zu Änderungen beim Kündigungsschutz.

Doch so können scheinheilige Gewerkschaftsfunktionäre weiter tapfer die soziale Errungenschaft »Kündigungsschutz« verteidigen und die Pharisäer in den Wirtschaftsverbänden weiter über die hohen Lohnnebenkosten lamentieren. Verträge in der Arbeitswelt tragen immer zwei Unterschriften. Gewerkschaften und Arbeitgeber bilden ein Tarifkartell mit Kosten, für die andere aufkommen: Beitragszahler und Arbeitslose. Je teurer Arbeit wird, und das frühzeitige Ausmustern in den Vorruhestand zu Lasten der Sozialkassen ist ein wesentlicher Kostenfaktor, umso stärker steigt der Rationalisierungsdruck im globalen Wettbewerb für unsere Volkswirtschaft. Der Mensch wird durch Technik ersetzt, von Wachstumsschwäche zu Rezession steigt der Anteil an Menschen in unserem Land, die keine Arbeit mehr finden, weil die Arbeit zu teuer ist.

19
Arbeitsrecht ist Richterrecht

Im Arbeitsrecht gibt es eine Vielzahl von unbestimmten Rechtsbegriffen. Sie bieten der Rechtsprechung alle Chancen zur Entwicklung von Richterrecht. Gerade in den Arbeitsgerichten haben anscheinend viele Sozialromantiker Planstellen als Staatsbeamte gefunden. Zu diesem Schluss kommt man, wenn man die Rechtsprechung in Kündigungsschutzverfahren analysiert. Der Arbeitnehmer scheint immer der Gute zu sein, weil er abhängig und ausgebeutet ist, der Unternehmer hingegen gilt immer als der Böse und Profitgierige. Anders ist es kaum zu erklären, warum selbst bei gröbsten Verstößen, die an Arbeitsverweigerung durch die Beschäftigten grenzen, gnädige Richter im Kündigungsfall Abfindungen in Höhe eines halben Jahresgehalts zusprechen. So gut wie jede streitige Kündigung landet inzwischen vor den Arbeitsgerichten. Die Prozesse enden in den meisten Fällen mit Vergleichen und hohen Kosten für die Unternehmen. Manche Mittelständler geraten darüber so in Wut, dass sie noch im Gerichtssaal den ingrimmigen Vorsatz fassen, keine neuen Leute einzustellen.

Gutmenschen in der Robe von Arbeitsrichtern, die auf beamteten Planstellen die »hoch produktive« Arbeitswelt des öffentlichen Dienstes zum Maßstab in Privatunternehmen machen, tragen viel zur Einstellungsmüdigkeit im Mittelstand bei. Es muss ja auch vielfältige Ursachen haben, dass wir in Deutschland ein deutlich höheres Wachstum des Sozialprodukts benötigen, bis neue Beschäftigung entsteht, als in anderen europäischen Ländern. Ein Mosaiksteinchen ist sicher die Rechtsprechung durch die Arbeits- und Sozialgerichte. Aus dem gleichen Grund machen sich übrigens auch die Sachbearbeiter in den Arbeitsämtern kaum noch die Mühe, Leistungskürzungen beim Arbeitslosengeld zu verfügen, selbst wenn der Arbeitslose offensichtlich kein Engagement bei vom Arbeitsamt vermittelten Vorstellungsgesprächen zeigt. In neun von zehn Fällen sollen die Richter den Leistungsempfängern und nicht dem Arbeitsamt Recht geben, so klagten glaubwürdige Mitarbeiter von Arbeitsämtern mir gegenüber in den vergangenen Jahren. Sie plädierten nachdrücklich für eine Umkehr der Beweislast, die mit der Umsetzung des Hartz-Konzepts seit Anfang 2003 zaghaft eingeleitet wurde. Nicht das Arbeitsamt müsse beweisen, dass ein Leistungsempfänger absichtlich keine Arbeitsstelle annehme, sondern der Beschäftigte habe nachzuweisen, dass alle seine Versuche, Arbeit zu finden, fehlschlagen.

Vielleicht klingt der Vorschlag ketzerisch, aber ich glaube, dass Sabbatmonate für Arbeits- und Sozialrichter manchen Juristen neue Einblicke in die reale Welt verschaffen könnten. Für die gesamte Volkswirtschaft wäre es wahrscheinlich billiger, man würde Arbeitsrichter einen Monat pro Jahr als gut bezahlte Praktikanten in unterschiedliche Betriebe schicken oder Sozialrichter in den Arbeitsämtern hospitieren lassen, damit sie fortan nicht mehr allein aus dem Elfenbeinturm heraus Recht sprechen müssten.

20
Die Mär vom Flächentarifvertrag

In Deutschland existiert, wenn man den Begriff ganz wörtlich nimmt, ein einziger Flächentarifvertrag in einer sehr wichtigen Branche: der Bundesangestellten-Tarifvertrag (BAT), der zwischen Flensburg und Konstanz gilt. Für die Besoldung der Beamten gilt ebenfalls eine bundesweite Regelung. Nur zwischen den neuen Ländern und der alten Bundesrepublik gibt es im öffentlichen Dienst für gleiche Tätigkeiten noch unterschiedliche Gehälter. Für Bund und Länder sind diese Regelwerke genauso obligatorisch wie für die kommunalen Arbeitgeber. Nur für Teile der in den Gemeinden und Landkreisen Beschäftigten gibt es Entlohnungen unter dem BAT-Niveau, sofern sie in privatwirtschaftlich organisierten Ausgründungen arbeiten. Doch auch da sorgen emsige Personalvertretungen für eher geringe Abweichungen.

Ganz anders sieht es in der Privatwirtschaft aus. Nehmen wir als Beispiel die Metall- und Elektroindustrie. Nicht weniger als 16 regionale Arbeitgeberverbände existieren in Deutschland. Rund 6000 Firmen mit etwa 2,1 Millionen Arbeitnehmern sind derzeit in dieser Branche mit Tarifbindung organisiert. Gegenüber dem Höchststand der Verbreitung von Flächentarifverträgen Anfang der Siebzigerjahre hat sich die Zahl der Mitgliedsfirmen allerdings dramatisch reduziert. Denn damals waren über 10 000 Firmen mit 3,2 Millionen Beschäftigten in Arbeitgeberverbänden. Nach der Wiedervereinigung stieg dieser Rekordwert kurzzeitig noch an. Doch in den Neunzigerjahren gingen in der Metall- und Elektroindustrie in unserem Land etwa 1,4 Millionen Arbeitsplätze verloren. Heute sind nur noch rund 40 Prozent der in Frage kommenden Firmen in einem Tarifträgerverband organisiert. Das entspricht einem Anteil organisierter Arbeitsplätze von 65 Prozent.

Die Lebensverhältnisse in unserem Land sind unterschiedlich. Es gibt Regionen mit Vollbeschäftigung und hoher Kaufkraft, in denen das Leben deutlich teurer ist als anderswo. Warum muss man das Entlohnungs- und Besoldungsniveau im öffentlichen Dienst in ganz Deutschland über einen Leisten schlagen? Der Tabubruch, den ausgerechnet das Rot-Rot regierte Land Berlin mit einer Bundesratsinitiative angestoßen hat, die Aufkündigung der bundeseinheitlichen Beamtenbesoldung, hat im Bundesrat inzwischen zu einer Mehrheit für regionalisierte Vereinbarungen beim Urlaubs- und Weihnachtsgeld geführt. Auch der BAT als Flächentarif wird im Geleit dieses richtigen ersten Schritts zur sinnvollen Regionalisierung aufgeknackt werden. Es ist zwar ein Treppenwitz, dass ausgerechnet Sozialdemokraten und PDS diesen Tabubruch erfolgreich gewagt haben, aber damit ist endlich der Mythos der einheitlichen Entlohnung im öffentlichen Dienst zu Grabe getragen. In der Regierungsverantwortung entstehen offenbar Einsichten, die den ideologischen Glaubensbekenntnissen der Verantwortlichen den Garaus machen.

Die Länderhaushalte stöhnen zu Recht unter der Last ihrer Personalkosten. Zwischen 42 und gut 50 Prozent ihrer gesamten Jahresbudgets beanspruchen die Ausgaben für aktives Personal und beamtete Ruheständler. Wer die Einkommensstruktur der Mitarbeiter oder die Ausgaben für Versorgungsempfänger auf dem gegenwärtigen Niveau halten will, wird massiv Leistungen kürzen und Personal abbauen müssen. Das kann ja wohl nicht einmal im Interesse von ver.di-Chef Frank Bsirske liegen, der ansonsten häufig den Eindruck vermittelt, als ob er unter Gewerkschaftern mit alter Ideologie den fehlenden Stallgeruch wettmachen müsste. Bsirske ist Mitglied der Grünen.

Verstehen Sie diese Aussagen bitte nicht falsch. Unsere Volkswirtschaft braucht tarifvertragliche Rahmenwerke – mit Öffnungsklauseln, mehr Betriebsnähe und angemessenen Lohnstandards. Aus Flächentarifverträgen, die alles starr und zentral regeln wollen, werden immer mehr Unternehmen ausscheiden. Flächentarifverträge, die sich heute an der durchschnittlichen Kostenbelastbarkeit der Betriebe in guten Zeiten orientieren, werden mittel- und langfristig keine Akzeptanz mehr haben. Vor allem die unteren Lohngruppen für geringer Qualifizierte geben ein Kostenniveau vor, das durch die Arbeitsproduktivität des Mitarbeiters nicht gedeckt ist.

Aber stellen Sie sich unsere hoch entwickelte Volkswirtschaft einmal mit ausschließlich auf einzelbetrieblicher Ebene ausgehandelten Haustarifverträgen vor. Bei der verbreiteten »Just-in-Time«-Produktion mit der rollenden Lagerhaltung auf der rechten Spur der Autobahnen wäre unsere Wirtschaft in irgendeiner Ecke der Republik bald im Wochenrhythmus durch Streiks in den unterschiedlichsten Zulieferbetrieben lahm gelegt. Die volkswirtschaftlichen Kosten wären katastrophal.

Deshalb brauchen wir Tarifpartner, die Verträge schließen können, und aufgeschlossene Gewerkschafter, die über den Tellerrand ihrer Mitglieder hinausschauen und bei ihren Forderungen die veränderte Arbeitswelt in offenen Wettbewerbsgesellschaften berücksichtigen. Nötig sind aber auch verantwortungsbewusste Verhandlungsführer im Arbeitgeberlager, die in den Tarifrunden immer bedenken müssen, dass nicht die bestreikten Großunternehmen das alleinige Maß für die Bezahlbarkeit von Einkommenszuwächsen darstellen, sondern viele kleinere Mitgliedsfirmen die Nachgiebigkeit der Großen bezahlen müssen. Die Flucht der Mittelständler aus den Arbeitgeberverbänden ist ein Ausdruck dieses Gefälles. Sie können einfach nicht mithalten.

21 Solidarisch arbeitslos: das Günstigkeitsprinzip

In Deutschland herrscht Tarifautonomie. Deshalb werden die Arbeitsbedingungen nicht im Detail vom Staat vorgegeben, sondern im Wesentlichen durch die Tarifvertragsparteien in eigener Zuständigkeit geregelt. Die starke Rolle der Tarifpartner lässt sich aus dem Betriebsverfassungsgesetz ablesen, dessen Tarifvorbehalt (§ 77, Abs. 3) es Unternehmensleitung und Betriebsrat verbietet, Lohnvereinbarungen zu treffen, sofern der Tarifvertrag entsprechende Regelungen enthält. Abweichungen vom Tarifvertrag sind nur in zwei Fällen erlaubt. Erstens: wenn durch eine Öffnungsklausel ausdrücklich andere Regelungen im jeweiligen Unternehmen zulässig sind. Zweitens: wenn sich die Arbeitnehmer bei Abweichungen besser stellen.

Das steckt hinter dem Begriff »Günstigkeitsprinzip«, das in § 4, Abs. 3 des Tarifvertragsgesetzes verankert ist. Weil der Gesetzgeber nicht definiert hat, was für den Arbeitnehmer günstiger ist, haben sich die Arbeitsgerichte auf diesen unbestimmten Rechtsbegriff gestürzt. »Günstiger« ist für den Arbeitnehmer nach herrschender Meinung in der Rechtsprechung mehr Geld oder mehr bezahlte Freizeit. Das mochte in Zeiten der Vollbeschäftigung vor dreißig und mehr Jahren Geltung haben. Heute ist die Arbeitsplatzsicherung in schwierigem wirtschaftlichem Umfeld für viele Arbeitnehmer mit Sicherheit ein höherwertiges Gut als mehr Geld oder mehr Freizeit. Doch diesen gestiegenen Wert deckt das Günstigkeitsprinzip nach der höchstrichterlichen Rechtsprechung des Bundesarbeitsgerichts nicht ab.

Mit dem Günstigkeitsprinzip im Rücken haben die Gewerkschaften einen wirkungsvollen Hebel, um Lohnabsenkungen in allen tarifgebundenen Unternehmen zu verhindern. Egal, ob Lohnverzicht von der Belegschaft mitgetragen wird, weil nur so Arbeitsplätze erhalten werden können, stets entscheiden die Gewerkschaftsfunktionäre in der zuständigen Zentrale, ob sie diese Abweichung vom Tarifvertrag tolerieren oder nicht. Wie sich diese Bevormundung der Unternehmen in der Praxis auswirkt, will ich an einem Beispiel aus meinem alten Bundestagswahlkreis Biberach schildern.

Ein mittelständisches Unternehmen in der Textilveredelung, seit Jahren unter gnadenlosem Wettbewerbsdruck durch billige osteuropäische Konkurrenz, schlitterte im Jahr 2000 mit den explodierenden Energiekosten in akute Insolvenzgefahr. Rund 170 Mitarbeiter, zu fast 80 Prozent in der IG-Metall organisiert, hatten mit riesiger Mehrheit einer Betriebsvereinbarung zugestimmt. Durch den Verzicht auf Urlaubs- und Weihnachtsgeld wollten sie rund 500 000 Euro Personalkosten einsparen. Dieser Sanierungsbeitrag der Belegschaft wurde durch einen entsprechend hohen Nachschuss an neuem Kapital durch den Hauptgesellschafter flankiert. Eine Bestandsgarantie des Betriebs für den befristeten Lohnverzichtszeitraum war Teil der Vereinbarung. Doch die zuständige IG-Metall verweigerte die Unterschrift unter die Freistellung vom geltenden Tarifvertrag.

Ich erlebte die verantwortliche Gewerkschaftssekretärin höchstpersönlich in einer gemeinsamen Sitzung von Geschäftsleitung und Betriebsrat, zu der ich als politischer Vermittler von der Firma eingeladen worden war. Auf eine unglaublich kaltschnäuzige und arrogante Art versuchte sie ihren eigenen Gewerkschaftsmitgliedern klar zu machen, dass eine Sanierung dieses Unternehmens ohnehin fraglich sei und der Lohnverzicht der Beschäftigten nichts bringe. Sie habe vor allem die Interessen der Kollegen in anderen tarifgebundenen Unternehmen zu wahren und sie vor dem Unterlaufen der Tariflöhne zu schützen. Ein Ja sei deshalb ausgeschlossen. In feindseliger Atmosphäre ging das Gespräch zu Ende.

Ich schaltete die IG-Metall-Bezirksleitung in Stuttgart ein, mobilisierte das Berliner Büro von Ute Vogt, der damaligen Spitzenkandidatin der baden-württembergischen SPD, die kurz darauf ohnehin auf Wahlkampftour in der Umgebung des Unternehmensstandortes gehen wollte. Doch es tat sich nichts auf der Gewerkschaftsseite. Also gingen rund 170 Kündigungen zum vorher bekannten Stichtag an die Belegschaft. Mehr als die Hälfte der Gekündigten waren Frauen im Alter von knapp fünfzig Jahren, die als Arbeitslose selbst in unserem guten Arbeitsmarkt relativ schlechte Chancen auf eine neue sozialversicherungspflichtige Beschäftigung hatten. Es war eine Schande, was sich die Gewerkschaftssekretärin erlaubte. Mit ihrem unglaublichen Auftreten bediente sie alle Vorurteile, die man gegenüber gewerkschaftlichem Fundamentalismus im Kopf hat. Sie blieb, auch bei mehreren späteren Telefonaten, bei ihrem kategorischen Nein.

Nach den Kündigungen hatte ich bereits aufgegeben, doch ein im Unternehmen tätiger Ingenieur bat mich um einen letzten Versuch. Ich brachte dann Berthold Huber, den Stuttgarter IG-Metall-Bezirksleiter, und den Vertreter der Anteilseignergruppe zu einem Gespräch zusammen. Der Durchbruch gelang: Wir erreichten die Zustimmung der IG-Metall und die Rücknahme aller Kündigungen. Huber ist ein kluger und vernünftiger Mann. Es wäre ein Segen für unser Land, wenn sich dieser Mann, der unaufgeregt und unideologisch für die Sache der Arbeitnehmer streitet, als Nachfolger des scheidenden IG-Metallvorsitzenden Klaus Zwickel durchsetzen könnte.

Übrigens: Der Betrieb existiert heute, zweieinhalb Jahre danach, immer noch. Er beschäftigt zwar nur noch 110 Mitarbeiter, stellte aber in den letzten Monaten wieder neue Mitarbeiter ein. Trotz des extrem schwierigen wirtschaftlichen Umfelds schloss das Unternehmen das Jahr 2002 ohne Bilanzverlust ab. Der Ingenieur, der mich damals als Vermittler einschaltete, ist inzwischen längst als Geschäftsführer im Unternehmen tätig.

Vor wenigen Monaten erzählte er mir, dass dieselbe Gewerkschaftssekretärin, die damals den Betrieb fast auf dem Gewissen hatte, ihn kürzlich offiziell angefragt habe, ob er nicht Mitarbeiter aus einem kleineren, gerade in Insolvenz geratenen Unternehmen in unserer Region übernehmen könne. Wie das Leben manchmal so spielt!

Die politische Konsequenz für den Gesetzgeber ist eindeutig. Durch eine Änderung des Tarifvertragsgesetzes muss das Günstigkeitsprinzip so definiert werden, dass Abweichungen von Tarifverträgen auf betrieblicher Ebene zulässig sind, wenn damit das Unternehmen saniert und Arbeitsplätze erhalten werden können. Betriebsräte und Belegschaften brauchen keine Bevormundung durch ihre Gewerkschaftszentralen. Sie müssen selber entscheiden können, was für sie im Zweifelsfall günstiger ist: der Arbeitsplatz oder der Tariflohn.

22
Arbeitslosen- und Sozialhilfe: »Anspruchslohn« oder Basiseinkommen?

Die Arbeitsplatzbesitzer, vertreten durch mächtige Gewerkschaften und eine große Koalition der Sozialpolitiker, haben in den vergangenen vier Jahrzehnten systematisch eine Abschottungspolitik gegenüber Arbeitslosen betrieben. Eine Reihe von Barrieren aus dem Arbeits- und Tarifvertragsrecht habe ich bereits dargestellt. Ohne diese Abschottung hätte es seit Anfang der Siebzigerjahre längst einen massiven Druck auf die Löhne geben müssen, weil die Sockelarbeitslosigkeit mit jedem Konjunkturzyklus wuchs. Denn Arbeitssuchende nehmen auch geringer entlohnte Beschäftigungen an, wenn der Arbeitsmarkt tatsächlich funktioniert und nicht durch unzählige rechtliche Regelungen vor arbeitsloser Konkurrenz schützt.

Denken Sie nur an die Arbeitskämpfe in Zeiten der sozialliberalen Koalition in Bonn, als für lineare Einkommenserhöhungen und die Abschaffung der »Leichtlohngruppen« gestritten wurde. Die Gewerkschaften setzten sich nach und nach durch – in einer Wirtschaftslage mit annähernd Vollbeschäftigung. Doch die Folge dieser systematischen Verteuerung gering qualifizierter Arbeit war ein sich beschleunigender Erosionsprozess in der Industrie: Arbeitsplätze für Menschen mit niedriger Qualifikation wurden immer rarer. Die Gewerkschaften hatten mit ihrer Tarifpolitik nicht nur die Leichtlohngruppen abgeschafft, sondern mit Zeitverzögerung auch die Inhaber solcher jetzt zu teuren Arbeitsplätze in die Arbeitslosigkeit getrieben. Damit dieser Prozess ohne zu große soziale Verwerfungen vonstatten gehen konnte, half die Politik den Gewerkschaften und den Arbeitsplatzbesitzern fürs Erste mit einer Ausweitung sozialer Leistungen aus der Patsche.

Vor allem in den Siebziger- und Achtzigerjahren hat die Politik in bester sozialpolitischer Absicht moralische Versuchungen geschaffen, in der Sprache der Ökonomen als »moral hazards« geläufig, die Arbeitslose in Deutschland länger als in anderen Ländern in Arbeitslosigkeit halten. Denn Arbeitslosengeld und anschließende Arbeitslosenhilfe samt ergänzender Sozialhilfe liegen bei uns auf einem Einkommensniveau, das die meisten anderen Volkswirtschaften nicht annähernd kennen. Doch diese Leistungen an die Betroffenen haben eine unangenehme Kehrseite. Sie müssen bezahlt werden von denen, die Arbeit haben. Das treibt zwangsläufig die Sozialversicherungsbeiträge und die Steuern auf Arbeitseinkommen in die Höhe. Ein Teufelskreis entsteht: Je mehr Arbeitslosigkeit, desto höher der Aufwand, dadurch steigen wieder die Kosten für Arbeit, was weitere Rationalisierung und damit weniger Beschäftigung zur Folge hat.

Übrigens war die Partei, die heute pauschal neoliberaler Umtriebe verdächtigt wird, weil sie in der wirtschaftspolitischen Debatte mehr Eigenverantwortung und weniger staatlicher Rundumversorgung das Wort redet, immer in der Regierungsverantwortung, wenn der Wohlfahrtsstaat ausgebaut wurde. Die FDP schuf von 1969 bis 1982 mit der SPD und ab 1982 bis 1998 mit der anderen sozialdemokratischen Volkspartei, der CDU, ein Transfereinkommensniveau, unter dem unser Gemeinwesen an der Nahtstelle zwischen Arbeitsmarkt und sozialen Sicherungssystemen heute mehr denn je leidet. 1975 erhöhte die sozialliberale Koalition das Arbeitslosengeld, also die aus der Arbeitslosenversicherung bezahlte Leistung, für Bezieher mit Familie von 62,5 auf 68 Prozent des früheren Nettoeinkommens. Heute werden für diese Personengruppe 67 Prozent ausgezahlt. Die vom Bund aus Steuermitteln bezahlte Arbeitslosenhilfe wurde gleichzeitig von 52,5 auf 58 Prozent erhöht. Heute liegt der Satz bei 57 Prozent. Die Höchstbezugsdauer von Arbeitslosengeld stieg in der konservativ-liberalen Ära Kohl/Genscher Mitte der Achtzigerjahre für ältere Arbeitnehmer auf 32 Monate. Außerdem wurde 1985 die Regelung eingeführt, dass Arbeitnehmer nach Vollendung des 58. Lebensjahres auch dann Arbeitslosengeld erhalten, wenn sie der Arbeitsvermittlung nicht weiter zur Verfügung stehen. Das entlastete die Arbeitslosenstatistik, weil diese Arbeitslosen ab sofort nicht mehr in den monatlichen Meldungen der Bundesanstalt für Arbeit in Nürnberg auftauchten, machte aber auch die frühere berufliche Ausmusterung leichter – in den Vorruhestand, der ungefähr zur gleichen Zeit auch in der Rentenversicherung gesetzgeberische Mode wurde.

Prachtvolle Sträuße mit staatlichen Wohltaten wurden in jenen Tagen im Bonner Parlament in Gesetzesform gebunden. Die Rechnung dafür bekamen die Bürger mit einer explosionsartig ansteigenden Staatsquote. Denn neben den beschriebenen Leistungsausweitungen in den Sozialgesetzen schlug auch eine massive Ausweitung des öffentlichen Dienstes zu Buche. Mehr als 1 Million Beschäftigte fanden in jenem sagenhaften Jahrzehnt zusätzlich Arbeitsplätze bei Bund, Ländern und Kommunen. Um 11 Prozent schnellte der Anteil des Staates an der volkswirtschaftlichen Leistung binnen eines Jahrzehnts auf 50 Prozent im Jahr 1981 hoch.

Das hatte natürlich seinen Preis in unterschiedlichsten Ausformungen. Die Bruttoarbeitskosten schossen zwischen 1970 und heute um mehr als 16 Prozent in die Höhe, allein die Sozialversicherungsbeiträge stiegen von 26,5 Prozent auf rund 42 Prozent. Arbeitnehmer bekamen nach und nach relativ zum steigenden Bruttoeinkommen weniger Nettolohn ausbezahlt. Arbeitgeber beklagten die immer teureren Arbeitskosten, die sie – um wettbewerbsfähig zu bleiben – ständig zu Rationalisierungen zwangen. Viele Politiker schienen damals noch zu glauben, die durchschnittlichen jährlichen Wachstumsraten der Fünfzigerjahre (8 Prozent) oder der Sechzigerjahre (5 Prozent) ließen sich wiederholen. Doch es war klar, dass nach dem

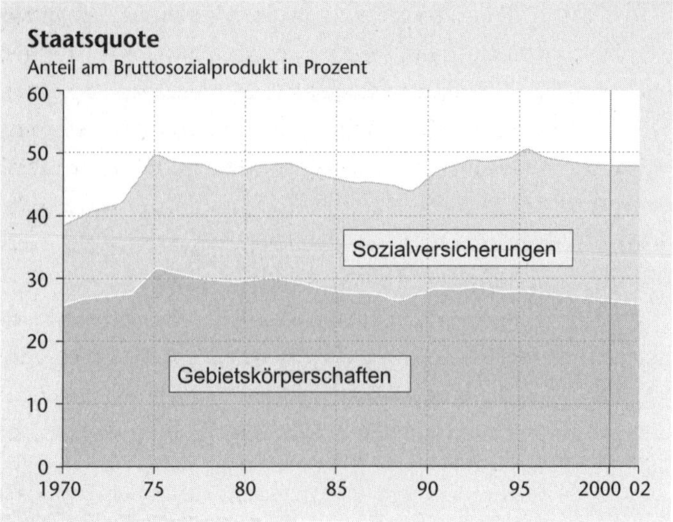

SPD und FDP katapultierten zwischen 1970 und 1975 die Staatsquote um rund 11 Prozent auf fast 50 Prozent in die Höhe. In den Achtzigerjahren bis zur Wiedervereinigung reduzierte die CDU/FDP-Koalition den Wert auf knapp 45 Prozent. Ab 1990 erklomm sie wieder 50 Prozent. Seit einigen Jahren oszilliert sie um die 48 Prozent. Die UMTS-Tilgung im Jahr 2000 ist nicht berücksichtigt.

Wiederaufbau des kriegszerstörten Landes solche Wachstumsraten nicht mehr möglich sein würden. Sie waren schon deshalb völlig ausgeschlossen, weil unsere Gesellschaft, und nicht nur die Politik, im Übermut des Wirtschaftswunders hohe sozialstaatliche Ansprüche aufbaute, die sich von Jahrzehnt zu Jahrzehnt immer stärker als Wachstumsbremsen erwiesen. In den vergangenen zwei Jahrzehnten wuchs die Produktivität in unserer Volkswirtschaft im Schnitt jährlich um weniger als 2 Prozent. Diese Zahl markiert deshalb den maximal möglichen Verteilungsspielraum.

Die Wiedervereinigung im Jahr 1990 wurde von der konservativ-liberalen Bundesregierung nicht nur über höhere Schulden bezahlt. Ökonomisch besonders schädlich war die Finanzierung durch den Griff in die Kassen der Sozialversicherungen. Die erzwang eine massive Erhöhung der Beiträge zur Renten- und Arbeitslosenversicherung mit den bereits beschriebenen Folgen. Doch dies war nicht der entscheidende oder gar alleinige Faktor für die Höhe unserer Staatsquote. Die Ursachen liegen weit zurück in den guten alten und spendierfreudigen Zeiten der alten BRD.

Nach der Beschreibung der Fakten will ich jetzt näher auf die Konsequenzen eingehen. Wenn die Politik dafür Sorge tragen will, dass der arbeitsfähige Teil der Bevölkerung Arbeit im regulären Arbeitsmarkt findet, dann darf sie gering qualifizier-

Der gewaltige Beamtenaufwuchs erstreckte sich über alle Bereiche. Allein zwischen 1970 und 1980 erhöhte sich die Zahl der Staatsbeamten um fast ein Drittel von 848 000 auf 1,132 Millionen. Die Zahl der beamteten Lehrer stieg in diesen zehn Jahren weit überdurchschnittlich von 291 000 auf 457 000.

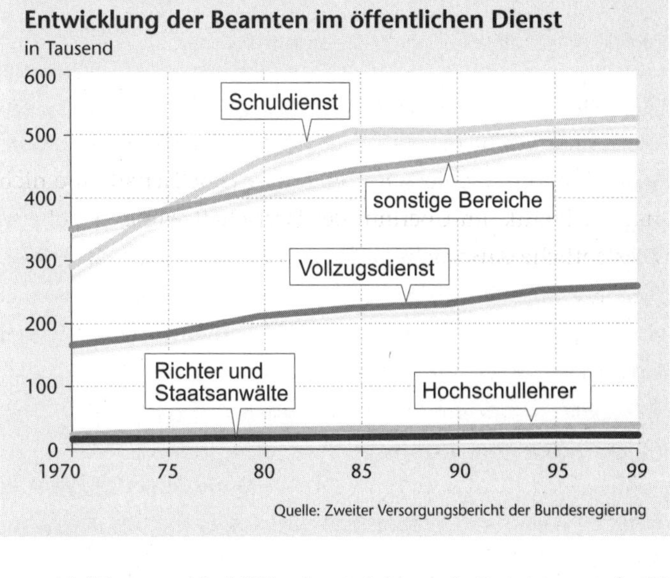

Quelle: Zweiter Versorgungsbericht der Bundesregierung

te Menschen nicht dadurch in der Arbeitslosigkeit einsperren, dass sie mit hohen Transferleistungen lockt. Arbeit muss sich lohnen, Müßiggänger dürfen nicht belohnt werden. Das gilt für mich nicht nur für die steuerfinanzierten Systeme der Arbeitslosen- und Sozialhilfe, sondern auch für die Versicherungsleistung des Arbeitslosengeldes.

Ein Beispiel: Ein Arbeitgeber kündigt einem Mitarbeiter zum 30. Juni. Der Gekündigte hat seinem Chef offen gesagt, dass er sich verändern will und eine besser dotierte Position ab September oder Oktober bereits sicher hat. Mit der vom Arbeitgeber augenzwinkernd ausgesprochenen Kündigung erspart sich unser Arbeitsloser die Sperre des Arbeitslosengeldes, die bei Eigenkündigung fällig wäre. Der von Nürnberg finanzierte längere Sommerurlaub, die schöpferische Pause vor der nächsten Schaffensperiode ist mit 60 bis 67 Prozent des letzten Nettolohns als Arbeitslosengeld gesichert.

Ich halte das, obwohl zigtausendfach praktiziert, für unsozial. Ist das der Sinn einer Arbeitslosenversicherung? Ist das moralisch gerechtfertigt gegenüber den Beitragszahlern? Sie stellen die Masse, die ohne diese Finten gekündigt werden. Sie haben bei der Kündigung nicht bereits neue und bessere Arbeitsverträge in der Tasche. Doch die Absahner-Fraktion jammert garantiert bei der ersten Gehaltsabrechnung am neuen Arbeitsplatz wieder, dass vom zusätzlich verdienten Geld so wenig übrig bleibt, je nach Familienstand und Kinderzahl 37 bis 55 Cent pro Euro. Sie tragen ihren Anteil selbst dazu bei, muss man ihnen zurufen.

Auch beim Thema Arbeitslosen- und Sozialhilfe ist eine scharfe Vorbemerkung angebracht. Wer glaubt oder glauben machen will, hier handle es sich um ein Basiseinkommen, auf das jeder Arbeitsfähige Anspruch hat, unabhängig davon, ob er arbeitet, hat den Sozialstaat als Schlaraffenland missverstanden. Wer arbeiten kann, aber nicht arbeiten will, kann als Gegenleistung für die staatliche Leistung einer gemeinnützigen Beschäftigung nachgehen. Im Sozialgesetzbuch und im Bundessozialhilfegesetz gibt es entsprechende Rechtsnormen, die bei Verweigerung von gemeinnütziger Arbeitsleistung die Kürzung von Transferleistungen ausdrücklich erlauben.

Doch in der sozialen Alltagspraxis, im Verschiebebahnhof zwischen Kommunen und Arbeitsverwaltung, wird häufig ganz anders gedacht. Da hier zwei unterschiedliche staatliche Finanziers – Bund und Gemeinden – zuständig sind, verwenden die Akteure in der Sozialverwaltung mehr Energie darauf, die Kosten für einen Arbeitslosen- oder Sozialhilfeempfänger der anderen Kasse aufzubürden, als sich mit dem nötigen Nachdruck um ihre jeweilige Klientel zu kümmern. Zahlreiche Gemeinden setzten bis in die jüngste Vergangenheit hinein alles daran, um Sozialhilfeempfänger wieder in hoch subventionierten Qualifizierungs- und Beschäftigungsmaßnahmen der Arbeitsverwaltung zu parken, weil die Betroffenen dadurch neue Ansprüche auf Arbeitslosengeld, also eine Versicherungsleistung, erwerben. Die Gemeinden bugsieren auf diese Weise einen Sozialhilfeempfänger in das Budget der Bundesanstalt für Arbeit zurück, ohne dass der Betroffene jemals wieder in Lohn und Brot im ersten Arbeitsmarkt gestanden wäre. So führt der Verschiebebahnhof auch zu zahlreichen Drehtüreffekten. Das immer währende Rein und Raus hilft weder den Betroffenen, noch fördert es Beschäftigung. Im Gegenteil, die immensen volkswirtschaftlichen Kosten dieses Unsinns verteuern die Arbeit zusätzlich und vernichten dadurch ständig weitere Arbeitsplätze.

In diesem Zusammenhang ist auf das selbst verwaltete Hofschranzentum im Dunstkreis der Arbeitsverwaltung hinzuweisen, das hoffentlich in der Ägide von Florian Gerster und Wolfgang Clement unter massiven Druck geraten wird. In Jahrzehnten ist ein viele Milliarden Euro schweres Arsenal von Programmen, Leistungen und Personal aufgebaut worden, das fast die Hälfte aller Ausgaben der Nürnberger Bundesanstalt verschlingt. Die Versicherungsleistung Arbeitslosengeld rückte in manchen Jahren in den Hintergrund. Wenn die Einnahmen sprudelten, senkte die Politik nicht den Beitragssatz, sondern ließ zu, dass Arbeitgeber und Gewerkschaften in trauter Runde der Selbstverwaltungskörperschaft neue Ausgaben erfanden. Ein gigantisches Interessengeflecht von Gutmenschen und Pharisäern im Umfeld der Arbeitsverwaltung, etwa bei den unzähligen Bildungsträgern aus dem Gewerkschafts- wie Arbeitgeberlager, hätte plötzlich keine Pfründe mehr, wenn hier auf Qualität und Wettbewerb geachtet würde. Regelmäßige Ausschreibungen von Leistungen für Bildungsträger waren für die Arbeitsverwaltung Fremdwörter. Wenn engagierte neue Mitarbeiter hier für Wettbewerb sorgen wollten, konnten sie – noch in der Probezeit – mit Kündigung rechnen.

Hier hilft nur eines: reinen Tisch machen. Die Arbeitsverwaltung in Nürnberg muss ohne Bundeszuschuss auskommen. Die Politik muss sich das Ziel setzen, die Beitragssätze in der Arbeitslosenversicherung zu senken. Weniger Geld führt zu einem sinnvolleren Umgang mit den vorhandenen Mitteln. Der organisierten Verantwortungslosigkeit ist durch objektive Qualitätsmaßstäbe, durch Ausschreibungen und durch private Konkurrenz ein Ende zu bereiten.

Arbeitslosen- und Sozialhilfe müssen miteinander verschmolzen werden. Dem Grundsatz nach verfolgen Hans Eichel und Wolfgang Clement in der Bundesregierung dazu das gleiche Ziel. Mehr als 5 Milliarden Euro jährlich lassen sich gesamtstaatlich einsparen, wenn die Verschmelzung mit einer Absenkung der Arbeitslosenhilfe auf das Sozialhilfeniveau einhergeht und nicht zu verkappten Leistungserhöhungen bei der Sozialhilfe missbraucht wird. Im Klartext heißt das: Die Arbeitslosenhilfe in ihrer heutigen Form muss ersatzlos abgeschafft werden. In keinem Land der Welt gibt es eine dauerhafte Alimentierung von Arbeitsfähigen.

Die neue Sozialhilfe ist so auszugestalten, dass der Subsidiaritätsgedanke unseres Sozialstaates wieder zum Tragen kommt. Staatliche Hilfe kann immer nur Hilfe zur Selbsthilfe sein, keine Voll- oder Teilkaskoversicherung für alle Lebenslagen. Nur wer sich nicht selbst helfen kann – wegen Krankheit und Alter –, erhält die entsprechende Hilfe ohne Gegenleistung. Arbeitsfähige werden, wenn sie Sozialhilfe beziehen, zu entsprechender gemeinnütziger Beschäftigung herangezogen. Aus meiner Sicht kommen nur Landkreise und Gemeinden als Organisationsebene in Frage. Die Arbeitsverwaltung des Bundes muss hier außen vor bleiben. Denn wer die Leistungen bezahlt, muss auch die Zuständigkeit bekommen.

An eine einfache Lösung der Schnittstelle zwischen Sozialhilfe und Arbeitsmarkt glaube ich nicht. Alle, die sich von Kombilohnmodellen oder Zuschüssen an Arbeitnehmer im Niedriglohnsektor etwas versprechen, kann ich nur vor den vertrauten Mitnahmeeffekten warnen. Die teure Ausmusterung älterer Arbeitnehmer aus dem Arbeitsprozess in den Vorruhestand zu Lasten der Sozialkassen ist Warnung genug.

Krankenversicherung oder die kollektive Selbstbedienung

23
»Gesundheit« – Markt ohne Marktwirtschaft

Eine Partei ist in der Berufsgruppe der Ärzte und Apotheker traditionell besonders wohl gelitten: die FDP. Mit marktwirtschaftlichen Bekenntnissen auf den Lippen sorgten ausgerechnet die Liberalen, die angeblich doch so viel von Wettbewerb und Wirtschaft verstehen, immer treu für diese Klientel. Doch im Umfeld der Krankheit existiert eine fast mafiöse Struktur aus Krankenkassen, Ärztelobby, Pharmaindustrie und den treu ergebenen Gesundheitspolitikern, die seit jeher gemeinsam zu verhindern wussten, dass sich die Grundprinzipien der marktwirtschaftlichen Ordnung auch in diesem Geschäftszweig durchsetzen konnten. Zu einem Gesamtumsatz von nahezu 300 Milliarden Euro steuerten im Jahr 2001 allein die gesetzlichen Krankenkassen rund 130 Milliarden Euro bei, ohne dass ihre Versicherten die geringste Kenntnis davon hatten, welche Leistungen im Einzelnen für sie bei Arztbesuchen, Klinikaufenthalten oder in der Apotheke in Rechnung gestellt wurden.

Klaglos lassen wir uns als Patienten, die wir ja eigentlich Kunden sind, diese Entmündigung in der gesetzlichen Krankenversicherung (GKV) gefallen. In keinem anderen Geschäftszweig unserer Volkswirtschaft ließen wir es uns bieten, weder Preis- noch Leistungsvergleiche anstellen zu können. Wir unterschreiben nicht einmal Leistungsbelege. Ob ich in einer Praxis an einem bestimmten Tag, in einem bestimmten

Quartal war, wer kann es nachweisen? Leistungserbringer können mit wenig Risiko abrechnen, was sie für richtig halten. Sie müssen, mit entsprechender Software ausgestattet, nur bestimmte Plausibilitätsregeln beachten. Ein Narr, wer glaubt, dass diese Einladung zum Abrechnungsbetrug nicht seit Jahrzehnten weidlich ausgenützt würde.

Nur die Kunden, die in der privaten Krankenversicherung (PKV) versichert sind, weil sie selbständig sind oder als Arbeitnehmer über der Beitragsbemessungsgrenze liegen, haben das Glück, wenigstens zu sehen, was Ärzte, Krankenhäuser und andere Leistungserbringer für Kosten in Rechnung stellen. Dass es nicht um Kleinbeträge geht, zeigt die Summe, die in der PKV im Jahr 2001 pro versicherter Person an Leistungen gezahlt wurde: 1345,56 Euro.

Beim Thema Gesundheit kommen bei uns allen natürlich Urängste hoch. Wir wollen möglichst lange bei guter Gesundheit leben und erwarten selbstverständlich eine möglichst gute medizinische Versorgung, die uns nicht aus Kostengründen verwehrt werden soll. Wir verdrängen in jungen Jahren Alter, Gebrechlichkeit und Tod, ein sehr menschliches Verhalten. Wir wollen nicht an die Spätfolgen unserer zivilisatorischen Lebensweise denken, die geprägt ist von Suchtverhalten, Bewegungsmangel und falscher Ernährung. Dafür liefern wir uns dem Gesundheitswesen aus. Ärzte und Apotheker werden schon wissen, was zu tun ist, wenn Herzinfarkt oder Krebs diagnostiziert werden. Aber an der Gesundheitsvorsorge wird ja weniger verdient als an der Krankheit. Was müssen das für prächtige Zeiten gewesen sein in der alten chinesischen Medizin, als dem Vernehmen nach ein Arzt nur für die »Patienten« bezahlt wurde, die gesund blieben oder geheilt wurden.

In unserem System hat der Arzt, der sich für seine Patienten

Zeit nimmt, sie ordentlich berät und gründlich untersucht, nur Nachteile. Seine Vergütung für diese Leistungskennziffern ist schlechter, als wenn er seine Kundschaft durch teure Diagnosetechnik schleust. Je mehr Zeit er sich nimmt, desto weniger verdient er. Denn Qualität ist kein Vergütungsmaßstab in der Krankenversicherung. Wer gründlich diagnostiziert und ehrlich abrechnet, wird beim Ärztestammtisch im Kreis der Kollegen allenfalls ein mitleidiges Lächeln ernten. Denn Abrechnungsoptimierung ist wichtig für jede Praxis. Kostenbewusstsein lohnt sich nicht, weil die Vergütung der niedergelassenen Ärzte nach einem Punktesystem erfolgt, dessen materieller Gegenwert erst am Jahresende feststeht, wenn alle Ärzte ihre Abrechnungen bei den zuständigen Kassenärztlichen Vereinigungen (KV) abgeliefert haben. Man spricht deshalb von »floatendem« Punktwert. Wenn viele Verordnungen abgerechnet werden, sinkt der Punktwert. Hat ein Arzt gründlich gearbeitet, sich Zeit für die Patienten genommen, sparsam gewirtschaftet, leidet er unter den Kollegen, die abrechnungstechnisch gut gewirtschaftet haben, weil sie viele Leistungen für viele Patienten in der gleichen Zeit erbracht haben. Denn das Gesamtbudget für ärztliche Leistungen steht ja schon zu Jahresbeginn fest. Es wird zwischen KV und Krankenkassen regional festgelegt. Deshalb führen hohe Verordnungsleistungen in Praxen zu sinkenden Punktwerten. Wer die Taktzahl in seiner Praxis nicht hoch hält, erhält eine geringere Vergütung. Dabei bleiben menschliche Zuwendung und Sorgfalt bei Diagnose und Therapie zwangsläufig auf der Strecke.

Die Kassenärztlichen Vereinigungen (KV) sind nichts anderes als die Gewerkschaften der Ärzte. Allerdings herrscht für die Ärzte als selbständige Unternehmer keine Koalitionsfreiheit. Sie sind Zwangsmitglieder in der KV. Kein Arzt kann direkt mit den Kostenträgern, also den Krankenkassen, Verträge abschließen. Das Vertragsmonopol im Gesundheitsmarkt gibt den Gewerkschaften der Ärzte, den Kassenärztlichen Vereinigungen, das alleinige Recht zum Abschluss von Vergütungsverträgen. Das ist ein Unsinn, weil er zu systematischer Gleichmacherei auf der Ebene der Leistungserbringer führt. Scharlatane und Betrüger profitieren, die ehrlichen Mediziner sind die Dummen.

Die KV sind nicht nur ein Anbieterkartell, das mit Klauen und Zähnen ein intransparentes Abrechnungssystem verteidigt, sondern sie organisieren auch auf wenig demokratische Weise, dass neue Kostgänger in ihrem Vergütungssystem klein gehalten werden. Als vor einigen Jahren die Psychotherapie nach langem Kampf endlich auch über die gesetzliche Krankenversicherung finanziert wurde, bekamen die Psychotherapeuten mit Kassenzulassung schlagartig zu spüren, wie wenig Unterstützung sie bei den auf ihren Teilbudgets sitzenden Standesvertretern im Machtkartell der KV hatten. Niemand machte sich stark für die neuen Kostgänger, weil eine anständige Vergütung natürlich die bisherigen Besitzstände angetastet hätte. Dass die Krankenkassen die Vergütung für Psychotherapie nicht allein mit frischem Geld bezahlen wollten, versteht sich von selbst. Denn schließlich erspart eine qualitativ gute Psychotherapie ja spätere Krankheitskosten, die vom Gesamtbudget der KV abgezogen werden können. Psychotherapeuten, die in Berlin und anderen Metropolen mit einer hohen Zahl von Therapeuten die Kassenzulassung bekamen, wurden plötzlich so niedrige Punktwerte vergütet, dass sie pro Stunde kaum mehr verdienten als Taxifahrer. Die Folge ist: Wer nicht privat versichert ist oder aus eigener Tasche zahlt, wird heute keine guten Therapeuten finden oder lange Wartezeiten in Kauf nehmen müssen.

Über lange Zeit hinweg war vielen zwangskorporierten Ärzten nicht einmal bekannt, welche fürstlichen Vergütungen die Vorstände der KV erhalten. Viele Ärztefunktionäre in den 23 verschiedenen KV verdienen mit ihrer ehrenamtlichen Tätigkeit im Jahr weit mehr als der Bundeskanzler dieser Republik. Dass auch die Vorstände in den Krankenkassen – es gibt circa 400 gesetzliche und 50 private – hier nicht hintenanstehen wollen, versteht sich von selbst. Man will schließlich auf Augenhöhe verhandeln.

Das Kostenbewusstsein im Gesundheitswesen wird auch durch merkwürdige Ausgleichsmechanismen beeinträchtigt. Der »Risikostrukturausgleich« (RSA) ist ein solches Instrument, mit dem alljährlich Milliardenbeträge zwischen den Krankenkassen hin und her geschoben werden. Die Krankenkassen mit niedrigen Risiken und niedrigen Beiträgen zahlen einen Ausgleich an die Kassen mit hohen Beiträgen und hohen Risiken. In der Theorie klingt das sehr gut, doch manche Betriebskrankenkassen mit niedrigen Beiträgen haben beispielsweise fast 75 Prozent Rentner als Mitglieder. Rentner gelten gemeinhin auf Grund ihres Alters als teurer. Also stimmt die Argumentation der RSA-Befürworter nicht unbedingt. Doch die Auswirkungen dieses Ausgleichsmechanismus in der Praxis sind eindeutig. Kostenbewusste gesetzliche Krankenkassen tun gut daran, nicht zu kostenbewusst zu wirtschaften. Denn was man im eigenen Geschäftsbereich gut macht, überweist man dann an weniger effiziente Konkurrenten via RSA. Ich habe den Eindruck, dass alle Stellschrauben im System nur einem Ziel dienen: die Ausgaben hoch zu halten, um genügend Geldmittel für die Selbstbedienung der Bediensteten und Funktionäre zur Verfügung zu haben.

Auch die pharmazeutische Industrie und ihre Hauptvertriebspartner, die Apotheken, sind wettbewerbsarme Nischen in unserer Marktwirtschaft. Denn ihre Repräsentanten haben es über Jahrzehnte geschafft, das Preisniveau und die Packungsgrößen für Arzneimittel so zu gestalten, dass die Preise hier zu Lande deutlich über dem europäischen Niveau liegen. In Zeiten des Euro und damit der europäischen Preistransparenz fällt das den Kunden spätestens im Urlaub auf. Die Preisdifferenzen für die gleichen Produkte erklären sich mitnichten aus den unterschiedlichen Mehrwertsteuersätzen in den jeweiligen Ländern, wie man uns weismachen will. Unser deutsches Vergütungssystem im Gesundheitsmarkt hat die Preise mangels Wettbewerb hoch gehalten. Da liegt der Hauptgrund für die höheren Preise. Selbst die heutigen Zuzahlungsregeln begünstigen die Großpackungen: Für kleine Packungen sind 4 Euro fällig, für mittlere 4,50 Euro und für die großen 5 Euro. Da macht der Versicherte doch noch ein Schnäppchen, wenn er sich die Großpackung gönnt.

Das System hat Methode und sorgt für Umsatz in der Branche. Denn Packungsgröße und Pro-Kopf-Verbrauch von Tabletten haben direkt miteinander zu tun. Die Deutschen schlucken statistisch weit mehr Tabletten als die Skandinavier. Doch niemand bringt in Deutschland die Tausende von Tonnen Arzneimittel in Abzug, die ungenutzt im Abfall oder in der Kanalisation landen, weil die »Familienpackungen« überdimensioniert sind und – teuer bezahlt – auf ihr Verfallsdatum warten. Was nichts kostet, ist nichts wert. Entsprechend leichtfertig gehen auch viele Patienten mit Medikamenten um.

Die stationäre Krankenhausbehandlung verschlingt fast ein Drittel der Gesamtausgaben der GKV. In langen Jahrzehnten gewachsene Strukturen und ein Finanzierungssystem, das den weitaus größten Teil der Kosten auf Tagespflegesätze umlegte, führten in unserem Land zu deutlich längeren Verweildauern in den Krankenhäusern als anderswo. Patienten werden bereits am Freitag aufgenommen, damit die Betten auch an den therapiearmen Wochenenden abrechnungstechnisch belegt sind. Wer kennt diese Praxis nicht? Regionalpolitische Aspekte und die Krankenhausbedarfspläne der Länder sorgten für Überkapazitäten, die bezahlt werden müssen. Das Land Berlin mit seinem massiven Bettenüberhang, aber einer extrem lautstarken und gut organisierten öffentlichen Krankenhauslobby beweist, wie schwer durchsetzbar die notwendige Schließung von überflüssigen Kliniken ist.

24
Das Vollkasko-Denken der Patienten

Wer nie Rechnungen für medizinische Leistungen sieht, hat keine Vorstellung von den Kosten, die er verursacht. Das Finanzierungssystem der GKV hat viele Nutznießer produziert, die der kostenfreien Familienversicherung durchaus etwas abgewinnen können. Kinder in nicht ehelichen Lebensgemeinschaften sind fast immer über den Elternteil in der Familienversicherung der GKV versichert, der über weniger Einkommen verfügt. Die PKV verlangt, dem Krankheitsrisiko gemäß, Individualbeiträge auch für Familienangehörige ohne eigenes Einkommen. In vielen Haushalten von Selbständigen ist es üblich, die Familie über einen gering verdienenden, sozialversicherungspflichtigen Partner kostengünstig in der GKV zu versichern. Rund 7 Millionen Ehepartner und rund 14,6 Millionen Kinder sind in Deutschland kostenfrei in der GKV-Familienversicherung versichert. Man schätzt, dass für diesen Personenkreis rund 15 Milliarden Euro Ausgaben jährlich fällig werden. Für Beamte und ihre Familienangehörigen gibt es die teure, aus Steuermitteln bezahlte Beihilfe, die gut die Hälfte aller krankheitsbedingten Aufwendungen ersetzt. Entsprechend günstiger versichern Beamte ihr verbleibendes Restrisiko mit privaten Zusatzversicherungen. Doch die sagenumwobenen Zeiten, in denen Beamte mit der Krankheit noch ein richtiges Geschäft machen konnten, weil sie mehr erstattet bekamen, als sie Aufwand hatten, gehören immerhin der Vergangenheit an.

In der GKV haben wir uns im letzten Jahrzehnt flächendeckend an die praktische elektronische Chipkarte gewöhnt, ein Abrechnungssystem, das mehr zum Missbrauch einlädt als der vorher gängige Quartalskrankenschein mit persönlicher Unterschrift und Überweisungszwang durch den Hausarzt. Auf den Chipkarten, die auf dem Schwarzmarkt für rund 50 Euro gehandelt werden, ist neben der Krankenkasse lediglich Name und Anschrift des Versicherten gespeichert. Weil die KV zur Abrechnung nur anonymisierte (!) Abrechnungsfälle weiterleiten, können die Krankenkassen die Abrechnungsdaten nicht mit ihrer Versicherten-Datenbank abgleichen. Es lässt sich also weder feststellen, wie oft eine bestimmte Chipkarte in Arztpraxen vorgelegt wurde, noch welche konkreten Leistungen im Quartal für diesen Versicherten abgerechnet wurden. Aber wir befinden uns ja in einem sozialen Geschäftszweig unserer Volkswirtschaft, in dem Vertrauen allemal angebrachter zu sein scheint als Kontrolle. Die Chipkarte stellt natürlich auch eine Einladung an uns Patienten dar, uns so lange an verschiedene Ärzte zu wenden, bis wir das verordnet bekommen, was wir wollen. Das führt zur Leistungsausweitung und verursacht unnötige Kosten.

Wir haben uns alle daran gewöhnt, dass aus der ursprünglichen Lohnersatzleistung mit Namen Krankenversicherung, die zu Zeiten Bismarcks mit den anderen Hauptzweigen der Sozialversicherung entwickelt wurde, eine Rundumversorgung von der Wiege bis zur Bahre, von der Kur bis zum Zahnersatz entstand. Die Rundumversorgung wurde unter dem Diktat der knappen Kassen in den letzten 15 Jahren in der Zahnmedizin deutlich, in anderen Sparten kaum merklich, zurückgefahren. Trotzdem sollte man sich gelegentlich bewusst machen, dass die Krankenversicherung ursprünglich dazu diente, Arbeitnehmern im Krankheitsfall Krankengeld zu bezahlen, damit sie und ihre Familien nicht ohne Einkommen dastanden.

Heute haben wir sechs Wochen lang volle Lohnfortzahlung durch den Arbeitgeber und anschließend – bis zu 78 Wochen innerhalb von drei Jahren – einen Krankengeldanspruch, der sich nach dem Einkommen des schwer kranken Versicherten richtet. Wie leicht fällt es heute, bei einer Geburtstagsfeier während der Arbeitswoche »abzustürzen« oder ein Wochenende um den Montag zu verlängern, weil man ohne ärztliches Attest ein paar Tage frei machen kann? Denn bezahlt werden diese zusätzlichen freien Tage ja vom Arbeitgeber. Dass der Krankenstand in Zeiten hoher Arbeitslosigkeit sinkt, hat seinen Grund vor allem darin, dass die kurzfristigen und leichten Unpässlichkeiten abnehmen.

Auch mit der Gesundheitsvorsorge hapert es gewaltig. Vor allem Männer jenseits der 45 Jahre scheuen die Krebsvorsorge. Obwohl ein frühzeitig diagnostizierter Prostatakrebs heilbar ist, also individuelles Leid mindert und der Solidargemeinschaft die hohen Kosten einer teuren Krebstherapie erspart, geht »Mann« nicht zur Vorsorge. Während bei der gesetzlichen Unfallversicherung die Beitragssätze der Betriebe nach dem

Verursacherprinzip gestaltet werden, in gefahrgeneigten Berufen sind Zuschläge auf Grund des höheren Unfallrisikos zu bezahlen, nehmen wir in der Krankenversicherung offensichtlich auch die selbst gewählten Risikoerhöhungen unseres Lebensstils zuschlagsfrei hin: Die Solidargemeinschaft bezahlt ja für die freie Wahl der Risikosportart, des Suchtmittels, des Übergewichts.

25
Anreizsysteme für Kostenbewusstsein und Qualität

Um es gleich vorwegzunehmen: Als Finanzpolitiker steht für mich die Erschließung neuer Einnahmequellen für den Gesundheitsmarkt an letzter Stelle. Wer neue Beitragszahler will oder alle Einkunftsarten, nicht nur Arbeitseinkommen, als Bemessungsgrundlage für die Krankenkassenbeiträge erschließen will, hat erst die Agenda der Strukturreformen auf der Ausgabenseite abzuarbeiten. Denn über frisches Geld freut sich am meisten das kollektive Schmarotzertum im Umfeld der Krankheit. Mit frischem Geld gibt es aber keinen Deut mehr Kostenbewusstsein und Qualität.

Dabei ist der Gesundheitsmarkt ein Wachstumsmarkt ohnegleichen. Auf Grund der demografischen Entwicklung werden gesundheitserhaltende und krankheitslindernde Wirtschaftszweige immer mehr Umsätze erzielen. Viele Menschen werden zusätzlich Arbeit in Dienstleistungen finden, die mit der Alterung der Gesellschaft zunehmen. Allerdings wird sich dieses Wachstum im Gesundheitsmarkt nicht vorwiegend in solidarisch finanzierten kollektiven Sicherungssystemen abspielen können. Mehr Eigenverantwortung, mehr selbst organisierte Nachbarschaftshilfe zwischen den Generationen im eigenen Wohnumfeld, überhaupt eine Zunahme von gemeinwohlorientierter Einsatzbereitschaft der Menschen, das alles werden unabdingbare Voraussetzungen für die Steuerung dieses Prozesses. Unsere Gesellschaft wird einen neuen Wertekanon zwischen Solidarität und Subsidiarität finden müssen. Hilfe zur Selbsthilfe wird einen ganz neuen Stellenwert bekommen.

Doch ich will auf die notwendigen neuen Anreizsysteme kommen. Wettbewerb im Gesundheitssystem verlangt zunächst vor allem Transparenz der Kosten. Deshalb müssen die Versicherten der GKV künftig auch, wie heute schon privat Versicherte, bei Arzt- und Klinikbesuchen individuelle Leistungsabrechnungen erhalten. Voraussetzung dafür ist natürlich, dass das Sachleistungs- durch das Kostenerstattungsprinzip abgelöst wird. Auch die behandelnden Ärzte und andere Heilberufe müssen ihre Honorarleistung in Euro und Cent berechnen können und nicht auf dem Umweg über die KV erst nach Jahresfrist konkret wissen, was ihnen ihre Punktwert-Leistung tatsächlich einbringt.

Die klassische Chipkarte ist durch eine intelligente elektronische Karte zu ersetzen. Die Namen der behandelnden Ärzte, die Diagnose und die verordneten Medikamente sollten auf der Karte gespeichert werden. Ein PIN-Code, der uns allen längst vertraut ist, gibt dem Patienten die Sicherheit, dass nur mit seinem Wissen die Daten abgefragt werden können. Der Datenabgleich zwischen Leistungserbringern und Kostenträgern muss personalisiert werden. Anonymität bei der Abrechnung ist Einladung zum systematischen Betrug.

Das Vertragsmonopol der Kassenärztlichen Vereinigungen muss fallen. Diese merkwürdigen Ärztegewerkschaften in der

Rechtsform von öffentlichen Körperschaften sind anachronistisch. Künftig können Ärzte in eigener Verantwortung, allein oder mit einer Gruppe von Kollegen gemeinsam, Leistungsverträge mit Kostenträgern abschließen. Ärzte sind Unternehmer wie andere, die sich künftig schon in ihren Erstausbildungen neben den medizinischen Kenntnissen auch betriebswirtschaftliches und medizinökonomisches Wissen aneignen müssen. Zu jeder Meisterausbildung in traditionellen Handwerksberufen gehört selbstverständlich auch die Vermittlung betriebswirtschaftlicher Zusammenhänge. Warum nicht auch in der Medizin, einem Geschäftszweig, der mehr als ein Zehntel unserer volkswirtschaftlichen Leistung verschlingt?

Vom alten flächendeckenden System der Polikliniken in der alten DDR können sich engagierte Mediziner inspirieren lassen. Niedergelassene Ärzte verschiedenster Fachrichtungen – Allgemeinarzt, Kinderarzt, Gynäkologe und Internist zum Beispiel – tun sich zusammen und betreiben gemeinsam ein Ärztehaus. Das Kosten-Nutzen-Verhältnis für die Raumbeschaffung ist günstiger, als wenn jeder allein investiert. Personal und eingesetzte Technik lassen sich effizienter nutzen, die allseits bekannten Synergieeffekte führen zur Kostensenkung. Arbeits- und Bereitschaftszeiten für alle Beschäftigten, einschließlich der Praxisinhaber, lassen sich viel besser organisieren. Mehrfachuntersuchungen in unterschiedlichen Praxen werden vermieden, weil eine interdisziplinär abgestimmte Diagnostik und Therapie betrieben wird.

Die Patienten vermeiden unnötigen Zeit- und Fahraufwand zu diversen Spezialisten, erfahren eine Behandlung aus einem Guss und fühlen sich ernst genommen. Wie dieses Beispiel zeigt, könnten alle gewinnen: die Patienten, die Ärzte und die Kostenträger.

Damit die Qualität der medizinischen Versorgung gesichert wird, muss in einem Berufsfeld, wo es um Leben und Tod geht und das Wissen schnell veraltet, das lebenslange Lernen Bestandteil von Vergütungsverträgen werden. Die Verpflichtung zu regelmäßiger Fortbildung empfinde ich nicht als Bevormundung des ärztlichen Berufsstandes. Denn die heute so oft von der Ärzteschaft reklamierten Fortbildungen sind in Wirklichkeit gut bezahlte Verkaufsveranstaltungen der Pharmaindustrie – von zuweilen eher zweifelhafter Qualität.

In einem auf mehr qualitativen Wettbewerb setzenden Gesundheitssystem haben auch Zulassungsbeschränkungen für Ärzte nichts verloren. Wer glaubt, sich mit guter Leistung wirtschaftlich auch in ordentlich versorgten Gegenden durchsetzen zu können, soll das als Arzt selbst verantworten. Wir brauchen keine durch die KV organisierten Gebietsschutzkartelle, die nicht Qualität, sondern vor allem nivellierende Praxisumsätze garantieren.

Auch wenn der Risikostrukturausgleich (RSA) jüngst vom Bundesverfassungsgericht im Grundsatz bejaht wurde, muss dieses Begünstigungssystem für weniger kostenbewusste Krankenkassen fallen. Damit es jedoch nicht zu einer Risikoauslese kommt, hat der Gesetzgeber im Gegenzug alle Versicherungen zu verpflichten, jeden Patienten aufzunehmen. Denn sonst verfahren die Versicherungen mit den niedrigsten Beiträgen nach dem Motto: Wir nehmen nur junge, gesunde und gut verdienende Menschen auf.

Ein Satz zum Thema Wettbewerb beim Arzneimittelverkauf in Apotheken. Wer glauben machen will, hier leide die Qualität, wenn durch den Versandhandel von Arzneimitteln die bisherige Beratungsleistung in den Apotheken nicht mehr gewährleistet werden könne, der glaubt wohl an den Weihnachtsmann. Apotheken sind Einzelhandelsgeschäfte, die verkaufen wollen wie andere Branchen auch. Schauen Sie sich doch aufmerksam um, was an Beratung in den Apotheken geboten wird. Wettbewerb heißt auch hier: Preiskonkurrenz. Nur so werden die hohen Abgabepreise der Pharmaindustrie und ihrer exklusiven Vertriebspartner, der Apotheken, unter Druck geraten.

Ab 2004 werden in den Krankenhäusern die diagnose-orientierten Fallkostenpauschalen (DRG) eingeführt. Mit diesem Abrechnungssystem wird es hoffentlich gelingen, die Verweildauer in deutschen Kliniken weiter zu reduzieren. Wenn dem neuen Finanzierungsinstrument einige Kliniken zum Opfer fallen, ist das kein Fehler. Denn Betten, die in der Vergangenheit ohne therapeutische Notwendigkeit belegt wurden, weil Tagespflegesätze zu langer Belegung verführten, müssen vom Markt. Jeder Euro, der weiter in solche Kliniken fließt, ist vergeudetes Geld. In Berlin und anderen überversorgten Regionen wird das natürlich Arbeitsplätze kosten. Dafür werden Qualität und Effizienz in den anderen Kliniken steigen. In der gesamten Volkswirtschaft werden die positiven Beschäftigungseffekte überwiegen, wenn der Faktor Arbeit mit seinen in der Vergangenheit ständig gestiegenen Lohnnebenkosten nicht länger Lastesel für einen falsch verstandenen Sozialstaat bleibt.

Auch die Versicherten haben sich in naher Zukunft auf andere Anreizstrukturen einzustellen. Warum soll ich als mündiger Bürger nicht auch in der GKV entscheiden, ob ich in meinem Versicherungsvertrag absolute Selbstbehalte oder eine prozentuale Selbstbeteiligung vereinbaren will und dafür günstigere monatliche Beiträge bezahle? Jedem Kfz-Halter in unserem Land wird zugetraut, für sein Fahrzeug in freier Entscheidung alle Spielarten von Teil- und Vollkaskoversicherungen abschließen zu können. Nur in der gesetzlichen Krankenversicherung hat die herrschende Sozialpolitik Unmündigkeit verordnet.

Die Autoversicherung ist ein gutes Beispiel: Warum soll es nicht möglich sein, jeden Bürger auch zu einer Mindestversicherung für das Lebensrisiko Krankheit zu verpflichten wie in der Kfz-Haftpflicht, die bestimmte Mindestdeckungssummen obligatorisch vorgibt, wenn man sein Fahrzeug zulässt? Diese »Fürsorglichkeit« des Staates stünde für mich nicht im Widerspruch zur eingeklagten Freiheit des mündigen Bürgers, weil bestimmte Lebensrisiken wie Krankheit, Arbeitslosigkeit und Rente im Interesse der Allgemeinheit einer Basisabsicherung bedürfen.

Wer über eine solche Basisabsicherung hinaus Leistungen beanspruchen möchte, kann sich zusätzlich privat absichern. Für chronisch Kranke und Menschen mit niedrigem Einkommen müssen selbstverständlich Sozialklauseln gelten, wie sie heute bereits existieren. Chronische Erkrankung darf nicht zur Verarmung führen. Um Anreize für die Prävention zu bieten, sind die Versicherten, die Vorsorgeuntersuchungen meiden, mit höheren Kosten im Behandlungsfall zu belasten. Vorsorge muss sich lohnen, wie wir aus den Regelungen in der Zahnmedizin wissen.

Ein großer Kostenblock, der mit der Krankheit mental in Verbindung steht, aber seine Kostenwirkung vor allem in den Unternehmen entfaltet, ist die Lohnfortzahlung im Krankheitsfall. Die frühere konservativ-liberale Koalition wollte noch in Bonner Tagen die prozentuale Kürzung der Lohnfortzahlung für alle, auch für die längerfristig erkrankten Arbeitnehmer. Dieses Konzept hielt ich für unklug, denn es traf vor allem die Falschen. Ich plädiere für Karenztage bei der Lohnfortzahlung. Niemand verarmt, wenn er für die ersten drei Krankheitstage kein Einkommen erhält. Die Arbeitgeber jedoch werden bei den Lohnzusatzkosten sofort deutlich entlastet, was dem Arbeitsmarkt nur nützen kann. Viele »Kurzzeitkranke« würden sich gut überlegen, ob sie nach durchzechter Nacht zu Hause bleiben oder ein schönes Wochenende um einen Tag verlängern, wenn sie dies auf eigene Rechnung tun müssten!

26
Die Pflegeversicherung: ein Erbenschutzprogramm

Die Kosten der Alterung der Gesellschaft schlagen natürlich nicht nur auf die Krankenversicherung durch, sondern auch auf den jüngsten Spross der Sozialversicherungsfamilie: die Pflegeversicherung. Union und FDP führten sie ab 1995 als beitragsfinanziertes Umlageinstrument ein, obwohl damals längst die Lohnnebenkosten – die Kosten der Arbeit! – das beherrschende Thema in der wirtschaftspolitischen Debatte waren. Doch mit einer Ablenkungsdebatte über die Abschaffung eines bezahlten Feiertags (der Buß- und Bettag wurde das Opfer!) wurde die eigentliche Problematik bei der Einführung der Pflegeversicherung vernebelt. Das Ziel der Pflegeversicherung war die einkommensunabhängige Teilabdeckung pflegebedürftiger Aufwendungen. Die Kosten für die Pflege im Alter waren so gestiegen, dass die Kommunen und Landkreise, die dafür über die steuerfinanzierte Sozialhilfe aufkommen mussten, um Hilfe riefen. Tatsächlich sanken nach der Einführung der Pflegeversicherung die Sozialhilfeausgaben der Kommunen. Diese

Entwicklung hat sich im Zuge der wirtschaftlichen Stagnation in den letzten Jahren aber längst wieder ins Gegenteil verkehrt. Außerdem sind die Kosten in den stationären Pflegeeinrichtungen so stark gestiegen, dass der ursprüngliche Entlastungseffekt mehr als aufgezehrt wurde.

Im Jahr 2002 wurden mit einem Beitragssatz von 1,7 Prozent auf den Bruttolohn mehr als 16,98 Milliarden Euro an Einnahmen erzielt. Die Ausgaben überstiegen bereits zum vierten Mal in Folge die Einnahmen, und zwar mit knapp 390 Millionen Euro. Dieses bisher höchste Defizit der Pflegeversicherung und der seit Jahren anhaltende Defizittrend sind untrügliche Hinweise auf den Kostendruck, den der zunehmende Aufwand für Pflege in einer alternden Gesellschaft hervorruft. Im Jahr 2002 waren in Deutschland rund zwei Millionen Menschen pflegebedürftig, davon über 80 Prozent im Alter von 60 Jahren und darüber. Die Gesamtzahl der Pflegebedürftigen wird sich bis zum Jahr 2020 um über 50 Prozent erhöhen. Modellrechnungen für das Ende des heutigen demografischen Prognosehorizonts im Jahr 2050 schwanken zwischen 3,17 und 5,88 Millionen Menschen, die täglich mehrmals unterschiedlich anspruchsvoller Pflegehilfe bedürfen. Im Mittelwert bedeutet das eine Steigerung um das Zweieinhalbfache gegenüber heute. Vom heutigen Leistungsniveau ausgehend müsste sich der Beitragssatz annähernd verdoppeln: auf 3,0 bis zu 3,9 Prozent.

Heute leben zwei Drittel aller Pflegebedürftigen zu Hause. Das entspricht auch dem Vorrangprinzip der Pflegeversicherung, die der häuslichen Pflege in vertrauter sozialer Umgebung den Vorrang vor stationären Einrichtungen gibt. Doch der Anteil der Menschen in teuren stationären Einrichtungen steigt beständig weiter. In neun von zehn Fällen wird die häusliche Pflege von einer Person aus der Familie geleistet. Drei

Viertel der pflegenden Angehörigen sind Frauen. Um diesen hohen Frauenanteil in der häuslichen Pflege auch künftig zu gewährleisten, müssten auf Grund der stark steigenden Pflegebedürftigkeit 15 Prozent (!) aller Frauen in der Familienpflege tätig sein. Lassen wir die Frage beiseite, ob eine solche geschlechtsspezifische Rollenzuweisung überhaupt erstrebenswert ist. Die nackte Zahl von 15 Prozent macht deutlich, dass längerfristig die professionelle (und teurere) Pflege an Bedeutung gewinnen wird.

Eine vollstationäre Unterbringung verursacht bereits heute mittlere Kosten von etwa 3500 bis 4000 Euro im Monat. Die Pflegeversicherung als Teilkaskoversicherung trägt davon 1432 Euro. Reicht das eigene Alterseinkommen nicht zur Begleichung der Differenz, wird früher oder später die kommunale Sozialhilfe in Anspruch genommen, die jedoch auf das Vermögen der Pflegebedürftigen zugreift. Wenn die Ersparnisse aufgezehrt sind, muss beispielsweise ein Haus (wenn vorhanden) verkauft werden. Doch dieses »Haus« möchten die Kinder erben ...

Weil Pflegeleistungen unabhängig vom Einkommen und Vermögen der Pflegebedürftigen gewährt werden, hat dieses System unerwünschte Nebenwirkungen. Für die häusliche Pflege gibt es drei Pflegestufen, die je nach Aufwand zwischen 205 Euro in Pflegestufe I, 410 Euro in Pflegestufe II und 665 Euro in Pflegestufe III monatliche Geldleistung bedeuten. Deshalb wird auch in vielen gut situierten Familien heute wesentlich mehr Energie darauf verwendet, mit der Pflegekasse um die Einstufung in Pflegestufen zu streiten, als die Lasten in der Familie solidarisch zu tragen. Was vor Einführung der Pflegeversicherung im Familienrat verabredet und finanziert wurde, ist durch ein kollektives Sicherungssystem in den Hintergrund gedrängt worden. Die nicht in der elterlichen Pflege engagierten Kinder oder Schwiegerkinder haben ja die Gewissheit, dass das Pflegegeld einen Ausgleich darstellt. Sie kümmern sich deshalb weniger um die Pflege der Eltern oder Schwiegereltern, erwarten aber dennoch ein ungeschmälertes Erbe. Aus diesem Grund unterbleibt manchmal sogar bei schwerster Pflegebedürftigkeit eine stationäre Unterbringung, obwohl pflegende Angehörige physisch und psychisch überfordert sind und die für die Pflegeversicherung günstigere Lösung in der vertrauten sozialen Umgebung für den pflegebedürftigen Menschen auch zum Martyrium werden kann. Doch die Aussicht auf zu erbendes Eigentum macht das Unmögliche möglich.

Ganz offensichtlich (ver-)führt dieses System in der rauen Wirklichkeit zu einer Sozialisierung der Lasten und einer Schonung der Erbmasse. Heißt Subsidiarität nicht, dass pflegebedürftige Menschen im Alter in erster Linie ihre eigenen Vermögenswerte für ihre menschenwürdige Pflege einsetzen müssen, bevor die Gesellschaft für sie in Leistung tritt? Die jeweils nachwachsende Generation kann nach meiner Auffassung ihr eigenes Leben mit dem elterlichen Startkapital einer guten Erziehung und einer möglichst guten Erstausbildung bestens gestalten – auch ohne die Spekulation auf das erhoffte Erbe. Deshalb plädiere ich für eine private Pflichtversicherung für das Altersrisiko Pflege. Eine einkommens- und vermögensunabhängige gesetzliche Teilkaskoversicherung können wir uns nicht leisten. Nur die Bedürftigen sollen im Alter von der Gesellschaft versorgt werden. Jedes andere System unterminiert die dringend nötige Eigenverantwortung.

Ohne einen solchen Bewusstseinswandel wird in dieser Gesellschaft auch die Bereitschaft nicht wachsen, dass es für jeden Einzelnen, aber auch für uns alle überlebensnotwendig sein wird, durch einen verantwortungsbewussten Umgang mit dem eigenen Körper und gesundheitliche Vorsorge die Risiken des längeren Lebens zu minimieren. Der Sachverständigenrat für die konzertierte Aktion im Gesundheitswesen schätzt das Einsparpotenzial einer langfristig angelegten Prävention, die vor allem alters- und alterungsspezifisch angelegt ist, nicht ohne Grund auf bis zu 30 Prozent.

Menschen, die auch im Alter in die Gesellschaft eingebunden sind, nehmen aktiver und selbstbewusster am sozialen Leben teil. Das wirkt sich auch unmittelbar auf die Gesundheit aus. Und warum sollen sich nicht – bei aller Singularisierung der bundesdeutschen Haushalte und der Vielgestaltigkeit moderner Patchworkfamilien – wohngemeinschaftserprobte »junge« Alte in selbst organisierten Alten-WGs oder in Mehrgenerationen-Wohnprojekten engagieren und damit die mentale Selbstaufgabe, den Rückzug in die Einsamkeit, erfolgreich bekämpfen? Dass gleichzeitig auch die Ursachenforschung für chronisch degenerative Erkrankungen und die Altersdemenz mit Hochdruck vorangetrieben werden müssen, versteht sich von selbst.

Blankoschecks fürs Alter: unterfinanzierte Renten und Pensionen

27
Otto von Bismarck: der Erfinder des deutschen Sozialstaates

Wie alle gesetzlichen Versicherungssysteme – außer der Arbeitslosenversicherung, deren Kernelemente auf das Jahr 1927 zurückgehen, und jener »Errungenschaft« namens Pflegeversicherung, die ein Spätprodukt des ausgehenden 20. Jahrhunderts war – hat die gesetzliche Rentenversicherung ihre Ursprünge im Deutschen Reich in der vorletzten Dekade des 19. Jahrhunderts. Der erzkonservative Fürst Otto von Bismarck hatte seit 1871 mit Krieg, List und Tücke und dem Versprechen auf Wohlstandsmehrung ein Staatsgebilde geschaffen, das annähernd doppelt so groß wie das wiedervereinigte heutige Deutschland war. In jenen Tagen wuchs auch im Deutschen Reich im Zuge der Industrialisierung ein Heer eines rechtlosen und schlecht gebildeten Arbeiterproletariats heran, das ohne Absicherung gegen existenzielle Lebensrisiken häufig der gnadenlosen Profitgier der neuen Kapitalisten ausgeliefert war. Dieses Proletariat bildete den fruchtbaren Nährboden für sozialistische, aber auch liberale Gesellschaftsmodelle, die für Bismarcks Obrigkeitsstaat gefährlich zu werden drohten. Also griff er zu einer Politik von Zuckerbrot und Peitsche. Mit den Sozialistengesetzen verbot er alle Organisationen der immer mehr erstarkenden Arbeiterbewegung. Mit den Sozialgesetzen wollte er, ganz fürsorglicher Patriarch, seinen Untertanen die nackte Angst um existenzielle Lebensrisiken nehmen. Deshalb führte er die Krankenversicherung (1883), die Unfallversicherung (1884) und die gesetzliche Renten- und Invalidenversicherung (1889) ein.

Seit 114 Jahren leben wir Deutschen vom Grundansatz her mit diesen kollektiven Sicherungssystemen, die auf einer gesetzlichen Umlage auf den Faktor Arbeit beruhen. Die jeweils aktive Generation bezahlt in der Rentenversicherung mit ihren monatlichen Beiträgen die Rente der Ruheständler und ihrer Hinterbliebenen. Natürlich haben sich in diesem Jahrhundert die Basisdaten der Rentenversicherung massiv verändert. Im Jahr der Einführung dieser gesetzlichen Versicherung betrug die Lebenserwartung im Deutschen Reich gerade mal 37,1 Jahre. Das lag vor allem an der extrem hohen Kindersterblichkeit. Eine durchschnittliche Familie hatte mehr als viermal so viele Kinder wie heute, von denen viele das Erwachsenenalter nicht erreichten. Das Rentenalter lag bei 70 Jahren. Wer die Rente überhaupt erleben durfte, konnte sich noch auf durchschnittlich 7,5 Jahre Rentenbezug freuen.

Machen wir jetzt einen Zeitsprung von knapp 70 Jahren. 1957 führte ein erzkonservativer christdemokratischer Kanzler, Konrad Adenauer, in der Bundesrepublik Deutschland das heutige umlagefinanzierte System ein. Auch er band mit dem so genannten Generationenvertrag Millionen ältere Menschen an unseren Sozialstaat, weil seine Rentenreform mit einer massiven Leistungserhöhung für die Rentner verbunden war. Auch Christdemokraten ließen sich bei sozialstaatlichen Leistungsversprechungen ja selten in der Geschichte des jüngeren Deutschland von Sozialdemokraten übertreffen. Bemerkenswert ist übrigens aus heutiger Sicht, dass bereits Adenauers Ideengeber für die umlagefinanzierte Rente auch »Rentenzahlungen« für Kinder in ihrem Konzept vorgeschlagen haben.

Denn ohne Kinder funktioniert ein umlagefinanziertes System nun einmal auf Dauer nicht. Adenauer wischte diesen kostenträchtigen Teil aber mit den Worten vom Tisch: »Kinder kriegense von alleene.« Pillenknick und veränderte Lebensziele der Menschen haben diese Einschätzung längst Lügen gestraft.

Zu Adenauers Reformzeiten sollte die Rentenversicherung am Ende eines zehnjährigen Deckungsabschnitts übrigens über Kapitalrücklagen von sage und schreibe einer Jahresausgabe verfügen. Das ließ sich anfangs auch rechnerisch darstellen. Denn 1960 ging man im Durchschnitt mit 64,7 Jahren in Rente, bei einer Lebenserwartung der Männer von 66,7 Jahren, die damals noch ganz überwiegend die Alleinverdiener waren. Der Gesamtbeitragssatz für die Rentenversicherung betrug 14 Prozent. Vier Beitragszahler mussten einen Rentenbezieher finanzieren.

In der deutschen Wirtschaftswunderzeit mit durchschnittlichen realen (!) Wachstumsraten von jährlich 8 Prozent in den Fünfzigerjahren und 5 Prozent in den Sechzigerjahren ging mit Politik und Gesellschaft dann buchstäblich der wohlfahrtsstaatliche Gaul durch. Weil Vollbeschäftigung herrschte, sprudelten die Einnahmen, und bei steigenden Einnahmen grassiert in der Politik die Spendierfreudigkeit. Die langfristigen Wirkungen des eigenen Tuns wurden (und werden bis heute) nicht bedacht beim Werben um die Gunst der Wähler. Schon 1969 wurden die Finanzierungsrestriktionen in der Rentenversicherung massiv gelockert. Statt eine Kapitalrücklage von einer Jahresausgabe in einem zehnjährigen Deckungsabschnitt zu fordern, sollte es jetzt ausreichen, wenn die Rücklage in einem fünfzehnjährigen Vorausberechnungszeitraum den Betrag einer Dreimonatsausgabe in drei aufeinander folgenden Jahren nicht unterschreitet. Besonders spendabel zeigte sich die sozialliberale Koalition in der Rentenpolitik im Jahr 1972. Mit dem damaligen Rentenreformgesetz wurde ein Füllhorn von neuen Leistungen über den Rentnern ausgeschüttet, von dem vor allem die heutige Rentnergeneration noch immer gewaltig profitiert. Im Ergebnis wurde damals das Rentenniveau von ehemals 60 Prozent auf etwa 70 Prozent des Nettolohns angehoben. Als Dreingabe offerierte man noch die flexible Altersgrenze, die Frauen ab 60 und Männer ab 62 erstmals zu einem abschlagsfreien früheren Renteneintritt animierte.

Inzwischen haben sich die ökonomischen Wachstumsraten in Deutschland längst auf deutlich weniger als zwei Prozent im Schnitt der letzten zwanzig Jahre eingependelt. Die Arbeitslosigkeit und die damit einhergehenden Kosten an sozialstaatlichen Leistungen schnellten in unvorstellbare Höhen. Gleichzeitig haben wir uns alle an die vermeintlichen Segnungen dieser Leistungen gewöhnt. Wir traten immer später ins Berufsleben ein und gingen immer früher in Rente, obwohl wir immer länger leben. Zwei Berufstätige finanzieren heute einen Rentner. Der Beitragssatz für die Rentenversicherung liegt im Jahr 2003 mit 19,5 Prozent genau 5,5 Prozent höher als 1960. Rechnet man die jährlichen Gesamteinnahmen der »Ökosteuer«, einer Verbrauchssteuer auf Öl, Gas und Strom, von 18,8 Milliarden Euro dazu, die zur Absenkung und Stabilisierung des Rentenbeitragssatzes verwandt wurden, dann läge der Beitragssatz heute – realistisch berechnet – bei rund 21,5 Prozent.

Ein weiteres Beispiel für die verlogene Argumentation der Sozialpolitiker in der Rentendebatte darf an dieser Stelle nicht fehlen: Rund 7 Milliarden Euro des jährlichen Bundeszuschusses an die Rentenversicherungsträger werden mit der Finanzierung der Kindererziehungszeiten begründet. Es ist durchaus richtig, für Zeiten der familiären Kinderbetreuung Leistungsansprüche in der Rentenversicherung aufzubauen. Doch die Ausgaben für diese Ansprüche müssen heute noch gar nicht aufgebracht werden. Erst die Mütter (oder Väter) von nach 1991 geborenen Kindern werden bei ihren Rentenansprüchen solche Leistungen erhalten. Diese Personen werden aber frühestens in etwa 25 bis 30 Jahren im Rentenalter sein. Wir alimentieren mit heutigem Steuergeld und einer sozial akzeptierten Begründung Rentenausgaben, die erst in Jahrzehnten ihre Ausgabewirksamkeit entfalten. Auch dieser Faktor wird – zusätzlich zur veränderten Alterspyramide – den Kostendruck erhöhen und die Beitragssätze in die Höhe treiben. Verlogene Sozialpolitiker versprechen also aus Political Correctness Leistungen, die sie aller Wahrscheinlichkeit nach niemals werden bezahlen können. Aber es hört sich doch gut an, oder nicht?

In diesem Zusammenhang wirkt ein Satz aus einem Urteil des Bundesverfassungsgerichts vom 3. April 2001 zur Pflegeversicherung in seiner Schlichtheit fast ergreifend: »Die heutigen Beitragszahler der erwerbsfähigen Generation vertrauen im Umlageverfahren darauf, dass in der Zukunft in ausreichendem Umfang neue Beitragsschuldner vorhanden sind.«

Woher dieses Vertrauen aber angesichts der gravierenden demografischen Veränderungen in der Altersschichtung unserer Gesellschaft kommen soll, ist vollkommen rätselhaft. Dem Schlussbericht der Enquete-Kommission des Deutschen Bundestags »Demografischer Wandel – Herausforderungen unserer älter werdenden Gesellschaft an den Einzelnen und die Politik« (Drucksache 14/8800) können es Politiker und Bürger im Klartext entnehmen. Im Jahr 2030 wird ein Beitragszahler einen Rentner finanzieren müssen. Was das für die Beitragshöhe bedeutet, ist aber vielen Sozialpolitikern immer noch nicht klar. Weil alle offiziellen Rentenprojektionen mit viel zu günstigen Annahmen in Bezug auf Wirtschaftsleistung und Arbeitsmarkt operieren, rechnet sich die herrschende Sozialpolitik reich.

Die Rot-Grüne Rentenreform von 2001 hat mit der »Riester-Rente« den grundsätzlich richtigen Einstieg in die kapitalgedeckte Privatvorsorge begonnen. Doch trotz dieses Systemwechsels weg von der kollektiven Absicherung hat die Rot-Grüne Regierung mit der Gesundbeterei nicht grundsätzlich aufgehört. Statt der versprochenen langfristigen Stabilisierung der Beiträge bei maximal 22 Prozent werden wir realistischerweise in etwa 25 Jahren bei Beitragssätzen von 26 Prozent und mehr liegen. Der Trend, dass die inflationsbereinigten Arbeitseinkommen seit zwei Jahrzehnten netto nicht mehr steigen, wird sich mit größter Wahrscheinlichkeit fortsetzen. Zwar wachsen die Bruttolöhne der Arbeitnehmer und die Lohnzusatzkosten der Arbeitgeber. Doch der Mehrertrag fließt in Form von höheren Beitragssätzen vor allem in die Sozialsysteme. Den Rest besorgt die Steuerprogression. Dieses Grundmuster garantiert Wachstum in der Schattenwirtschaft, weil sich immer mehr Arbeitnehmer und Unternehmer aus der offiziellen Wirtschaft verabschieden – mit der Folge, dass die Taktfrequenz für weitere Beitrags- und Steuererhöhungen kürzer wird.

Die umlagefinanzierte Rente als lebensstandardsicherndes Einkommen für die breite Masse der Bevölkerung ist organisierter Selbstbetrug. Wer die vier Grundrechenarten beherrscht, weiß das seit Jahrzehnten. Doch die Politik verdrängte diese unangenehme Wahrheit ebenso wie die Versicherten. Nach neuesten Studien überschätzen immer noch gut die Hälfte der gesetzlich Rentenversicherten ihre späteren Leistungsansprüche und sparen deshalb weniger fürs Alter, als zur Lebensstandardsicherung nötig wäre.

Mich verwundert diese Unwissenheit nicht. Seit Jahren stelle ich bei jeder Veranstaltung immer wieder fest, dass viele Leute glauben, ihre monatlichen Rentenbeiträge würden in einen Kapitalstock einbezahlt, aus dessen Vermögenserträgnissen mit Zins- und Zinseszinseffekt – wie von den weit verbreiteten Lebensversicherungsprodukten bekannt – die späteren Rentenleistungen bezahlt würden. Wenn man ihnen dann erklärt, dass wir von der Hand (Monatsbeiträge der Versicherten) in den Mund (Monatsrenten der Ruheständler) leben, sitzen sie kopfschüttelnd da. Sie suchen nach Verantwortlichen, von denen die »Rentenkassen« geplündert wurden: Ausländer? Aussiedler? Die DDR-Bürger? Dabei vergessen sie alle, dass wir die Leistungen gemeinsam beanspruchen. Die Reserven jedoch, falls sie jemals real vorhanden waren, haben wir größtenteils schon in der alten Westrepublik Anfang bis Mitte der Siebzigerjahre verprasst.

Nicht vergessen werden darf, dass heute nur noch zwei Drittel aller Rentenausgaben pro Jahr durch Beiträge der Versicherten aufgebracht werden. Mit knapp 80 Milliarden Euro jährlich werden derzeit schon ein Drittel der gesetzlichen Rentenausgaben direkt über Steuerzuschüsse aus dem Bundeshaushalt finanziert. Damit hat sich die langjährige Debatte über so genannte versicherungsfremde Leistungen in der Rente längst erledigt. Als »versicherungsfremd« werden in der Rentenversicherung alle Leistungen definiert, für die keine oder im Vergleich zur Rentenleistung zu geringe Beiträge gezahlt worden sind: beispielsweise Kindererziehungszeiten, Renten für Aussiedler oder der Bestandsschutz für die Rentenansprüche der alten DDR. Allein in den vergangenen fünf Jahren steigerte der Bund seinen jährlichen Zuschuss an die Rentenversicherung um annähernd 30 Milliarden Euro. Geschätzten 60 bis

70 Milliarden Euro versicherungsfremden Leistungsausgaben stehen fast 80 Milliarden Euro jährliche Zuführungen aus dem Bundeshaushalt gegenüber.

28
Die Mär von den billigen Beamten

Ein Relikt obrigkeitsstaatlicher Verwaltungsorganisation hat sich im öffentlichen Dienstrecht bis heute gehalten. Sogar das Grundgesetz, die Verfassung unseres Landes, verankert die »hergebrachten Grundsätze des Berufsbeamtentums« in Artikel 33, Absatz 5. Darauf fußt ein ganz besonderer Mitarbeitertypus in unserer öffentlichen Verwaltung. Beamte werden nicht einfach eingestellt, sondern sie werden ernannt – im Regelfall nach Ausbildung und Probezeit auf Lebenszeit. Sie sind weisungsgebunden, im Amt zu parteipolitischer Neutralität verpflichtet und in der Karriereplanung in der Regel in ein Laufbahnkorsett geschnürt. Der Streik ist Beamten gesetzlich untersagt.

Als Gegenleistung des Dienstherren genießen sie nicht nur eine besondere Fürsorge, sondern statt Lohn oder Gehalt haben sie Alimente zu erwarten. Die Alimentation soll für den Beamten und seine Familie einen angemessenen Ausgleich dafür bieten, dass sich dieser mit seiner ganzen Persönlichkeit dem Dienstherrn zur Verfügung stellt.

Was hier so preußisch daherkommt, ist auch der demokratisch verfassten Bundesrepublik lieb und teuer. Der Lebenszeitbeamte ist, wenn er sich nicht schwerster Dienstvergehen schuldig macht, unkündbar. Er erhält im Krankheitsfall für sich und seine Familie Beihilfeleistungen des Arbeitgebers, die in der Regel mindestens die Hälfte der Kosten abdecken. So günstig wie ein Beamter kommt sonst kaum jemand in unserer Gesellschaft an eine erstklassige Kranken(zusatz)versicherung. Weil Beamte nicht arbeitslos werden können, ersparen sie sich die monatlichen Arbeitslosenversicherungsbeiträge von derzeit 6,5 Prozent – je hälftig der Beamte und sein Dienstherr. Und weil das Alimentationsprinzip auch die Alterversorgung aus dem Haushalt der jeweiligen Dienstherren beinhaltet, fallen auch die Pflichtbeiträge von derzeit 19,5 Prozent für die gesetzliche Rentenversicherung nicht an. Und damit nicht genug: Als Sahnehäubchen wird die Beamtenpension nicht wie die gesetzliche Rente auf Grund der gesamten Erwerbsbiografie berechnet, sondern Basis sind die letzten Dienstbezüge in der aktiven Beamtenzeit. Phasen mit geringerer Entlohnung, Teilzeitbeschäftigung oder gar Arbeitslosigkeit haben keinen Einfluss auf die Höhe der Beamtenpension.

Beamte im Ruhestand verfügen in der Regel über bis zu 75 Prozent ihrer letzten Monatsbezüge als Pension – inklusive der so genannten 13. Monatspension. Auch wenn diese Maximalansprüche im Laufe dieses Jahrzehnts für Neupensionäre nach und nach auf 71,5 Prozent abgeschmolzen werden, dürfte sich nichts daran ändern, dass die Nettoeinkommen aller Pensionärshaushalte um mehr als 30 Prozent über den Haushalten mit Einkünften aus der gesetzlichen Rente liegen. Und das ist heute der Fall, obwohl viele kleine Beamte, die früher in den Staatsunternehmen Bahn und Post Dienst taten, die durchschnittliche Höhe der Pensionen nach unten drücken. In den nächsten Jahren, wenn Hunderttausende von Lehrern, die in den Siebzigerjahren eingestellt wurden, in Ruhestand gehen, wird sich das Nettoeinkommen der Pensionäre überdurchschnittlich erhöhen, weil Lehrer mit ihren guten Dienst-

Versorgungszugänge nach Ruhestandseintrittsgründen 1999
in Prozent

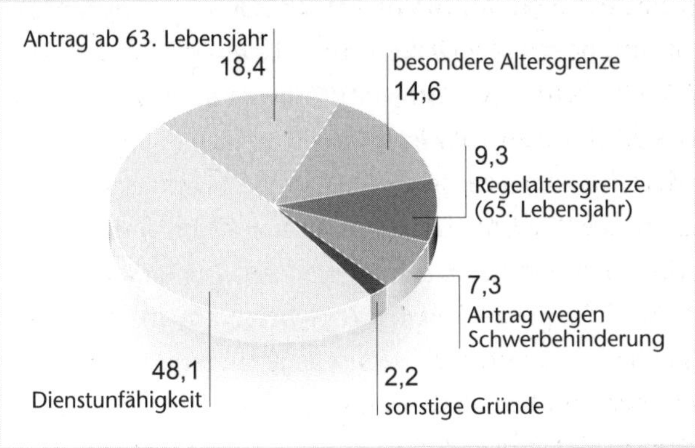

Quelle: Zweiter Versorgungsbericht der Bundesregierung

Beamte haben ein ausgesprochen großes Bedürfnis, das 65. Lebensjahr nicht im aktiven Dienst zu erleben. Nicht einmal jeder Zehnte arbeitet bis zur Regelaltersgrenze. Fast die Hälfte wird wegen Dienstunfähigkeit vorzeitig in den Ruhestand versetzt.

bezügen auch die durchschnittlichen Versorgungsbezüge mit nach oben ziehen. Auch Polizisten, die aus dem mittleren Dienst in die Pension übergehen, wird es künftig nicht mehr geben, weil die Bundesländer die Polizeibeamten fast ausnahmslos in den gehobenen Dienst mit höheren Bezügen und Pensionen übernommen haben.

Angesichts dieser harten Tatsachen ist es unbegreiflich, dass Landesfinanzminister immer noch das hohe Lied von den angeblich so billigen Beamten singen, nur weil die Dienstherren einen Gutteil der Sozialversicherungsbeiträge sparen. Gegenüber einem vergleichbar eingestuften Angestellten sind das heute rund 26 Prozent weniger Ausgaben für den Dienstherrn.

Doch diese Milchmädchenrechnung lässt sich nur mit einem anderen Relikt der absolutistischen preußischen Staatsverwaltung anstellen: der Kameralistik. Mit diesem Begriff verbindet sich ein Rechnungsstil in der öffentlichen Verwaltung, der nur auf eine streng einnahmen- und ausgabenbezogene jährliche Kassenrechnung orientiert ist. Künftige Lasten spiegeln sich in der kameralen Rechnung nicht wider, und deshalb werden die Ausgaben für Beamte, die in den Ruhestand gehen, nicht berücksichtigt. Diese Lasten werden erst dann verbucht, wenn der konkrete Pensionär tatsächlich kassenwirksame Versorgungsausgaben bei seinem Dienstherrn verursacht. So schieben alle öffentlichen Haushalte einen Berg von ständig steigenden Pensionszusagen für ihre Beamten vor sich her, aber sie haben niemals für entsprechende Pensionsrückstellungen gesorgt. Müsste der Staat wie ein Privatunternehmen für seine betrieblichen Pensionszusagen Rückstellungen in seiner kaufmännischen Bilanz vornehmen, dann wäre die Mär von den billigen Beamten sofort als Ammenmärchen entlarvt. Ich habe den Verdacht, dass ein Hauptgrund für das Widerstreben der Bundes- und Landesgesetzgeber bei der Abschaffung der kameralistischen Rechnungslegung in der nackten Angst vor der Kostentransparenz liegt. Es ist nämlich für die bisherigen Nutznießer des Systems – auch die Beamten – sehr angenehm, die Bürger über den tatsächlichen Stand der Finanzen nicht aufklären zu müssen.

Im öffentlichen Dienstrecht hilft nur ein radikaler Befreiungsschlag. Das Beamtenprivileg im Grundgesetz muss fallen. Dazu bedarf es allerdings einer Zweidrittelmehrheit im »Beamtenparlament« Deutscher Bundestag. Bis auf den engsten hoheitlichen Aufgabenbereich in sicherheitsrelevanten Sektoren braucht Deutschland keine Beamten mehr. Oder hielten Sie es für eine Katastrophe, wenn unsere Lehrer künftig als Angestellte beschäftigt würden?

Die doppelte kaufmännische Buchführung mit Kosten- und Leistungsrechnung und einer Finanz- und Vermögensrechnung, die auch den Werteverzehr von Vermögen sowie künftige Belastungen wie etwa Pensionszusagen korrekt abbildet, ist unverzüglich für den gesamten öffentlichen Sektor einzuführen. Zur Kostentransparenz gehören im Zusammenhang mit der hier ausführlich diskutierten Beamtenversorgung natürlich auch die hohen Zusatzversorgungskosten für die Arbeiter und Angestellten des öffentlichen Dienstes. Obwohl sich inzwischen nicht allein die Arbeitgeber, sondern auch die Beschäftigten mit einem Eigenanteil an der Finanzierung der beamtenähnlichen Rentenzusagen beteiligen müssen, steigen in den kommenden Jahren die Ausgaben der öffentlichen Zusatzversorgungskassen weiter massiv an. Auch diese Belastungen werden, wie könnte es anders sein, in keinem öffentlichen Haushalt korrekt ausgewiesen.

Mit einer permanenten Vernebelungsstrategie hat es ein beamtenfreundliches politisches Establishment in den Parlamenten und den öffentlich-rechtlichen Medien (ja, auch die Rundfunk- und Fernsehanstalten profitieren von ähnlichen Versorgungsstrukturen!) samt den Gralshütern der Beamtenlobby im Deutschen Beamtenbund und den Gewerkschaften viele Jahrzehnte geschafft, ihre Privilegien erfolgreich zu verteidigen. Doch mit dem Gesetzgeber im Rücken organisiert sich die Selbstbedienung auch prächtig. Haben Sie sich schon einmal gefragt, warum auch die Ökonomenzunft und die höchsten deutschen Gerichte so pfleglich mit Beamtenprivilegien umgehen? Ganz richtig, auch die Professoren und Richter profitieren von den altbewährten Grundsätzen des Berufsbeamtentums.

Aber ich stehe mit meiner Kritik offensichtlich nicht allein. Kaum hatte ich das Verdikt über die Richter in mein Manuskript geschrieben, flatterte mir ein am 25. Februar 2003 veröffentlichter Beschluss des Bundesverfassungsgerichts auf den Tisch, der mich auf Besserung hoffen lässt. Ein Berliner Richter hatte mit einer Verfassungsbeschwerde geklagt, dass eine Regelung des Landes Berlin aus dem Jahr 1998 ihn dazu gezwungen habe, die Wahlleistung Chefarztbehandlung und Unterbringung im Ein- oder Zweibettzimmer privat zu versichern, weil die Beihilfe des Arbeitgebers diese Kosten nicht mehr übernimmt. Deshalb sei sein monatlicher Krankenversicherungsbeitrag von 250 auf 317 Euro gestiegen. Die Verfassungsrichter hielten diese Leistungseinschränkung in der vom Steuerzahler finanzierten Beihilfe für zulässig. Denn die Beihilfe gehöre in ihrer jetzigen Form nicht zu den geschützten Grundsätzen des Berufsbeamtentums. Deshalb dürften Beihilfeleistungen für kranke Beamte durchaus auf das Niveau eines normalen Kassenpatienten abgesenkt werden. Weiter so, möchte ich den Damen und Herren in den roten Roben zurufen.

29
Demografische Entwicklung und Zuwanderung

Der Generationenvertrag war eine gute Idee, aber er taugt nicht dazu, die Zukunft zu gestalten. Hier ist ein kleiner Ausflug in die Bevölkerungsentwicklung unseres Landes nötig, und zwar unter besonderer Berücksichtigung des Themas »Zuwanderung«. Kaum ein Thema wird in der Gesellschaft so emotionsgeladen diskutiert wie die Angst vor »Überfremdung«. Ausländer, Aussiedler, Asylbewerber – das ist der angstbesetzte Stabreim für viele Deutsche, nicht nur für die mit der erzreaktionären Gesinnung: »Ohne diese drei Zuwanderergruppen wäre alles viel besser und billiger in Deutschland. Wenn diese Leute unsere Sozialsysteme nicht schamlos ausnutzten, würde sich die Diskussion über Einsparungen erübrigen.« Solche Sätze nehmen viele Bürger nicht nur von den Stammtischen, sondern auch von Wahlveranstaltungen mit nach Hause. Gelegentlich werden diese Behauptungen sogar von einem Publikum beklatscht, dem man auf Grund von Bildung und sozialem Status mehr Differenzierungsvermögen zutrauen möchte.

Wir alle kennen diese Urteile, und sie sind leider nicht immer bloße Vorurteile. Doch dass Selbstbedienung zu Lasten der Allgemeinheit auch ein deutsches Laster ist, zeigen die bereits dargestellten Beispiele aus dem Umgang mit unserem Sozialstaat hoffentlich deutlich genug.

Doch nun zu den Fakten: Die zunehmende Alterung unserer Bevölkerung hat im Wesentlichen zwei Ursachen. Der Geburtenrückgang, den wir seit mehr als drei Jahrzehnten feststellen, hat die nachwachsenden Generationen so weit reduziert, dass sie etwa um ein Drittel unter der für den Generationenersatz nötigen Schwelle liegen. Dieser lang anhaltende Geburtenrückgang hat inzwischen längst eine sich selbst verstärkende Tendenz, weil damit auch die Zahl der potenziellen Eltern in der Zukunft rückläufig ist. Weniger Kinder zeugen später als Erwachsene eben noch weniger Kinder. Im Jahr 2010 werden in Deutschland über 300 000, im Jahr 2030 über 500 000 Menschen mehr sterben, als geboren werden.

Gleichzeitig steigt unsere Lebenserwartung ständig weiter an, was nicht zuletzt eine Folge des medizinischen Fortschritts ist. Bei Frauen ist sie seit 1960 von 72 auf 81 Lebensjahre gestiegen, bei Männern von 67 auf 75 Jahre. Bis zum Jahr 2050 wird mit einem weiteren Anstieg der Lebenserwartung in Deutschland um mindestens vier Jahre gerechnet. In Verbindung mit den geringeren Nachwuchsraten verschieben sich die Proportionen im Altersaufbau ganz deutlich: Bereits 2040 wird mehr als die Hälfte der Bevölkerung über 50 Jahre alt sein.

Das Arbeitskräfteangebot wird trotz dieser Entwicklung zunächst nur gering absinken, weil die geburtenstarken Jahrgänge (ich gehöre mit Jahrgang 1954 auch dazu) vorerst im erwerbsfähigen Alter bleiben. Allerdings altert dieses Erwerbspersonenpotenzial natürlich stark. Wenn diese Altersjahrgänge aus dem Erwerbsleben ausscheiden, steht ein wesentlicher Teil des heutigen Arbeitskräfteangebots nicht mehr zur Verfügung und kann auch nicht vollständig ersetzt werden.

Deutschland ist ein Einwanderungsland. Diese vor allem in der konservativen Volkspartei CDU/CSU beharrlich ignorierte Tatsache wird durch die Datenlage seit Jahrzehnten eindeutig bewiesen. In den vergangenen 40 Jahren wanderten jährlich rund 165 000 Menschen in Deutschland ein. Über 30 Millionen Zuwanderern standen rund 25 Millionen Abwanderer gegenüber. Zwischen 1960 und heute hat sich die saldierte Bevölkerungszahl von DDR und alter Bundesrepublik von 73 Millionen auf zusammen über 82 Millionen Menschen erhöht. Ohne die Zuwanderer und ihre Kinder läge sie deutlich niedriger.

In der letzten Dekade, zwischen 1991 und 2000, ergab sich bei der deutschen Wohnbevölkerung ein Geburtendefizit von 1,7 Millionen, bei der ausländischen Wohnbevölkerung ein Überschuss von etwa 800 000. Dabei muss berücksichtigt werden, dass dieser ausländische Geburtenüberschuss relativiert

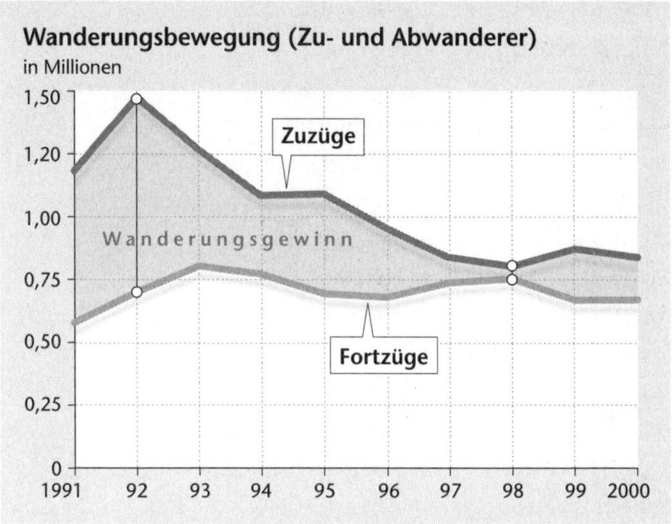

In der letzten Dekade gab es 1992 den höchsten Wanderungsgewinn mit 788 025 Personen. Das war die Zeit der hohen Aussiedlerzahlen aus Osteuropa. Der niedrigste Wert wurde 1998 mit 47 100 Personen erreicht. Ohne Zuwanderung würde in Deutschland die Bevölkerungszahl absinken, weil seit einer Generation mehr Menschen sterben, als geboren werden.

wird durch Rückwanderungen im Alter und Zuwanderungen in jüngeren Altersjahrgängen. Schauen wir uns die zusammengefassten Geburtenziffern in den Neunzigerjahren genauer an, dann fällt besonders auf, dass sich die Zahlen für die deutsche und die ausländische Bevölkerungsgruppe nahezu angeglichen haben. Die Deutschen blieben mit ihrer Geburtenrate das ganze Jahrzehnt über fast konstant, allerdings mit regionalen Unterschieden, denn vor allem in Ostdeutschland wurde der Wiedervereinigungsschock, der die Geburtenrate massiv gedrückt hatte, teilweise wieder wettgemacht. Die Geburtenziffern der ausländischen Bevölkerung gingen dagegen stark zurück – um etwa 20 Prozent ihres Ausgangswertes.

Halten wir also noch einmal fest: Deutschland ist bereits seit langem ein Einwanderungsland. Um die starke Nachfrage nach Arbeitskräften in den boomenden Sechzigerjahren zu decken, wurden aktiv Arbeitskräfte im Ausland angeworben. Wir Deutschen haben praktische Erfahrungen damit, dass Zuwanderung Wohlstand mehren kann. Auch als alternde Gesellschaft werden wir dringend Zuwanderung benötigen, um das Angebot an Arbeitskräften auf lange Sicht zu erhöhen. Das Wachstum der Volkswirtschaft wird stabilisiert, die Steuereinnahmen sind höher, die Systeme der sozialen Sicherung sind leichter zu finanzieren und die Staatsschulden können auf mehr Köpfe verteilt werden. Trotzdem lassen sich mit einer geregelten Einwanderungspolitik die Probleme unserer alternden Gesellschaft nicht lösen, sondern nur abmildern.

Einwanderung hat natürlich auch negative Begleiterscheinungen. Vor allem in Regionen mit hohen Ausländer- oder Aussiedleranteilen kommt es zu Integrationsproblemen im Wohnumfeld und in den Schulen. Verdrängungseffekte am Arbeitsmarkt sind dagegen eher vernachlässigbar, weil Zuwanderer häufig Arbeiten erledigen, die für deutsche Arbeitnehmer unattraktiv sind. Qualifizierte ausländische Experten, etwa in der Kommunikations- und IT-Branche, sorgen im Gefolge sogar eher für zusätzliche Beschäftigung in Deutschland, weil ihre Wertschöpfung zusätzlichen Beschäftigungsbedarf mit nachrangiger Qualifikation zur Folge hat.

Weil wir Zuwanderung brauchen, müssen wir sie gezielt steuern. Zur Steuerung gehört unbedingt, dass Neubürger möglichst rasch in unsere Gesellschaft integriert werden, und diese Integration hat eine unabdingbare Voraussetzung: die Kenntnis der deutschen Sprache. Zusätzlich ist eine ausreichende berufliche Qualifikation der Einwanderer erforderlich.

Keine oder eine sehr niedrige Qualifikation führen unweigerlich in die Arbeitslosigkeit und würden im Ergebnis die Systeme der sozialen Sicherung übermäßig belasten. Knapp 9 Prozent unserer Bevölkerung sind derzeit Ausländer. Knapp 12 Prozent beträgt der ausländische Anteil am gesamten Potenzial der Erwerbsfähigen (15 bis 64 Jahre). Mit über 17 Prozent ist der Anteil ausländischer Arbeitsloser an der Gesamtzahl aller Arbeitslosen in der Tat überdurchschnittlich hoch. Außerdem sind 16 Prozent der Langzeitarbeitslosen Ausländer. Und auch eine andere Zahl lässt aufhorchen: Bei den Sozialhilfeempfängern liegt der Anteil an Ausländern bei über 22 Prozent. Asylbewerber fallen übrigens nicht unter diese Personengruppe, weil sie in einem eigenen Leistungssystem außerhalb der Sozialhilfe mit geringerem Niveau bezahlt werden.

Als Fazit bleibt: Einwanderung muss sein, aber gesteuert nach Qualifikation der Zuwanderer und nach der sozialen Aufnahmefähigkeit unseres Landes. »Sozialstaatswanderung« können nur Gutmenschen gutheißen, die soziale Verwerfungen und daraus folgende politische Radikalisierung geflissentlich ignorieren.

Selbstverständlich will ich das Recht auf politisches Asyl in Deutschland nicht mit der Regelung der Zuwanderung in einen Topf werfen. Vor dem Hintergrund unserer Geschichte, vor allem der »Tausendjährigen«-Nazigeschichte mit Massenmord und Massenvertreibung, haben wir gute Gründe, Verfolgten Asyl zu gewähren. Mehr an Begründung braucht es nicht.

30
Länger arbeiten, mehr vorsorgen, weniger konsumieren

Die in der Vergangenheit von der Politik ausgestellten Blankoschecks, mit denen Millionen Menschen Leistungszusagen für das Renten- und Pensionsalter gemacht wurden, müssen heute von den Beitrags- und Steuerzahlern gedeckt werden. Am meisten belastet sind die zwischen 30- und 50-Jährigen, weil sie die Kosten für die heutigen Alten im Wesentlichen finanzieren müssen, gleichzeitig aber auch die erste Generation sein werden, die in der Masse deutliche Kürzungen der eigenen gesetzlichen Altersversorgung verkraften muss. Unsere Generation wird für diese Mehrfachbelastung auch deutlich länger arbeiten und erhebliche Summen privat ansparen müssen, um den gewohnten Lebensstandard im Alter zu sichern. In der Lebenswirklichkeit hat das für viele Menschen deutliche materielle Einschränkungen und eine veränderte Lebensplanung zur Folge.

Ein typisch deutscher Irrglaube muss schleunigst ausgerottet werden: Unser Sozialstaat kann seinen Bürgern eine kollektive Absicherung gegen Arbeitslosigkeit, Alter, Krankheit und Pflegebedürftigkeit auf lebensstandardsicherndem Niveau nicht mehr garantieren. Die demografische Entwicklung verteilt die Lasten auf immer weniger Schultern. Eine schrumpfende erwerbsfähige Bevölkerungsgruppe würde von den Kosten stranguliert. Schwarzarbeit und Schattenwirtschaft würden neue Blütezeiten erleben, und massenhafte Leistungsverweigerung könnte die Folge einer zu hohen Abgabenbelastung sein. Der Kollaps der traditionellen sozialen Sicherungssysteme wäre uns spätestens im nächsten Jahrzehnt gewiss.

Obwohl es keine Patentrezepte gibt, lässt sich eine Behauptung als Grundthese voranstellen: Wenn die Ausgaben der Renten- und Pensionsleistungen nicht unverzüglich reduziert werden, dann werden auf Dauer umso brutalere Einschnitte nötig. Jedes Jahr, das die Politik Einschnitte früher durchsetzt, erspart spätere Radikalschnitte und ihre unsozialen Konsequenzen. Nur wer heute soziale Besitzstände entschlossen beschneidet, wird überhaupt in der Lage sein, in Zukunft eine sozialstaatliche Mindestabsicherung gegen existenzielle Lebensrisiken zu gewährleisten.

Der erste Schritt zur Lösung des Problems besteht im späteren Eintritt in den Ruhestand. Wer nicht an Wunder glaubt, muss den Trend zur Frühpensionierung und Frühverrentung mit aller Härte brechen. Länger leben und weniger arbeiten, das ist künftig nicht mehr zu vereinbaren. Die Maßnahmen müssen hart und einschneidend sein, wie ich es ansatzweise bereits zum überregulierten Arbeitsmarkt dargestellt habe. Die Bezugsdauer von Arbeitslosengeld ist auch für ältere Arbeitnehmer auf zwölf Monate zu begrenzen, der starre Kündigungsschutz zu lockern. Unbedingt müssen die Leistungsabschläge, die heute in Abzug gebracht werden, wenn Arbeitnehmer ab Vollendung des 60. Lebensjahrs in Ruhestand gehen, deutlich erhöht werden. Heute sind pro Monat vorzeitigem Altersruhegeld 0,3 Prozent Rentenabschlag fällig, bei maximal fünf Jahren also insgesamt 18 Prozent. Das ist unter versicherungsmathematischen Gesichtspunkten ein viel zu geringer Abschlag für die längere Bezugsdauer. Ein angemessener monatlicher Abschlag läge bei etwa 0,6 Prozent. Wer es sich leisten will und kann, sollte ruhig früher in Rente gehen, aber bitte nicht zu Lasten der Solidargemeinschaft, sondern mit angemessenen Leistungseinbußen. Auch die heutige starre Altersgrenze von

65 Jahren wird sich längerfristig nicht halten lassen. Wenn in gut 35 Jahren die Hälfte der Wohnbevölkerung unseres Landes 50 Jahre und älter ist, wird das Renteneintrittsalter einige Jahre höher liegen. Ich neige aber nicht zu starren Regelungen mit verpflichtendem Renteneingangsalter, sondern zu flexiblen Lösungen. Wer länger arbeiten will, soll das auch dürfen und sogar weitere Ansprüche erwerben.

Mit Otto Schily haben wir heute einen rüstigen 71-jährigen Bundesinnenminister. In vielen Berufsfeldern wird es künftig aktive Menschen geben, die gerne länger arbeiten. Und das ist auch gut so, weil der jahrzehntelange Jugendwahn in unserer alternden Gesellschaft ein Relikt des ausgehenden 20. Jahrhunderts bleiben wird. Die Berufs- und Lebenserfahrung älterer Mitarbeiter, die sich häufig genug im abgeklärten Umgang mit Krisensituationen im Betriebsalltag zeigt, ist von großem Wert für die Unternehmen. Das Vorurteil, ältere Menschen seien grundsätzlich weniger innovativ und flexibel, hält sich leider hartnäckig. Doch in den letzten Jahren bricht dieses Denken vor allem in den Branchen auf, die zu wenige qualifizierte Arbeitskräfte haben. Dort schickt man über 50-Jährige wieder zu Fortbildungen, bietet auch älteren Mitarbeitern noch Aufstiegsmöglichkeiten. Diese Entwicklung im Unternehmenssektor muss und wird sich noch verstärken. Das wird im Bewusstsein der Menschen am stärksten dazu beitragen, dass sich ältere Beschäftigte nicht mehr quasi »freiwillig« dem Druck des Nicht-mehr-gebraucht-Werdens entziehen – durch Flucht in den Ruhestand.

Der zweite Schritt zur Lösung des Problems besteht in der Fortentwicklung der als »Riester-Rente« bekannten privaten Altersvorsorge. Dieser Schritt, weg vom rein umlagefinanzierten System in Richtung Kapitaldeckung, stellt eine historische

Zäsur in der deutschen Sozialgesetzgebung dar, selbst wenn man die bürokratische Überregulierung bei der Zertifizierung mancher »Riester-Produkte« berücksichtigt. Hier haben Grüne und Sozialdemokraten endlich einen Systemwechsel gewagt, der seit mindestens zwanzig Jahren überfällig ist. Die Gewerkschaften wetterten zwar mächtig gegen die Aufgabe der so genannten paritätischen Finanzierung der Rentenbeiträge durch Arbeitgeber und Arbeitnehmer, weil die private Altersvorsorge allein aus dem Arbeitnehmerbruttoeinkommen bezahlt werden muss.

Auch der Aberglaube von der jeweils hälftigen, also paritätischen Finanzierung der Sozialversicherungsbeiträge für Arbeitslosigkeit, Krankheit und Rente muss ausgemerzt werden. Die Arbeitgeber überweisen ihren hälftigen Beitrag ohne steuerliche Belastung an die zuständigen Sozialversicherungsträger. Diese Beitragsleistung ist selbstverständlich Bestandteil der gesamten Arbeitskosten, die von den Beschäftigten durch ihre Produktivität erwirtschaftet werden müssen. In Tarifverhandlungen kann deshalb immer nur das verteilt werden, was an jährlichem prozentualem Produktivitätszuwachs erzielt wird. Steigen die Arbeitskosten, also Lohn und Sozialabgaben, über diesen Prozentsatz an (in den letzten zwei Jahrzehnten betrug der durchschnittliche Produktivitätszuwachs etwa 2 Prozent jährlich), dann werden die Arbeitgeber Personal abbauen. Die paritätische Finanzierung war immer ein reiner Wunschtraum der Gewerkschaften und Sozialpolitiker, der noch nie etwas mit der ökonomischen Realität zu tun hatte. Bezahlte Fehlzeiten wie Urlaub, Krankheit oder Fortbildungen, die Sozialbeiträge für den Arbeitnehmer und der eigentliche Arbeitslohn einschließlich eventueller Sonderzahlungen bilden zusammen die vom Arbeitnehmer zu erwirtschaftenden Arbeitskosten.

Werden alle diese Kosten nicht durch seine Arbeitskraft gedeckt, wird der Arbeitnehmer keinen Arbeitgeber finden, weil er ihn schlicht und einfach nicht bezahlen kann.

Ich plädiere entschieden dafür, die freiwillige private Altersvorsorge, die »Riester-Rente«, in eine Vorsorgepflicht umzuwandeln. Der Grund liegt für mich weniger in der bisher unzureichenden Akzeptanz der Riester-Produkte bei Millionen potenzieller Kunden, sondern in der dem Gesetzgeber vom Bundesverfassungsgericht aufgegebenen gleichen Besteuerung von Pensionen und Renten ab dem Jahr 2005.

Rentenleistungen werden derzeit nur mit ihrem Ertragsanteil besteuert. Beim Altersruhegeld ab 65 Jahren beträgt dieser fiktive Ertragswert 27 Prozent der Rentenleistung. Bei einem steuerfreien Grundbetrag von 7235 Euro jährlich bedeutet das für Millionen Rentner, dass sie heute überhaupt keine Einkommensteuern bezahlen, es sei denn, sie verfügen über erhebliche sonstige Einkünfte wie Mieteinnahmen oder Kapitalerträge. Erst wenn Alleinstehende mehr als 1750 Euro und Ehepaare mehr als 3250 Euro pro Monat bekommen, entsteht aus dem Renteneinkommen direkt eine Steuerschuld. Die im Durchschnitt wesentlich höheren Beamtenpensionen sind bis auf einen Versorgungsfreibetrag von 3072 Euro jährlich grundsätzlich steuerpflichtig, weil die Pensionen ja nicht durch eigene Beitragsleistungen, sondern durch die Steuerzahler aufgebracht werden.

Will der Gesetzgeber die steuerliche Ungleichbehandlung von Rentnern und Pensionären beseitigen, muss er im Gegenzug zur späteren Rentenbesteuerung alle Altersvorsorgeleistungen, also vor allem die Rentenversicherungsbeiträge, die aus dem steuerpflichtigen Bruttoeinkommen der Arbeitnehmer an die Rentenkassen abgeführt werden, steuerfrei stellen. Heute werden nur die Versicherungsbeiträge, die auf Monatseinkommen von rund 1500 Euro erhoben werden, durch die so genannte Vorsorgepauschale im Ergebnis aus steuerfreiem Einkommen geleistet. Jeder, der ein höheres sozialversicherungspflichtiges Einkommen erzielt, finanziert sein Alterseinkommen aus versteuertem aktivem Einkommen. Nach dem Grundsatz, dass jedes Einkommen nur einmal im Leben besteuert werden darf, wird bei der so genannten nachgelagerten Besteuerung erst das Renteneinkommen besteuert und nicht der Aufbau der Altersvorsorge. Bei den heutigen Durchschnittseinkommen für gewerbliche Arbeitnehmer von rund 2500 Euro brutto führt die von mir favorisierte Steuerfreiheit der Altersvorsorgebeiträge zu einer Minderung der Einkommensteuerlast von etwa 60 bis 80 Euro monatlich, je nach Familienstand. Um zu verhindern, dass dieses Geld einfach in den Konsum fließt, ist es im Interesse der gesamten Gesellschaft geboten, die Pflicht zur privaten Altersvorsorge gesetzlich zu verankern. Denn die Lebenswirklichkeit zeigt, dass wir in jungen Jahren das Einkommensrisiko Alter vernachlässigen und zu wenig vorsorgen. Dies ist besonders wichtig, weil die späteren Leistungen der gesetzlichen Rente im Verhältnis zu den aktiven Erwerbseinkommen deutlich sinken werden.

Obwohl ich ein überzeugter Verfechter der persönlichen Entscheidungsfreiheit des mündigen Bürgers bin, halte ich diesen Eingriff für absolut gerechtfertigt. Denn ohne eine Verpflichtung zur Vorsorge werden diejenigen, die freiwillig vorsorgen, im Alter über ihre Steuern zusätzlich den konsumfreudigen Nichtsparern Sozialhilfe bezahlen müssen. Deshalb sorgt eine obligatorische Privatvorsorge langfristig für mehr und nicht für weniger Freiheit in einem auf die Hilfe zur Selbsthilfe setzenden Sozialstaat.

Wir sollten uns alle auch darüber im Klaren sein, dass die bei der »Riester-Rente« ab 2008 unterstellten und steuerlich geförderten 4 Prozent Sparleistung (maximal 2100 Euro aus dem jährlichen Bruttoeinkommen) nicht ausreichen werden, um die sinkenden Nettorenditen der gesetzlichen Rente auszugleichen. Wer sein verfügbares Einkommen aus der aktiven Zeit im Alter sichern will, tut gut daran, in möglichst jungen Jahren bereits mit dem Aufbau eines privaten Kapitalstocks zu beginnen. Zwischen 6 und 8 Prozent Sparleistung aus dem jährlichen Bruttoeinkommen sollten dafür eingeplant werden. Die Palette denkbarer Altersvorsorge reicht vom Wohneigentum bis zu allen risikoärmeren Produkten der Finanzmärkte. Auch wenn ich mir mehr Freiheit bei der Auswahl der Vorsorgeprodukte wünsche, halte ich es trotzdem für richtig, dass im Interesse der Altersbeständigkeit des Vorsorgesparens der Staat bestimmte Mindestanforderungsprofile vorgibt.

Hier wird übrigens ein Grundsatz erkennbar, der für mich als Überschrift für die gesamte Reformagenda taugt: »Weniger ist mehr!« Ältere Gesellschaften werden tendenziell niedrigere ökonomische Wachstumsraten erzielen, weil die aktive Generation – wie schon beschrieben – nicht nur die Erblasten der Vergangenheit über eine hohe Abgabenlast und stagnierende Nettoeinkommen zu tragen hat, sondern auch für das eigene Alter mehr ansparen muss und folglich weniger konsumieren kann. Kein Ökonom dieser Welt kann mir weismachen, dass die reichen und älter werdenden Industriestaaten die notwendigen Wachstumsgewinne für ihren Kapitalstock aus den aufstrebenden jungen Schwellenländern zurücktransferiert bekommen. Hinter diese Kapitalstrom-Rechnung mache ich ein großes Fragezeichen. Es sind eher Armutswanderungen großen Stils zu erwarten. Dass Teile Asiens oder das Armenhaus unserer Erde, der afrikanische Kontinent, unsere Zeche bezahlen werden, halte ich für ausgeschlossen.

Der dritte Schritt zur Lösung des Problems findet bestimmt rasch Zustimmung bei denen, die vor allem für mehr Einnahmen statt für weniger Ausgaben bei der Rentenversicherung streiten. Ich gestehe, dass ich für das Vorbild der Schweizer Rentenversicherung Sympathien hege, und nicht nur deshalb, weil ich im Kanton St. Gallen geboren bin. Doch für eine Lösung nach Schweizer Modell müssten einige Vorbedingungen erfüllt werden, die viel politischen Sprengstoff enthalten und die Begeisterung der sozialpolitischen Robin-Hood-Fraktion schnell mindern würden. Ohne einen Ausstieg aus dem Berufsbeamtentum wird die Einbeziehung der Beamten nach dem Schweizer Modell langfristig zu höheren Ausgaben führen. Wir müssen uns klar machen, dass nicht nur die Alterseinkommen von angestellten Lehrern, sondern auch von anderen ehemaligen Beamtengruppen deutlich niedriger wären als heute.

Außerdem dürfen wir nicht vergessen, dass in Deutschland die Umverteilung zwischen Arm und Reich vom Grundgedanken her vor allem im Steuerrecht stattfindet. Unser Steuersystem mit seinem progressiven Tarifverlauf verlangt breiteren Schultern auch höhere Finanzierungsanteile in Gestalt höherer Einkommensteuern ab. Im nächsten Kapitel über Staatsverschuldung und Steuerpolitik werden Sie erfahren, dass dieses Umverteilungsprinzip trotz aller berechtigten Kritik tatsächlich funktioniert. In der Schweiz wird diese Umverteilung ganz stark in der Alters- und Hinterlassenenversicherung (AHV) organisiert. Jeder muss einzahlen, auch nicht Erwerbstätige. Nur Kinder sind nicht beitragspflichtig. Es gibt auch keine Beitragsbemessungsgrenze. Deshalb bezahlt der Frankenmillionär aus seinem jährlichen Gesamteinkommen genauso rund 10 Prozent Pflichtbeitrag wie die Facharbeiterin. Gleichzeitig ist die Rentenleistung in der Höhe gedeckelt. Maximal 2110 Franken Rente monatlich gibt es nach heutigem Recht, auch wenn ein Leben lang sehr hohe Summen eingezahlt wurden. Die Mindestrente beträgt 1055 Franken. Wir Deutschen bleiben da lieber beim Äquivalenzprinzip: Wer mehr einzahlt, bekommt auch mehr, weil Beitrags- und spätere Rentenleistung in einem angemessenen Verhältnis zueinander stehen sollen. Ohne eine gleichzeitige massive Entlastung im Steuerrecht würden sich gut Situierte in Deutschland mit Sicherheit massenweise einer solchen gesetzlichen Basisversicherung entziehen.

Die Schweiz kennt im Übrigen seit 18 Jahren als zweite Säule der Rentenversicherung eine obligatorische berufliche Altersvorsorge für alle Arbeitnehmer. Vom gesamten Jahreslohn, der über einer Mindestgrenze von 25 320 Franken und einer Höchstgrenze von 75 960 Franken liegt, werden im Durchschnitt rund 17 Prozent Pflichtbeiträge gezahlt, die sich Arbeitnehmer und Arbeitgeber in der Regel teilen. Die dritte Säule in der Schweiz ist die klassische private Altersvorsorge. Großzügig werden alle privaten Sparformen fürs Alter, von der Immobilie bis zu allen denkbaren Finanzmarktprodukten, gefördert. Wer in der zweiten Säule obligatorisch versichert ist, kann maximal 6077 Franken für anerkannte Vorsorgeprodukte steuerlich geltend machen. Für Selbständige, die keiner Versicherungspflicht in der zweiten Säule unterliegen, gilt eine steuerliche Anerkennungsgrenze von bis zu 30 384 Franken jährlich. Nach Meinung aller Experten ist die Schweiz mit ihrem Drei-Säulen-Modell in der Lage, ihrer älter werdenden Bevölkerung auch langfristig ein Alterseinkommen zu sichern, das bei etwa 70 Prozent des letzten Einkommens in der Erwerbsphase liegt.

Bei aller Sympathie für die Schweiz: Eine Übertragung selbst von Teilen des Schweizer Rentensystems wird politisch kaum durchsetzbar sein. Die rentennahen Jahrgänge und die Rentner stellen bereits bei der nächsten Bundestagswahl faktisch die absolute Mehrheit der Wähler, weil diese Altersgruppe sich überdurchschnittlich an den Wahlen beteiligt. Genau diesen Wählern, ob es Beamte, Arbeiter oder Angestellte sind, deutliche Einschnitte in eigentumsgleiche Anwartschaften auf ihre Altersversorgung zuzumuten, bringt auch die derzeitige deutsche Kohabitation, die erzwungene Allianz des unionsdominierten Bundesrats und der Rot-Grünen Bundesregierung, wohl kaum zu Stande. Zuletzt ist es unter dem Strich fast belanglos, ob die zugesagten Ansprüche mit einer riesigen Beitragsmaschinerie oder aus Steuermitteln bedient werden müssen. Eine stärkere Steuerfinanzierung führt allerdings eher zu einer Entlastung des Faktors Arbeit und damit tendenziell zu mehr Beschäftigung. Wenn die Ausgabenseite der Rentenversicherung, wie hier beschrieben, durch strukturelle Maßnahmen beschnitten wird, prophezeie ich eine Wiederentdeckung der viel geschmähten Ökosteuer. Eine Verbrauchssteuer auf Energie, am Schadstoffausstoß orientiert, wird ein taugliches Lenkungsinstrument sein, mit dem der schonende Umgang mit endlichen Ressourcen durch einen Preisdruck provoziert wird. Wenn mit diesen Einnahmen die Lohnnebenkosten zusätzlich gesenkt werden können, wird das der Beschäftigung nur gut tun.

Für mich ist es aus ökologischer Sicht beispielsweise grotesk, dass seit dem so genannten Chicagoer Abkommen vom 7. Dezember 1944, mit dem die Internationale Zivilluftfahrtorganisation (ICAO) aus der Taufe gehoben wurde, Flugbenzin weltweit von der Besteuerung ausgenommen ist. Die damalige Begründung für diese Steuerbefreiung: Ein »sicherer, regelmäßiger, leistungsfähiger und ökonomischer Lufttransport« solle weltweit gefördert werden. Ausgerechnet der Verkehrsträger mit den höchsten Wachstumsraten wird heute – fast sechzig Jahre nach dem Abkommen – immer noch global von der Kerosinbesteuerung freigestellt, obwohl die Ökobilanzen des Flugverkehrs extrem negativ sind. Sie regen sich als Autofahrer doch bestimmt weniger über die höhere Mineralölsteuer auf, wenn auch Flugbenzin künftig besteuert wird, oder sollte ich mich täuschen?

Um es auf den Punkt zu bringen: Ohne massive Beschneidung der Ausgaben wird unser Alterssicherungssystem kollabieren. Denn ein Verschiebebahnhof zwischen Beitrags- und Steuerfinanzierung bringt im Ergebnis fast nichts. Und ohne nachhaltige Leistungskürzungen in der Beamtenversorgung wird diese Sonderlast in den öffentlichen Haushalten ein unbezahlbarer Luxus. Wer in der Rentenversicherung immer noch an kollektiv finanzierte Wunder glaubt, sollte wenigstens einem Gremium nicht mehr angehören: dem Deutschen Bundestag. Denn solche Gutmenschen im Kleid der Sozialpolitiker verkraftet unser Sozialstaat nicht länger.

Der Fiskus und die Steuern

31
Der Staat braucht Geld

Ein Gemeinwesen braucht Ressourcen, um einen Rahmen für das soziale und wirtschaftliche Leben zu gestalten. Ohne staatliche Finanzierung ist die Ausbildung breiter Bevölkerungsschichten nicht gewährleistet. Ohne die staatliche Finanzierung der Verkehrsinfrastruktur lässt sich die wirtschaftliche Wertschöpfung, die auch auf der Mobilität basiert, nicht flächendeckend sicherstellen. Staatliche Verwaltungsstrukturen sind unverzichtbar, denn soziales Zusammenleben braucht ein Regelwerk und entsprechende Organe. Das müssen auch die Eiferer gegen zu viel Bürokratie einsehen. Und ohne Polizei würde manches innerstaatliche Sicherheitsbedürfnis nicht befriedigt und das staatliche Gewaltmonopol wäre nicht durchsetzbar. Auch für die äußere Sicherheit eines Landes würde sich außer dem Staat mit seinem Verteidigungsbudget wohl kaum jemand sonst verantwortlich fühlen. Und die Garantieabsicherung gegen unverschuldete materielle Not, etwa im Fall von Krankheit oder Alter, gehört zum unabdingbaren Aufgabenkatalog eines Sozialstaates – mit allen finanziellen Folgen.

Gelegentlich muss sich jeder Steuerzahler diese Grundwahrheiten bewusst machen, damit er nicht vorschnell eine moralische Rechtfertigung für den systematischen Betrug des nimmersatten Molochs Staat sucht. Steuern zahlt niemand gern. Diesen Spruch kennen Sie alle nur zu gut. Richtig ist aber auch, dass viele Menschen ohne die aus Steuereinnahmen bezahlten staatlichen Leistungen, auf sich allein gestellt, nicht über die

Runden kämen. Ich hätte vor 27 Jahren überhaupt nicht an ein Studium denken dürfen, wenn es kein BAföG gegeben hätte. Ich erhielt die damalige Höchstförderung, die am Anfang noch fast komplett als nicht rückzahlbarer Zuschuss gewährt wurde. Dafür kam der anonyme Staat auf, der als Gegenleistung nicht einmal auf einem ordnungsgemäßen Studienabschluss bestand. Ohne inneren Widerwillen bezahle ich seit vielen Jahren meine Steuern an diesen Staat. Doch ich ärgere mich ganz gewaltig über Leute, die in privaten Runden und auf öffentlichem Parkett gnadenlos Ansprüche an diesen Staat richten, gleichzeitig aber den ehrlichen Steuerzahler verhöhnen: »Nur der Dumme bezahlt Steuern!«

Trotzdem hindert mich diese Erkenntnis nicht, den immer stärkeren Zugriff des Staates auf den Geldbeutel seiner Bürger kritisch zu beleuchten. Doch dieser Staat ist kein raffgieriges fremdes Wesen, sondern Produkt einer in Jahrzehnten gewachsenen Anspruchshaltung, die in einer unheiligen Allianz von Gesellschaft und Politik absurde Formen angenommen hat.

32
Die Entwicklung der Einkommensteuertarife

Das heutige System der Lohn- und Einkommensteuer geht zurück auf das Jahr 1958. Damals erbrachte diese größte direkte Steuer ein Jahresaufkommen von knapp 6 Milliarden Euro. Im Jahr 2001 spülte sie insgesamt 173 Milliarden Euro in die öffentlichen Kassen. Diese Explosion des Lohn- und Einkommensteueraufkommens hat dazu geführt, dass die Steuerbelastung der Erwerbstätigen in den vergangenen gut vier Jahrzehnten mehr als doppelt so stark gestiegen ist wie die durchschnittlichen Einkommen. In dieser langen Zeit haben sich die Einkommen mehr als verzehnfacht. Dadurch sind immer mehr Steuerpflichtige mit ihrem individuellen Einkommen in immer höhere Progressionszonen hineingewachsen. Die direkte Folge: Der Staat greift auf einen immer größeren Anteil des erwirtschafteten Einkommens zu.

Die Besteuerung nach der individuellen Leistungsfähigkeit, die unserem progressiven Einkommensteuertarif zu Grunde liegt, ist meiner Ansicht nach vollkommen richtig. Wer mehr verdient, kann mit seiner größeren steuerlichen Leistungsfähigkeit auch mehr an Steuerlast verkraften. Das sorgt für einen fairen Ausgleich zwischen denen, die mehr, und jenen, die weniger Einkommen erzielen. Allerdings darf der Steuergesetzgeber den Bogen nicht überspannen. Wenn die Grenzbelastung für den Einzelnen zu hoch wird, hat der Fiskus das Nachsehen, weil immer mehr Steuerpflichtige nach Möglichkeiten der Steuerflucht suchen oder Steuern hinterziehen.

Obwohl der 1958 eingeführte Einkommensteuertarif bis heute insgesamt 14 Korrekturen erfahren hat, mit denen die Steuerzahler jeweils entlastet wurden, hat sich der Zugriff des Finanzamts auf immer höhere Einkommensanteile stetig fortgesetzt. Der Hauptgrund liegt darin, dass die obere Grenze der Steuerprogressionszone in diesem Zeitraum sogar gesunken ist. 1958 wurde der damalige Spitzensteuersatz von 51,9 Prozent ab einem zu versteuernden Einkommen von 56 262 Euro von Alleinstehenden gefordert. Heute ist der Spitzensteuersatz von 48,5 Prozent bereits ab einem zu versteuernden Einkommen von 55 008 Euro fällig. Rechnet man den Solidaritätszuschlag von 5,5 Prozent zur Einkommensteuerschuld hinzu, dann haben wir fast auf die Stelle hinter dem Komma die gleiche Grenzsteuerbelastung am oberen Rand der Progressionszone wie 1958.

Dass die Steuerzahler ein System akzeptiert haben, das dem Staat bei jedem nominalen Einkommenszuwachs automatisch einen immer höheren Anteil davon zubilligt, finde ich erstaunlich. Aber die Menschen haben Ventile gesucht und gefunden: Sie fliehen in die Schattenwirtschaft. Die hohe Steuer- und Abgabenlast erscheint ihnen unerträglich. Deshalb sorgen immer mehr Steuerpflichtige dafür, dass ihr Einkommen nicht mehr dem Zugriff des Finanzamts unterliegt. Mindestens 17 Prozent der gesamten volkswirtschaftlichen Leistung werden heute in der Schattenwirtschaft und durch Schwarzarbeit erbracht.

Eine Konsequenz des steileren Progressionsverlaufs im Steuertarif ist besonders bemerkenswert. Die mittleren und höheren Einkommen werden immer mehr belastet. Diese Aussage passt vielen, die in Politik und Gesellschaft für mehr Verteilungsgerechtigkeit streiten, überhaupt nicht ins gewünschte Weltbild. Aber die Fakten belegen diese Aussage. Wer 1958 ein zu versteuerndes Jahreseinkommen von 2556 Euro erzielte, hatte darauf als Single 339 Euro Einkommensteuer zu bezahlen, also 13,3 Prozent Belastung. Hat das Einkommen der Beispielsperson im Lauf der folgenden Jahrzehnte genau mit der durchschnittlichen Einkommensentwicklung Schritt gehalten, dann lag das zu versteuernde Einkommen im Jahr 2001 bei 27 000 Euro. Darauf waren mit 5400 Euro 20 Prozent an Steuern zu bezahlen.

Die Gesamtbelastung lag damit bei diesem Einzelbeispiel um 6,7 Prozent höher als beim Ausgangseinkommen im Jahr 1958.

Wenn wir uns jetzt nicht den Einzelfall, sondern zusammengefasste Gruppen von Steuerpflichtigen betrachten, dann hat sich die Steuerbelastung durch direkte Steuern wie folgt verschärft:

Erzieltes Einkommen	*Höhere Steuern*
50 Prozent des Durchschnittseinkommens:	4,1 Prozent mehr
100 Prozent des Durchschnittseinkommens:	5,7 Prozent mehr
200 Prozent des Durchschnittseinkommens:	10,9 Prozent mehr
500 Prozent des Durchschnittseinkommens:	14,5 Prozent mehr

(Über einen Zeitraum von 45 Jahren)

Die Tatsache ist unwiderlegbar, dass die sagenumwobenen stärkeren Schultern in dieser Gesellschaft die Lasten durch die gewachsenen Ansprüche an den Staat auch in höherem Maße tragen müssen. Wer dies weiter leugnen will, kommt angesichts dieser Zahlen in Erklärungsnotstand. Übrigens wurden vor allem in den letzten zehn Jahren Geringverdienerhaushalte durch die Steuerreformen entlastet. Dort machte sich die Erhöhung des Grundfreibetrags, die durch Verfassungsgerichtsentscheidungen erzwungen wurde, positiv bemerkbar. Auch die familienpolitisch begründete und gesellschaftlich akzeptierte Entlastung von Steuerpflichtigen mit Kindern lässt sich empirisch belegen. Dafür bezahlen die kinderlosen Paare und die Alleinstehenden relativ mehr.

Der Vollständigkeit halber sei hier noch angemerkt, dass bei einer Betrachtung aller Steuer- und Abgabenerhöhungen zwischen 1960 und dem Jahr 2002 die »volkswirtschaftliche Einkommensbelastung« um mehr als 14 Prozent auf über 55 Prozent angestiegen ist. Die hier beschriebenen Steuererhöhungen bei der Lohn- und Einkommensteuer bedingen diesen Anstieg zu etwa einem Drittel. Der doppelt so große Rest entfällt auf höhere indirekte Steuern und vor allem auf höhere Beiträge zu den verschiedenen Sozialversicherungen.

33
Wer mehr hat, zahlt (meist) auch mehr

Steuerzahler mit Gesamteinkünften von

unter 10 226 Euro	10 226 bis 25 565 Euro	25 565 bis 51 129 Euro	51 129 bis 127 823 Euro	über 127 823 Euro
5,2 Mio.	**9,2 Mio.**	**9,8 Mio.**	**3,1 Mio.**	**0,3 Mio.**
Ihr Anteil am gesamten zu versteuernden Einkommen				
2,4 %	**18,6 %**	**40,7 %**	**27,2 %**	**11,1 %**
Ihr Anteil an der gesamten Einkommensteuer				
0,4 %	**12,9 %**	**35,3 %**	**30,5 %**	**20,9 %**

Darstellung des Bundesfinanzministeriums im Info 2002 »Finanzen & Steuern« auf der Grundlage von Daten des Statistischen Bundesamtes, Lohn- und Einkommensteuer 1998

Ich hätte gern die aktuellste Einkommensteuerstatistik, die das Veranlagungsjahr 1998 abbildet, für diesen Abschnitt verwendet, doch sie lag Anfang April 2003 noch nicht vor. Deshalb müssen wir mit den aktuellsten vorliegenden Daten, die das steuerliche Veranlagungsjahr 1995 betreffen, vorlieb nehmen. Sie sind zwar älteren Datums, aber der Datenbestand ist absolut aussagefähig.

Die Zahl der Steuerpflichtigen in der besagten Einkommensteuerstatistik von 1995 beträgt »nur« 29,8 Millionen, weil gemeinsam veranlagte Ehepaare als jeweils ein Steuerpflichtiger gezählt werden. Hinter diesen 29,8 Millionen verbergen sich also rund 40 Millionen Menschen, die von der Einkommensteuerpflicht erfasst werden. Bei 2,1 Millionen unbeschränkt Steuerpflichtigen lag der Gesamtbetrag der Einkünfte im negativen Bereich. Wer Verlust gemacht hat, musste selbstverständlich keine Einkommensteuer zahlen. Der mit Abstand größte Teil aller Steuerpflichtigen, rund 90 Prozent bzw. 26,8 Millionen aller Fälle, bezieht Einkünfte aus nichtselbständiger Arbeit, für die an der Quelle der Einkommensentstehung, also beim Arbeitgeber, die Einkommensteuer als Lohnsteuer einbehalten wurde. Hinter dieser Fallzahl verbergen sich auf Grund der Zusammenveranlagung von Ehepaaren etwa 32 Millionen Lohnsteuerzahler.

Ein interessantes Bild ergibt sich, wenn wir die durchschnittlichen Einkünfte, getrennt nach den sieben verschiedenen Einkunftsarten unseres Steuerrechts, genauer unter die Lupe nehmen. Bei allen 27,7 Millionen Steuerpflichtigen mit positivem Gesamteinkommen liegt der durchschnittliche Gesamtbetrag der Einkünfte bei 30 500 Euro. Allerdings gibt es starke Schwankungen je nach der Einkunftsart, die den Einkommensschwerpunkt bildet. Am niedrigsten sind die Durchschnittseinkünfte bei den »sonstigen Einkünften«, unter die vor allem Rentnerhaushalte fallen, mit 7200 Euro. Weil deren Einkommensteuer fiskalisch fast nicht ins Gewicht fällt, wird diese Gruppe der Steuerpflichtigen auf den folgenden Seiten nicht mehr berücksichtigt. Stammen die Einkünfte vorwiegend aus »Vermietung und Verpachtung«, betragen die Gesamteinkünfte 26 900 Euro. Für die Einkunftsart »Land- und Forstwirtschaft« kommt eine Durchschnittssumme von 27 900 Euro zusammen. Wer seine Einkünfte überwiegend aus »nichtselbständiger Arbeit« bezieht, erreicht eine Durchschnittssumme von 29 400 Euro. Überdurchschnittlich hohe Einkünfte sind zu verzeichnen, wenn sie überwiegend aus »Kapitalvermögen« (43 500 Euro), aus »Gewerbebetrieb« (54 100 Euro) und aus »selbständiger Arbeit« (69 000 Euro) erzielt werden.

Die Bemessungsgrundlage für die festzusetzende Einkommensteuer ergibt sich, wenn vom Gesamtbetrag der Einkünfte Sonderausgaben, außergewöhnliche Belastungen sowie die Kinderfreibeträge abgezogen werden. Deshalb liegt das zu versteuernde Durchschnittseinkommen mit 24 000 Euro wesentlich unter dem durchschnittlichen Gesamtbetrag der Einkünfte (rund 30 500 Euro). Wenn wir uns jetzt anschauen, in welchem prozentualen Verhältnis die vom Finanzamt festgesetzte Einkommensteuer zum Gesamtbetrag der Einkünfte steht, erhalten wir eine Rangfolge, die Steuerbelastungsquote. Die kleinste Belastung weisen überwiegend land- und forstwirtschaftliche Einkünfte mit 11,4 Prozent auf. Dann folgt die Gruppe, die ihr Einkommen überwiegend aus nichtselbständiger Arbeit bezieht, die Arbeitnehmer, mit 15,9 Prozent Steuerbelastungsquote. Wesentlich darüber angesiedelt sind Steuerpflichtige mit überwiegenden Einkünften aus Vermietung und Verpachtung (20,9 Prozent), Gewerbebetrieb (25,5 Prozent), selbständiger Arbeit (26,9 Prozent) und Kapitalvermögen (30,9 Prozent).

Einen letzten Maßstab, den ich hier anführen will, kennen Sie selbst, wenn Sie Ihre Steuererklärung mit Hilfe eines Software-Programms am heimischen PC ausarbeiten. Am Schluss spuckt Ihnen das Programm dann neben der Summe der voraussichtlichen Steuerstattung oder Steuernachzahlung auch den Durchschnittssteuersatz und die Grenzsteuerbelastung aus. Hier geht es um den Durchschnittssteuersatz, der das Verhältnis zwischen festgesetzter (zu bezahlender) Einkommensteuer und dem zu versteuernden Einkommen angibt. Weil dieses Einkommen durch die schon erwähnten Abzugsbeträge gegenüber dem Gesamtbetrag der Einkünfte gemindert ist, liegt der Durchschnittssteuersatz grundsätzlich höher als die Steuerbelastungsquote.

Alle, die unsere Wirklichkeit durch die Brille einer Ideologie betrachten wollen, müssen hier ihre Meinung korrigieren: Steuerzahler mit höherem Einkommen, vor allem jene, die unternehmerisch als Gewerbetreibende oder Selbständige tätig sind, bezahlen im Durchschnitt einen deutlich höheren Steuersatz als die große Gruppe, die ihre Einkünfte überwiegend als Arbeitnehmer aus nichtselbständiger Arbeit bezieht. Für alle Einkunftsarten lag 1995 der Durchschnittssteuersatz bei 22 Prozent. Am niedrigsten war er bei überwiegend land- und forstwirtschaftlichen Einkommen (18,1 Prozent), am zweitniedrigsten bei überwiegenden Einkünften aus unselbständiger Arbeit (20,2 Prozent). Es folgen die überwiegenden Einkünfte aus Vermietung und Verpachtung (26,8 Prozent), Gewerbebetrieb (31,5 Prozent), selbständiger Arbeit (32,7 Prozent) und Kapitalvermögen (36,8 Prozent).

Im Gegensatz zu der weit verbreiteten Meinung bezahlen die Steuerpflichtigen mit höheren Einkommen, die gehässig oder neidbesetzt »Besserverdiener« genannt werden, einen ganz erheblichen Teil der Einkommensteuer. 1995 wurden 343 107 Einkommensteuerpflichtige in Deutschland mit dem Höchststeuersatz besteuert. Das sind gerade mal 1,24 Prozent aller unbeschränkt Steuerpflichtigen mit positiven Einkünften. Diese winzige Gruppe verdiente 11,75 Prozent aller zu versteuernden Einkommen und bezahlte 22 Prozent des gesamten Einkommensteueraufkommens. Und eine letzte Zahl, die meine Behauptung unterstreicht: 53,5 Prozent des gesamten Lohn- und Einkommensteueraufkommens erbrachten die Steuerzahler, die – gemessen an der Höhe der Einkünfte – die oberen 10 Prozent der Einkommensskala markieren.

Natürlich ist mir bewusst, dass hinter der Gruppe der 2,1 Millionen »Verlusteinkommen«, die nach der Einkommensteuerstatistik 1995 negative Einkommen erzielt und deshalb keine Einkommensteuer bezahlt haben, auch reiche Steuerpflichtige stecken können, die sich für das Finanzamt arm gerechnet haben. Außerdem weiß ich, dass die Belastung niedrigerer Einkommen mit indirekten Steuern und vor allem mit Sozialabgaben relativ höher ist als bei hohen Einkommen. Denn bei niedrigeren Einkommensschichten fließt zwangsläufig ein höherer Anteil in den besteuerten Konsum. Außerdem entlasten die Beitragsbemessungsgrenzen in den Sozialversicherungen höhere Einkommensbezieher, weil sie für darüberliegende Einkommensbestandteile nicht mit Pflichtabgaben belastet sind. Trotzdem beweisen die Zahlen in diesem Kapitel, dass die gängigen Ansichten der Gutmenschen falsch sind.

34
Intransparenz mit Methode

In den letzten Abschnitten habe ich dargestellt, was wir im eigenen Geldbeutel merken: Der Zugriff des Staates auf unsere Einkommen ist beständig gewachsen. Allein stehende Arbeitnehmer spüren das bereits mit Jahreseinkommen von über 35 000 Euro so deutlich, dass sie zu Recht wahre Klagearien anstimmen. Wenn von der Gehaltserhöhung eines ledigen Facharbeiters pro Euro gerade mal 37 Cent netto übrig bleiben, dann haben Steuern und Abgaben strangulierende Wirkung.

Um den staatlichen Griff in des Bürgers Geldbeutel zu kaschieren, sind im Laufe von Jahrzehnten vom Gesetzgeber Beruhigungspillen in Gestalt von steuerlichen Ausnahmetatbeständen verabreicht worden. Besonders lautstarke Klientelen, die Landwirtschaft etwa, die Wohnungs- und Versicherungswirtschaft oder auch die Millionen von Arbeitspendlern, haben Begünstigungen im Einkommensteuerrecht verankert, die viel Geld gekostet und oft kontraproduktiv gewirkt haben. Gleichzeitig haben sie in ihrer Undurchschaubarkeit und Vielzahl auch zu einem von vielen Steuerpflichtigen als ungerecht empfundenen und leistungsfeindlichen Steuertarif geführt.

Kann mir jemand erklären, warum die im Krankenhaus angestellte Hebamme von ihrem Arbeitgeber steuerfreie Zuschläge ausbezahlt bekommt, wenn sie in der Nachtschicht einem Kind in die Welt hilft, die selbständige Hebamme ihren Nachteinsatz aber komplett versteuern muss? Ist es Aufgabe aller Steuerzahler, die Arbeit an Sonn- und Feiertagen oder zu ungünstigen Arbeitszeiten zu subventionieren? Oder sollte diese Arbeitsleistung, die in bestimmten Branchen wie etwa in Kliniken, im Druckgewerbe oder bei Verkehrsbetrieben zum normalen Standard gehört, nicht von den Nutzern der entsprechenden Dienstleistungen oder Produkte bezahlt werden?

Ist die steuerliche Förderung des Wohnungsbaus im Einkommensteuerrecht wirklich dazu geeignet gewesen, die Versorgung der Bevölkerung mit bezahlbarem Wohnraum sicherzustellen und Wohneigentum zu erwerben? Oder haben nicht gerade die Exzesse bei der steuerlichen Begünstigung im Osten Deutschlands gezeigt, wie möglichst viel Steuergeld und möglichst viel privates Kapital fehlgeleitet wurden? Es wurde am Markt vorbeigebaut, und leer stehende private und gewerbliche Gebäude auf der grünen Wiese sind das Ergebnis! Eine mit Steueranreizen genährte Goldgräberstimmung in der Bauwirtschaft hat Überkapazitäten geschaffen, deren Abbau noch heute unsere Volkswirtschaft bremst, weil Insolvenzen Gläubigerkapital vernichten und die Kosten der Arbeitslosigkeit die Lohnnebenkosten in die Höhe treiben. Warum wohl haben wir uns in Deutschland einen im internationalen Vergleich so teuren Wohnungsbau leisten können? Ganz richtig, weil die riesigen Subventionen im Steuerrecht die teuren Bauvorschriften, die hohen Grundstückspreise und die eigentliche Bauleistung gerade noch bezahlbar machten. Wenn es vom Staat Geld gibt, bleibt immer genügend in den begünstigten Branchen hängen – in Gestalt überhöhter Preise.

Als Grüner Politiker und überzeugter Gegner von unbefristeten und linearen Gießkannen-Subventionen rechne ich es unserer Rot-Grünen Öko-Fraktion noch heute hoch an, dass sie bei den Einspeisevergütungen für umweltfreundliche Stromerzeugungsanlagen wenigstens eine Preisdegression mitgetragen hat. Jahr für Jahr sinken die garantierten Kilowattstunden-Vergütungssätze, die von den Stromunternehmen an die Wind- oder Solarstrom einspeisenden Erzeuger überwiesen werden müssen. Nur so sind die Hersteller von Windkraft- oder Fotovoltaikanlagen gezwungen, ihre durch die zunehmende großtechnische Produktion sinkenden Grenzkosten tatsächlich an die Kunden in Form niedrigerer Investitionskosten pro installierter Nennleistung weiterzugeben. Als das Gesetz zur Förderung erneuerbarer Energien (EEG) 1999 in Kraft trat, konnte man durch die überraschend hohe staatliche Förderung beobachten, dass die Preise für den Endverbraucher sofort in die Höhe schossen. Das hat sich mittlerweile auf Grund der beschriebenen jährlichen Degression bei den Vergütungssätzen korrigiert.

Der kleine Ausflug in die umweltfreundliche Stromerzeugung führt mich im Steuerrecht direkt zu einer ökologisch fatalen Subvention. Die Entfernungspauschale, die im Einkommensteuerrecht den weiten Weg zur Arbeit belohnt, trägt zu einer immer mehr wachsenden Trennung von Wohnen und Arbeiten in der Siedlungsplanung bei. Die Landschaftszersiedelung und die tägliche Mobilität mit allen ihren Konsequenzen für den klimaschädlichen Kohlendioxidausstoß werden durch diese Subvention gefördert. Ich war vor meiner Bundestagszeit acht Jahre lang Fernpendler (täglich 300 km), weiß also aus eigener Erfahrung, dass die vielen anderen Steuerzahler, die in der großen Mehrheit relativ nahe bei ihren Arbeitsstätten leben, meinen selbst gewählten langen Weg subventioniert haben. Diese steuerliche Privilegierung des Berufsverkehrs mache ich ebenso wie die relativ zur gesamten Einkommensentwicklung über einen langen Zeithorizont gesunkenen Treibstoffpreise dafür verantwortlich, dass wir in unserem Alltagsleben immer größere Entfernungen zurücklegen. Das notwendige Einkaufen auf der grünen Wiese, weil wohnortnahe Fachgeschäfte immer mehr verschwinden, die toten Wohnwüsten im Hinterland der Ballungszentren und Verdichtungsräume, in denen nur noch gewohnt, aber nicht mehr gearbeitet wird, die Art der Industrieproduktion mit ihrer rollenden Lagerhaltung auf der rechten Spur der Autobahnen und selbst die zentralen Freizeit- und Vergnügungstempel – das alles sind Folgeerscheinungen einer Gesellschaft, die Mobilität subventioniert. Die Subventionen bezahlen vor allem künftige Generationen, weil die Landschaft zugebaut wird und die endlichen Rohstoffe verbraucht werden. Die Steuerausfälle summieren sich aber schon heute Jahr für Jahr im Staatsbudget.

35
Die Lösung: radikale Vereinfachung des Steuerrechts

Ich weiß, dass Sie aufstöhnen, weil alle Erfahrungen mit Steuerreformen der Vergangenheit belegen, dass jede Neuregelung komplizierter war als die alten Regelungen. Doch ich rede von einer Radikalkur im Steuerrecht. Nur wer den großen Wurf will, wird unser überholtes, undurchsichtiges und ungerechtes Steuersystem erfolgreich modernisieren können.

Ich bin überzeugter Verfechter des »Karlsruher Entwurfs«. Dieses Einkommensteuermodell wurde vor zwei Jahren unter der Federführung des renommierten früheren Verfassungsrichters Prof. Paul Kirchhof von einer Gruppe angesehener Experten vorgestellt. Das Projekt wird ständig weiterentwickelt, und bald sollen auch Lösungen für das Unternehmenssteuerrecht vorgeschlagen werden.

Der Karlsruher Entwurf hat den Charme einer einfachen und gerechten Steuererhebung, die Grundvoraussetzung für die möglichst breite Akzeptanz und damit die Steuerehrlichkeit der Bürger ist. Im Karlsruher Entwurf gibt es nur noch einen Grundfreibetrag von 8180 Euro pro Steuerpflichtigem (bei gemeinsamer Veranlagung von Ehepaaren 16 360 Euro). Das Ehegattensplitting bleibt erhalten, weil die Ehe eine Erwerbsgemeinschaft darstellt. Angesichts der demografischen Entwicklung wird die Erwerbstätigkeit von Frauen mittel- und langfristig stark zunehmen. Neben der subjektiven Mobilisierung (»Unabhängigkeit heißt, eigenes Einkommen erwirtschaften!«) wird auch die gesellschaftliche Nachfrage nach weiblichen Arbeitskräften stark steigen, um das wegen der Alterung unserer Gesellschaft absinkende Erwerbspersonenpotenzial zu kompensieren. Deshalb halte ich die lange Zeit auch von mir propagierte Abschaffung des Ehegattensplittings für überholt. Die lebenslange Einverdiener-Ehe ist ein gesellschaftliches Auslaufmodell. Beim Splitting wird das gemeinsame Einkommen des Ehepaars halbiert und der darauf entfallende Einkommensteuerbetrag verdoppelt. Die im Tarif eingebaute Progression entlastet deshalb beim Splitting eine Ehe am stärksten, in der nur ein Partner Einkommen erzielt. Je mehr sich die Einkommen beider Partner dann annähern, umso weniger Entlastung bringt der Splittingvorteil. Vor allem in Phasen des kinderbedingten (Teil-)Ausstiegs aus dem Erwerbsleben würde ohne Ehegattensplitting die Besteuerung deutlich höher ausfallen. Obwohl sich viele Menschen der materiellen Flankierung durch das Ehegattensplitting nicht bewusst sind, stabilisiert hier das Steuerrecht die Ehe als Organisationsrahmen für das Zusammenleben. Schließlich entstehen im bürgerlichen Recht durch die Ehe auch Unterhaltspflichten, die bei anderen Lebensformen nicht gesetzlich normiert sind.

Kirchhof und seine Mitstreiter bekennen sich zu einer direkten Progression bei Einkommen zwischen 8180 und 35 790 Euro für Alleinstehende. Weil das Existenzminimum in Höhe von 8180 Euro von der Bemessungsgrundlage abgezogen wird, erstreckt sich im Karlsruher Entwurf die direkt-progressive Wirkung der Steuer auf den Einkommensbereich von null Euro bis 27 610 Euro (35 790 minus 8180 Euro). Der Eingangssteuersatz beträgt 15 Prozent, der Spitzensteuersatz 35 Prozent. Es wird keine Ausnahmetatbestände mehr geben, mit denen die steuerliche Bemessungsgrundlage weiter verkürzt wird. Die Entfernungspauschale für die Fahrt zur Arbeit, die Steuerfreiheit für Zuschläge auf Schicht-, Sonn- und Feiertagsarbeit oder der Versorgungsfreibetrag für Beamtenpensionäre werden abgeschafft, um nur einige fiskalisch ins Gewicht fallende Positionen zu nennen. Deshalb wird vergleichbar hohes Einkommen bei allen Steuerpflichtigen auch gleich hoch besteuert werden. Alle Einkunftsarten werden gleich behandelt. Auch Kapitaleinkünfte werden sich dem Fiskus offenbaren, weil die Karlsruher Autoren für Kontrollmitteilungen der Banken über die Zinseinkünfte ihrer Kunden plädieren.

Dass heute Kapitaleinkünfte in großem Stil unversteuert bleiben, ist bekannt. Nach der schon eingeführten Einkommensteuerstatistik 1995 wurden unter Berücksichtigung des Sparerfreibetrags und des Werbungskostenpauschalbetrags Einnahmen in Höhe von rund 22,5 Milliarden Euro erzielt. Die Daten der Deutschen Bundesbank weisen für den gleichen Zeitraum ein Geldvermögen der privaten Haushalte in Höhe von 2,38 Billionen Euro aus. Bei einer mit 4 Prozent unterstellten Verzinsung wären damit rund 95 Milliarden Euro Kapitalerträge entstanden. Im Vergleich zur deklarierten Summe zeigt sich hier ein ganz erhebliches Besteuerungsdefizit, das man im Sinne von Steuergerechtigkeit und Gleichbehandlung aller Einkunftsarten beheben sollte.

Ich bin überzeugt, dass ein Steuerrecht von der Güte des Karlsruher Entwurfs so viel soziale Akzeptanz finden könnte, dass eine konsequente Besteuerung der Zinserträge keine Kapitalflucht auslösen würde. Dass im Rahmen des heute geltenden Steuerrechts mit seinen hohen Grenzsteuersätzen die Einführung einer Abgeltungssteuer von 25 Prozent auf Kapitalerträge ein pragmatischer Schritt zu mehr Steueraufkommen darstellt, will ich nicht bestreiten. Trotzdem würde ich jederzeit das Gesamtkonzept des Karlsruher Entwurfs vorziehen, auch wenn dadurch hohe Kapitaleinkünfte stärker besteuert würden als mit der neuen Abgeltungssteuer.

Ein Steuerrecht, das auf der Arbeit der Autorengruppe um Professor Kirchhof basiert, könnte bei den Steuerpflichtigen und bei den steuerberatenden Berufen wieder Vertrauen in den Fiskus schaffen. Dieses Vertrauen ist in Jahrzehnten steuerpolitischer Willkürakte des Gesetzgebers verloren gegangen. Flankiert von Reformen des Arbeitsmarktes und der sozialen Sicherungssysteme würde in unserem Land eine neue Aufbruchstimmung gefördert werden. Millionen leistungsbereiter Mitbürger würden sich neue Ziele setzen, weil sich Investitionen in unsere Volkswirtschaft wieder lohnen würden.

Zwei wichtige Punkte im Konzept der Karlsruher Autorengruppe will ich nicht unterschlagen. Der erste Punkt betrifft das konsequente Eintreten für die nachgelagerte Besteuerung der Renten. Leistungen zur Zukunftssicherung dürfen von den Erwerbseinnahmen abgezogen werden, wenn sie einen Anspruch gegen einen privaten inländischen oder einen gesetzlichen Versorgungsträger begründen und frühestens ab dem 60. Lebensjahr gewährt werden. Das gilt auch für die Invaliditätsvorsorge, für die Absicherung gegen Arbeitslosigkeit und die Versorgung des Ehepartners und der unterhaltsberechtigten Kinder. Diese Ansprüche dürfen nicht vererbt werden, sie sind nicht übertragbar und nicht kapitalisierbar. Hier haben wir eine klare Unterscheidung zur heutigen Vermögensbildung in klassischen Kapitallebensversicherungen, deren Erträge nach einer Mindestanlagedauer von zwölf Jahren steuerfrei sind, auch wenn sie nicht der eigenen Alterversorgung dienen. Höchstbeträge für die Zukunftsvorsorge sehen die Karlsruher Autoren zu Recht nicht vor, weil sie eine Kapitalbildung über den Tod hinaus ausschließen würden.

Hier ist ein kleiner Hinweis auf den Zusammenhang von demografischer Entwicklung und dem Aufkommen aus direkten

Steuern angebracht. Deutschland ist das Land, das von allen Industriestaaten durch den säkularen Geburtenrückgang seit den Sechzigerjahren (»Pillenknick«) mit am stärksten von der Alterung seiner Bevölkerung betroffen ist. Den Höhepunkt dieses gesellschaftlichen Alterungsprozesses wird Deutschland um das Jahr 2040 erreichen. Würde die heutige Besteuerungspraxis auch auf lange Sicht gelten, dann wären die wachsenden Rentnerkohorten faktisch von der Einkommensteuer freigestellt, weil die Renten heute ja nur mit ihrem Ertragsanteil besteuert werden und dadurch die meisten Rentnerhaushalte mit ihrem zu versteuernden Einkommen nicht über den steuerfreien Grundfreibetrag hinaus Einkommen erzielen. Die direkten Steuern wären dann von den schwächer werdenden jüngeren Generationen allein aufzubringen. Die Steuereinnahmen würden also im Trend sinken. Um die direkte Einkommensbesteuerung über den Lebenszyklus gleichmäßig zu verteilen, ist eine nachgelagerte Besteuerung der Altersvorsorge zwingend notwendig.

Der zweite Punkt betrifft das Leben mit Kindern. Bei dem vorgeschlagenen Existenzminimum von 8180 Euro für jedes Kind würde bei einem Spitzensteuersatz von 35 Prozent ein entsprechender Kinderfreibetrag zu einer monatlichen Entlastung von etwa 240 Euro führen (8180 Euro mal 35 Prozent geteilt durch 12).

Aus diesem Grund plädiert der Karlsruher Entwurf für ein einheitliches Kindergeld von 240 Euro. Damit wäre die Deckung des Kindesbedarfs sichergestellt. Weitere Aufwendungen sind nicht abzugsfähig. Nur für behinderte Kinder ist ein höheres Kindergeld von 300 Euro pro Monat vorgesehen.

Gerade als Finanz- und Haushaltspolitiker bin ich von diesem Entwurf begeistert. Diese Steuerkonzeption ist ohne Rücksicht auf die jahrzehntelange Klientelpolitik einfach und systematisch sauber durchdacht. Natürlich birgt sie angesichts der massiven Veränderungen gegenüber dem Status quo große Unwägbarkeiten in Bezug auf die staatlichen Einnahmen. Allein die Tarifentlastung würde nach dem Stand von vor zwei Jahren zu Einnahmeausfällen von rund 43 Milliarden Euro führen. Selbst die Streichung aller verbliebenen Ausnahmetatbestände würde nur zusätzliche Einnahmen in Höhe von etwa 25 Milliarden Euro bewirken und damit knapp die Hälfte der Ausfälle kompensieren. Wichtig ist in diesem Zusammenhang die Mahnung an die Rot-Grünen Finanzpolitiker in Berlin: Wer allein Steuervergünstigungen abbaut und Tarifverlauf und Tarifhöhe unangetastet lässt, sorgt immer nur für Steuererhöhungen, statt diese Einnahmeverbesserungen für strukturelle Tarifreformen zu verwenden. Diese steuer- und wirtschaftspolitisch falsche, rein fiskalische Betrachtung steckt hinter dem »Steuervergünstigungsabbaugesetz«, das im Bundestag im Februar verabschiedet wurde, im Bundesrat jedoch scheiterte. Bei Abschluss dieses Buchs hing das Gesetz im Vermittlungsausschuss – mit ungewissem Ausgang.

Auch das im Karlsruher Entwurf vorgeschlagene, deutlich höhere Kindergeld, bei gleichzeitigem Wegfall aller bisherigen kinderbezogenen Tatbestände im Steuerrecht, würde zusätzliche Ausgaben in Höhe von 21 Milliarden Euro verursachen. Der Vollabzug von Zukunftssicherungsleistungen schlüge mit etwa 8,5 Milliarden Euro zu Buche. Alle diese Zahlen würden den Haushaltspolitiker, der rein fiskalisch und statisch denkt, zu einem strikten Nein zu diesen revolutionären Veränderungen provozieren. Bei einer dynamischen Betrachtungsweise erwarte ich jedoch von der Vertrauensbildung einer so weit gehenden Reform einen Wachstumsschub für unsere Volkswirtschaft. Außerdem stecken in der konsequenten Besteuerung von Kapitalerträgen auch noch deutliche Reserven, die dem Fiskus gut tun und gleichzeitig zu einer gleichmäßigen und damit gerechten Besteuerung führen, ohne Rücksicht darauf, ob das Einkommen durch Arbeit oder durch Kapital erzielt wird.

Wo ein Wille ist, ist auch ein Weg. Ich plädiere für eine stufenweise Einführung dieses Einkommensteuermodells. Käme es auf der politischen Bühne zu einem Konsens der wichtigsten Parteien in dieser Frage, dann ließe sich der organisierte Aufstand der bisherigen Profiteure unserer Steuersubventionen neutralisieren. Gleichzeitig wäre auch der Panikmache wegen behaupteter massiver staatlicher Einnahmeverluste der politische Resonanzraum entzogen, wenn es zu einer großen steuerpolitischen Koalition der Vernunft käme.

Teil III
Der öffentliche Haushalt in der Verschuldungsfalle

36
Der Zinseszins-Effekt

Stellen Sie sich vor, Sie hätten 1965 ein schönes Einfamilienhaus in Deutschland gebaut. Die kompletten Baukosten von 100 000 Euro hätte Ihnen eine Bank finanziert, weil Sie für diese Investition überhaupt kein Eigenkapital hatten. 2001 hätten Sie dann, inzwischen längst im Großelternalter, Bilanz gezogen und bestürzt feststellen müssen, dass Ihnen das Haus überhaupt nicht gehört, obwohl Sie in den vergangenen 37 Jahren die Summe von 1 265 000 Euro Zinsen (in Worten: eine Million und zweihundertfünfundsechzigtausend Euro) bezahlt hätten – bei einem durchschnittlichen Zinssatz von 7,1 Prozent. Weil Sie immer wieder neue Schulden aufgenommen hätten, um die fällig werdenden alten Kredite abzulösen, hätten Sie keinen einzigen Euro getilgt. Sie hätten nicht nur kein Eigentum erworben, sondern immer höhere Anteile Ihres Jahreseinkommens für Zinsen ausgeben müssen.

Es ist freilich unwahrscheinlich, dass eine Privatperson – im Gegensatz zum Staat – einen Geldgeber finden könnte, der ihr eine Investition zu 100 Prozent fremdfinanzieren würde, noch dazu bei 37 tilgungsfreien Jahren. Das Beispiel soll nur deutlich machen, was sich im öffentlichen Gesamthaushalt seit 1965 abgespielt hat. Bund, Länder und Gemeinden verschuldeten sich 1965 mit 4 Milliarden Euro, bei einem staatlichen Gesamtschuldenstand von 43,2 Milliarden Euro und Zinsausgaben von 1,8 Milliarden Euro. Gerade mal 3,3 Prozent der damaligen Steuereinnahmen mussten für die Bezahlung der Zinsen verwendet werden. Beim Zeitsprung in die jüngste Vergangenheit wird die Dramatik der katastrophalen Verschuldung deutlich, an die sich Gesellschaft und Politik längst gewöhnt haben. 2001 betrug die Neuverschuldung des öffentlichen Gesamthaushalts 57,5 Milliarden Euro, bei einem Schuldenstand von 1,23 Billionen Euro. Die Zinsausgaben verschlangen bereits 66,5 Milliarden Euro. Allein für die Zinsen mussten 14,8 Prozent aller Steuereinnahmen des Staates aufgewendet werden.

Dieter Meyer, pensionierter Ministerialrat der niedersächsischen Landesfinanzverwaltung, hat akribisch aufgezeigt, dass die Haushaltsgesetzgeber zwischen 1965 und 2001 insgesamt 930,2 Milliarden Euro an Nettokreditaufnahmen (Neuverschuldung) genehmigt haben und in diesem Zeitraum 1057,1 Milliarden Euro Zinsen bezahlen mussten. (Weitere Informationen finden Sie im Internet unter der Adresse: www.staatsverschuldung-online.de)

Natürlich verlief die Entwicklung nicht gleichmäßig. Vor allem in den ersten zehn Jahren des Betrachtungszeitraums konnten mit Hilfe der Neuverschuldung Investitionen und andere Leistungen des Staates bezahlt werden, weil die jährlichen Zinsausgaben deutlich unter der jeweiligen Nettokreditaufnahme lagen. In zwei Phasen unterschiedlicher Regierungskonstellationen hatte die Verschuldung aber Hochkonjunktur. Zwischen 1975 und 1982, die FDP regierte mit den Sozialdemokraten, und nach der deutschen Wiedervereinigung zwischen 1990 und 1993, die FDP koalierte längst mit der Union, explodierte die Staatsverschuldung förmlich. Damit war die Basis für eine Entwicklung gelegt, die zwar Schulden über Schulden auftürmte, aber unter dem Strich keinen Vermögenszuwachs mehr schuf, weil mit den neuen Krediten nur wieder ein Teil der Zinsen bezahlt werden konnte.

Alle kleinen Konsolidierungserfolge, vor allem in den Jahren 1984 bis 1989, aber auch alle offenen und heimlichen (kalte Progression) Steuererhöhungen wurden von einem Virus aufgefressen, der sich Zinseszins-Effekt nennt. Der Bankier Rothschild schwärmte von diesem mathematischen Prinzip: »Ich kenne nicht alle sieben Weltwunder. Aber ich kenne das achte: den Zinseszins-Effekt!« Und Albert Einstein stimmte emphatisch zu: »Der Zinseszins-Effekt ist die größte Entdeckung der Mathematik.« Dieses exponentielle Zinseszins-Wachstum lässt sich bereits in der hier beschriebenen, vergleichsweise kurzen Phase (37 Jahre) der gesamtstaatlichen Verschuldungsentwicklung ablesen. Während sich der absolute Schuldenstand um das 28-Fache steigerte, nahmen die jährlichen Zinszahlungen um das 37-Fache zu.

Aber Sie erinnern sich bestimmt noch an das sagenhafte Beispiel aus dem Mathematikunterricht, das die wundersame Geldvermehrung einer kleinen Münze – nennen wir sie Euro – im Laufe der Jahre durch den Zinseszins-Effekt belegt. Im Durchschnitt der vergangenen 37 Jahre bezahlte der öffentliche Schuldner Staat für jeden Euro 7,1 Prozent Zinsen. Nehmen wir genau diesen Zinssatz für das 1-Euro-Beispiel und schlagen Jahr für Jahr die Zinsen dem Ursprungskapital immer wieder zu, dann werden nach 50 Jahren 31 Euro daraus, nach 100 Jahren 953 Euro, nach 200 Jahren 907 599 Euro und nach 500 Jahren die unvorstellbare Summe von 784,7 Billionen Euro. Der Schub der exponentiellen Wachstumsfunktion entfal-

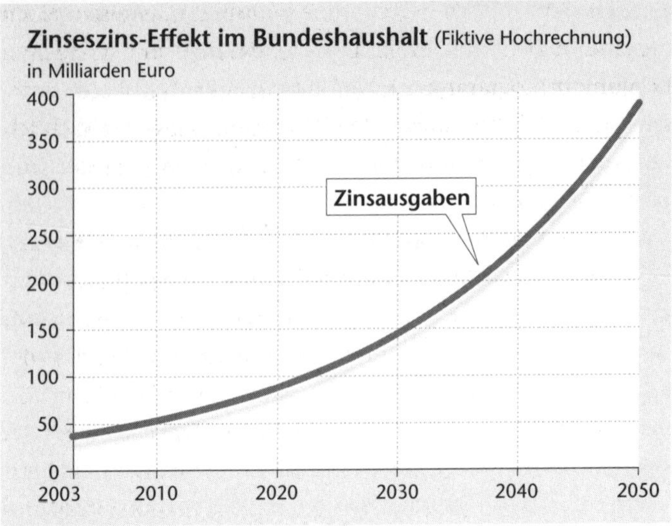

Ende 2002 betrug der Schuldenstand des Bundes 778,6 Milliarden Euro. Wenn wir fiktiv annehmen, dass künftig die jährlichen Zinsausgaben mit neuen Krediten bezahlt werden und die Verzinsung immer 5 Prozent beträgt, lässt sich die unglaubliche Dynamik des Zinseszins-Effekts in dieser exponentiellen Wachstumskurve darstellen.

tet sich mit den Jahren immer gewaltiger. Die Dynamik ist umso stärker, je höher der Zinssatz liegt. Bereits im März 1997, Theo Waigel amtierte noch als Bundesfinanzminister in Bonn, schrieb die Deutsche Bundesbank in ihrem Monatsbericht über den Teufelskreis eines kreditfinanzierten Schuldendienstes (Zins und Tilgung), der immer neue Defizite gebiert: »Damit nährt sich die Verschuldung aus sich selbst heraus.«

In dieser Schuldenfalle stecken wir heute. Doch die tagespolitische Debatte wird angesichts der konjunkturellen Stagnation so geführt, als ob mit neuen Schulden finanzierte staatliche Investitionsprogramme ein Heilmittel wären. All jene Makroökonomen, die vor dem Kaputtsparen warnen, möchte ich auf eine harte, aber unangenehme Wahrheit hinweisen: Noch nie sind in Deutschland die Defizite, die man mit staatlichen Konjunkturprogrammen in die öffentlichen Haushalte gerissen hat, in den anschließenden Wachstumsphasen tatsächlich wieder gedeckt worden. Die Schulden wurden gemacht und nie wieder getilgt.

Diese Theorie des großen Ökonomen John Maynard Keynes, dem Papst der Globalsteuerung, auf den sich die politische Linke so gern bezieht, hat in der Realität in keiner Volkswirtschaft dieser Welt jemals funktioniert. Die Deutschen haben das »deficit spending« stets so verstanden, dass man immer Schulden macht, und nicht nur in der Rezession. Die Japaner bieten das abschreckendste Beispiel: Sie machen seit mehr als einem Jahrzehnt nur noch »Defizit-Finanzierung« mit riesigen Staatsprogrammen und einem Zinssatz, der praktisch bei null Prozent liegt. Das Ergebnis ist eine mehr als doppelt so hohe Staatsverschuldung wie in Deutschland und eine deutlich schlechtere Konjunktur. Verschuldung muss gesellschaftlich geächtet werden, weil sie im Ergebnis immer höhere Zinsausgaben nach sich zieht, die durch höhere Steuern von den Bürgern bezahlt werden müssen. Wir haben heute schon massiv unter den Lasten zu leiden, die uns mit der Verschuldung der vergangenen vier Jahrzehnte aufgebürdet worden sind. Deshalb sind wir aus dieser Erfahrung heraus verpflichtet, die nächste Generation vor dem organisierten Staatsbankrott zu bewahren.

Wir müssen anfangen, nachhaltig zu wirtschaften – auch und gerade mit den Staatsfinanzen. Was in der Forstwirtschaft seit Jahrhunderten gilt, eingeschlagen wird nur so viel Holz, wie nachwächst, das muss auch bei der Finanzierung des Staatsbudgets gelten. Nur was langfristig an Belastung finanziert werden kann, darf noch finanziert werden. Weniger ist mehr!

37
Implizite und explizite Staatsverschuldung

Die demografische Entwicklung wird die Finanzierungslasten unserer sozialen Sicherungssysteme, aber auch die öffentlichen Haushalte massiv belasten. In den Kapiteln zur Renten- und Pensionsproblematik, aber auch in den Abschnitten zur Kranken- und Pflegeversicherung habe ich die Verschiebung der Lasten in die Zukunft dargestellt. Die tatsächliche Gefahr für unseren künftigen Wohlstand, ja unseren Sozialstaat, wird deshalb völlig unterschätzt, wenn wir uns nur mit der expliziten Verschuldung des Staatsbudgets beschäftigen. Mit 1300 Milliarden Euro, diese Summe wird etwa gegen Ende dieses Jahres im öffentlichen Gesamthaushalt erreicht sein, ist diese explizite Staatsverschuldung wahrhaftig schon eine unvorstellbar große Erblast aus der Vergangenheit. Sie beträgt heute etwa 60 Prozent der kompletten Jahresleistung unserer Volkswirtschaft, des Bruttoinlandsprodukts (BIP).

Im Gegensatz zu diesen Schulden gibt es bisher keinen Ausweis und vor allem wenig Bewusstsein über die Bedeutung der impliziten Staatsverschuldung. Dieser Fachbegriff beschreibt die Ansprüche der älteren gegenüber der jüngeren Generation, die sich aus der ganz überwiegenden Umlagefinanzierung der sozialen Sicherungssysteme ergeben. Die wichtigste Rolle spielen dabei die Rentenansprüche der heutigen und künftigen Rentner, die durch die junge Generation vorwiegend über Beiträge gedeckt werden müssen. Diese Ansprüche sind ebenfalls Schulden!

Bereits seit Jahren übersteigt die implizite Verschuldung die explizite deutlich. Im Jahr 2000 lag die implizite Staatsschuld bei 144,8 Prozent des BIP oder rund 3000 Milliarden Euro. 2001 betrug dieser Wert nach vorläufigen Berechnungen von Professor Raffelhüschen bereits 167,2 Prozent des BIP oder rund 3500 Milliarden Euro. Deshalb beläuft sich die ehrliche Staatsschuld, die beide Verschuldungskennziffern zusammenrechnet, heute schon auf das mehr als Doppelte der jährlichen Wirtschaftsleistung unseres Landes.

Die Ausgaben der Rentenversicherung werden nur noch zu etwa zwei Dritteln durch Beiträge aufgebracht. Ein Drittel oder rund 80 Milliarden Euro im Jahr stammen bereits aus dem Bundeshaushalt. Ohne strukturelle Reformen in der gesetzlichen Rentenversicherung, die deren Ausgaben spürbar und langfristig senken, werden die immer höheren Zuschüsse aus dem Etat auch die explizite Staatsverschuldung weiter erhöhen müssen. Die gesamte staatliche Infrastruktur, von den Bildungseinrichtungen bis zu den Verkehrswegen, wird infolge der langfristig geringeren Bevölkerungszahl von weniger Menschen bezahlt werden müssen. Denn die sinkende Einwohnerzahl bedeutet ja nicht, dass ein erheblicher Teil der Infrastruktur überflüssig wird, sondern nur, dass die Kosten auf weniger Steuerzahler verteilt werden. Auch das ist ein Sprengsatz für die Kostenentwicklung vor allem bei der expliziten Staatsverschuldung.

Steuern und Beiträge sind die Hauptfinanzierungsinstrumente des Staates und der sozialen Sicherungssysteme. Steigende Verschuldung bedeutet deshalb automatisch steigende Steuern. Die demografische Entwicklung garantiert automatisch steigende Beiträge, wenn die Ausgaben nicht begrenzt werden. Doch immer mehr Menschen werden vor steigenden Steuern und Abgaben fliehen wollen: entweder in die Schattenwirtschaft oder in die Leistungsverweigerung. Das Endergebnis führt in einen Teufelskreis, der das Steuer- und Abgabenaufkommen noch weiter reduziert, die implizite und explizite Verschuldung noch weiter in die Höhe treibt und deshalb wieder höhere Steuern und Beiträge erzwingt.

Den Politikern erscheint die Lastenverschiebung in die Zukunft auch heute noch als der bequemste Weg. Wir Wähler haben den Politikern in der Vergangenheit ja oft genug bewiesen, dass die »Mehrheit« die Überbringer der guten Botschaften wählt. Rentner und Beamte wettern gegen Leistungseinschnitte, und rentennahe Jahrgänge sind strikt gegen die Verlängerung der Lebensarbeitszeit. Selbstbeteiligungen in der Krankenversicherung sind unpopulär, Leistungsbeschränkungen will kaum jemand akzeptieren. Und die Pflegeversicherung soll doch wenigstens das Erbe sichern helfen.

Ich habe zwar in den vergangenen zwei Jahren den Eindruck gewonnen, dass sich in der Wählerschaft eine diffuse Bereitschaft zur Veränderung breit macht. Aber die meisten Politiker zweifeln, ob die Wähler wirklich »Blut, Schweiß und Tränen« akzeptieren werden.

Eine Erkenntnis ist wahrlich niederschmetternd, doch vor der Realität darf niemand die Augen verschließen. Harte Reformen in den sozialen Sicherungssystemen wirken erst auf lange Sicht entlastend für den Staatshaushalt. Die riesigen Defizite lassen sich nicht kurzfristig abbauen. Für Steuer- und Abgabensenkungen gibt es, wenn man ehrlich ist, so gut wie keinen Spielraum, weil die bisher nicht finanzierten Lasten der Vergangenheit bezahlt werden müssen. Deshalb ist es ein Gebot der politischen Vernunft, die implizite Staatsverschuldung viel stärker ins Blickfeld der Öffentlichkeit zu rücken und diese Lasten auch im Staatsbudget sichtbar zu machen.

Die implizite Staatsverschuldung reagiert schneller auf entlastende Reformen auf der Ausgabenseite als die explizite Verschuldung. Nur was sich aktenkundig und anschaulich belegen lässt, spielt in der heutigen kurzfristigen Orientierung der Politik eine Rolle. Auf Grund der anstehenden Herkulesaufgaben brauchen wir aber objektive Parameter, mit denen wir auch langfristige Generationenbilanzen zu Wahlkampfthemen zuspitzen können. Ohne ein neues Instrumentarium, das die Nachhaltigkeit von strukturellen Reformen glaubwürdig belegt, werden die meisten Politiker opportunistisch bleiben und sich von Legislaturperiode zu Legislaturperiode hangeln.

38
Die Verschuldung als Generationenproblem

Der Begriff »Generationengerechtigkeit« ist inzwischen so in Mode gekommen, dass er auch dann benutzt wird, wenn mit den Ergebnissen der so apostrophierten Politik eher das Gegenteil bewirkt wird. Der Beitragssatzanstieg und die Erhöhung der Beitragsbemessungsgrenze im Januar dieses Jahres sind zwei Beispiele, wie man steigende Ausgaben in der Rentenversicherung allein auf die Beitragszahler abwälzt, statt die Leistungsbezieher auch mit in die Verantwortung für die Finanzierung zu nehmen. Das Handlungsprinzip der Gerechtigkeit besagt aber nichts anderes, als Gleiches gleich zu behandeln. So verstanden bedeutet Generationengerechtigkeit nichts anderes als die Gleichbehandlung der Generationen. Weder die Generation der Beitragszahler noch die Generation der Rentner dürfen bevorzugt oder benachteiligt werden. Auch im zeitlichen Verlauf ist auf eine generationengerechte Ausgewogenheit zu achten.

Doch genau das ist nicht mehr der Fall. Mit immer höheren Steuern bezahlen vor allem die Arbeitseinkommen die Zinsen für die verbriefte, die explizite Staatsschuld, die wir als Erblast der Vergangenheit und Gegenwart tragen werden müssen. Die Erwerbstätigen, ob Arbeitnehmer oder Selbständige, bedienen über steigende Beiträge und indirekt über steigende Zuschüsse aus dem öffentlichen Haushalt, die wieder durch Steuern und weitere Verschuldung finanziert werden, auch die Ansprüche der älteren Generation, die sie gegenüber der Renten-, Kranken- und Pflegeversicherung erworben hat. Ein Maßstab für die Leistungsfähigkeit der gesetzlichen Rente ist die Bestimmung ihrer Rendite, die aus dem Verhältnis von Beitragszahlungen und späteren Rentenleistungen berechnet wird. Selbst die Cheflobbyisten der Rentenversicherung, der Verband Deutscher Rentenversicherungsträger (VDR) und die Bundesversicherungsanstalt für Angestellte (BfA), räumen längst ein, dass die Renditen des umlagefinanzierten Rentensystems in den nächsten Jahrzehnten deutlich sinken.

Doch sie sind viel zu optimistisch, wie Meinhard Miegel vom Institut für Wirtschaft und Gesellschaft in Bonn oder das Deutsche Institut für Altersvorsorge in Frankfurt längst belegt haben. Wer nach 45 Beitragsjahren im Jahr 1995 in Rente ging, erhält in seiner rechnerischen Rentenbezugszeit etwa das 1,7-Fache der Summe, die er an Beiträgen in das System einbezahlt hat. Das entspricht einer Rendite von real 3 Prozent. Wer 2015 Ruheständler wird, kommt noch auf eine Rendite von 1 Prozent. Die Jahrgänge ab 1970, die nach 2030 aus dem Arbeitsleben ausscheiden, haben keine Rendite mehr zu erwarten. Wer das Pech hat, noch jünger zu sein und deshalb noch später Rentner zu werden, wird negative Renditen erzielen, weil weniger Geld als Rente zurückfließt, als in der Arbeitsphase Beiträge bezahlt wurden. Eine negative Rendite bedeutet einen realen Vermögensverlust für alle, die heute jünger als 30 Jahre alt sind. Für sie stellen die Pflichtbeiträge in die Rentenversicherung enteignungsgleiche Eingriffe dar, nur weil die Politik sich nicht traut, die heutigen Rentner durch Ausgabenkürzungen mit in die Finanzierungsverantwortung zu nehmen und die rentennäheren Jahrgänge auf einen späteren Rentenbeginn vorzubereiten.

Die Schieflage zwischen den Generationen ist bei Gesundheit und Pflege ähnlich dramatisch. Die älteren Jahrgänge stellen einen immer höheren Anteil an der Gesamtbevölkerung, doch gerade sie verursachen naturgemäß die höchsten Kosten und bezahlen gleichzeitig als Rentner geringere Beiträge in die Kranken- und Pflegeversicherung ein. Auch die Steuerbelastung schont im geltenden Einkommensteuerrecht die Rentnergeneration. Von der Rente wird nur der sehr niedrig gerechnete Ertragsanteil (bei Altersrenten 27 Prozent) besteuert. Millionen Rentner bezahlen keine direkten Steuern mehr, weil dieser Ertragsanteil bei den meisten gesetzlich Rentenversicherten unter dem steuerfreien Grundfreibetrag von jährlich 7235 Euro für Alleinstehende und 14 470 Euro für Verheiratete liegt.

Das kameralistische öffentliche Rechnungswesen erfasst nur die Einnahmen und Ausgaben im jeweiligen Jahr. Der Vermögensverzehr wird nicht dargestellt und eine Zukunftsvorsorge in Form von Pensionsrückstellungen für die Beamtenversorgung wird nicht gebildet. Dieses Rechnungswesen ist folglich gar nicht in der Lage, künftige Belastungen der öffentlichen Budgets auch nur objektiv auszuweisen. Vor allem die mittelfristige Finanzplanung, die nur die drei auf das jeweilige Haushaltsjahr folgenden Budgets prognostiziert, ist ein völlig unzu-

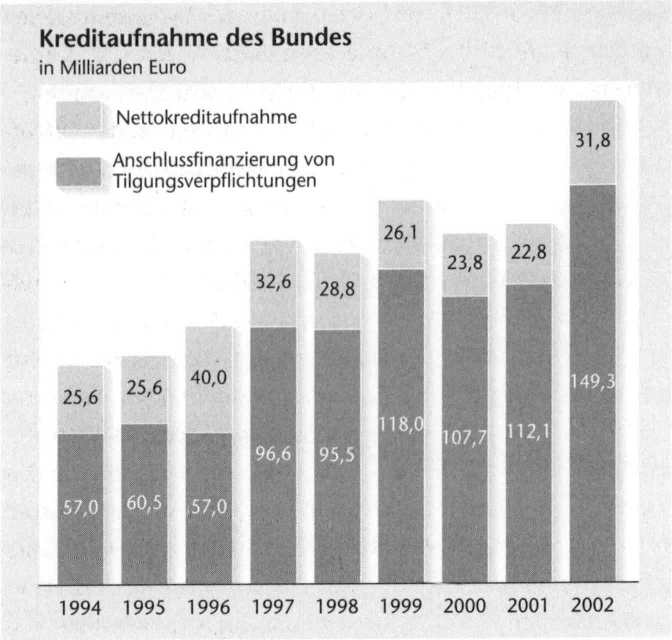

Diese Tabelle zeigt die gesamte Bruttokreditaufnahme des Bundes pro Jahr. Weil nie getilgt wird, müssen auslaufende Kredite durch neue Kredite ersetzt werden. Deshalb sagt die Nettokreditaufnahme leider nicht die ganze Wahrheit. Das Zinsänderungsrisiko ist gewaltig: 1 Prozent Zinserhöhung bedeutet derzeit rund 1,8 Milliarden Euro mehr Zinsausgaben pro Jahr.

längliches Instrument, um die Lastenexplosion der künftigen Bundeszuschüsse an die Rentenversicherung abzubilden.

Selbst die Ausweisung der Verschuldung verstößt im Prinzip gegen einen originären und elementaren Haushaltsgrundsatz: gegen das Bruttoprinzip, das zur getrennten Veranschlagung von Einnahmen und Ausgaben in jeweils voller Höhe verpflichtet. Die Vorabsaldierung von Ausgaben und Einnahmen und die Nettoveranschlagung sind eigentlich nicht zulässig. Doch für die Etatisierung der Nettokreditaufnahme, die ausweislich ihrer Bezeichnung einen Saldo aus Tilgungsausgaben und der gesamten Krediteinnahmen darstellt, hat sich der Gesetzgeber seit 1969 haushaltsrechtliche Ausnahmen erlaubt.

Im Lauf der Jahrzehnte ging das Bewusstsein in der Öffentlichkeit dafür verloren, dass die Nettokreditaufnahme eine geschönte Bilanz ist. In dieser Rechnung wird nämlich unterschlagen, dass wir längst Kredite vor allem zum Zweck des Zinsenbezahlens aufnehmen und die jährliche Bruttokreditaufnahme seit Jahren im Durchschnitt etwa dreimal höher ist als die Neuverschuldung. Systematisch hat diese Intransparenz die Nettokreditaufnahme zum alles bestimmenden Parameter für haushaltspolitische Solidität gemacht. Sinkende Nettokreditaufnahmen werden als Riesenerfolge gefeiert, als ob wir nicht wüssten, dass vom alten Schuldenberg nichts abgetragen wird, weil wir gesamtstaatlich noch nie Tilgungen vorgenommen haben. Nur ein Stopp der Neuverschuldung und Haushaltsüberschüsse, die für die Rückzahlung von Schulden verwendet werden, können den tödlichen Zinseszins-Virus erfolgreich bekämpfen.

39
Unverhoffte Mehreinnahmen zur Tilgung von Schulden (UMTS)

Spätestens ab dem Haushaltsjahr 2000 müsste die Politik diesen Zusammenhang begriffen haben. Damals wurden durch die hyperteuren Versteigerungserlöse der UMTS-Funkfrequenzen 50,8 Milliarden Euro in die Bundeskasse gespült. Zu einem Zeitpunkt, als das Ausmaß dieses wahnsinnigen »Geschäfts« überhaupt noch nicht absehbar war, im Februar 2000, kämpfte ich als Grüner Haushaltssprecher öffentlich dafür, dass die erwarteten Sondereinnahmen ausschließlich zur Schuldentilgung verwendet werden. Gleichzeitig machte ich in Interviews deutlich, dass diese sündhaft teuren Lizenzgebühren die Wirkung einer Sondersteuer auf die Mobilfunknutzung darstellen, weil zuletzt die Kunden den Preis bezahlen müssten. Welche Folgen das Abenteuer UMTS-Versteigerung für die Bonität der Telekommunikationskonzerne schließlich hatte, müssen die Unternehmen und ihre Aktionäre (auch der Bund) bis heute leidvoll erfahren: Die Verschuldung der Konzerne wuchs astronomisch und riss die Börsenkurse in die Tiefe.

Der endgültige Ausgang ist ungewiss, weil die neue UMTS-Technik ihren Markterfolg ab Herbst 2003 erst noch beweisen muss. Verschwiegen werden darf natürlich auch nicht, dass der Nettoerlös für die öffentlichen Haushalte um etwa ein Drittel niedriger liegt als der eigentliche Versteigerungserlös. Denn der Wertberichtigungsbedarf bei den Telekommunikationsunternehmen schmälert seit zwei Jahren massiv deren steuerpflichtigen Gewinne und damit die Einnahmebasis der öffentlichen Hand.

Hans Eichel und seine Haushaltsabteilung im Bundesfinanzministerium vertraten die Position energisch, diese Einkünfte für die Tilgung von Staatsschulden zu verwenden. Doch hinter den Kulissen, aber auch öffentlich, weckten diese »Unverhofften Mehreinnahmen zur Tilgung von Schulden« (Bonmot aus dem Finanzministerium) viele Begehrlichkeiten nach neuen Ausgaben. Im Sommer 2000, nach der schon erlösstarken Versteigerung in Großbritannien, wuchsen in Deutschland die Hoffnungen auf Einnahmen in immer fantastischere Größenordnungen. Sogleich wuchsen auch die Begehrlichkeiten im Regierungslager und in der Opposition. Mal sollten die Länder vom Kuchen ein Stück abbekommen, mal wurde ein ökologisches oder soziales Modernisierungsprogramm angedacht. Hinter allem stand immer der politische Gedanke, dass man dieses Geschenk nicht einfach zur Schuldentilgung verwenden könne: Das hat keinen Charme und strahlt keine Gestaltungskraft aus.

In der Schlussphase dieses internen Ringens inszenierte ich eine öffentliche Auseinandersetzung über die Verwendung der durch die Schuldentilgung erwarteten Zinsersparnisse. Die Haushaltspolitiker der SPD hatten sich Anfang September 2000 in Dachau versammelt, und wir Grünen Haushälter stießen etwas später dazu. Im Vorfeld hatte ich ein Papier veröffentlicht, in dem ich dafür warb, die eingesparten Zinsen aus der UMTS-Sondertilgung zum weiteren Abbau der im Haushaltsentwurf 2001 geplanten Nettokreditaufnahme zu verwenden. Meine Grünen Kollegen waren pikiert, weil die Zinsersparnisse ja in so sinnvolle Projekte wie ein großes Bahn-Investitionsprogramm fließen sollten. Die SPD-Kollegen waren sauer, weil sie eigentlich eher mit einer Erhöhung als mit einer Senkung der Neuverschuldung liebäugelten. Ich stellte mich der internen Kritik mit einem Beispiel aus der Praxis: Ich habe ein Haus mehr schlecht als recht finanziert, und die monatlichen Raten belasten mich bis zum Anschlag. Nach einer unverhofften Erbschaft kann ich eine Sondertilgung leisten. Ist es in dieser Lage vernünftig, den neu gewonnenen monatlichen Spielraum durch die Zinsersparnisse sofort wieder in die Leasingraten für ein neues Auto zu stecken? Mitnichten, denn die ersparten Zinsen sind der eigentliche Gewinn einer Sondertilgung! So lange der Bund jedoch neue Schulden macht, sind neue Ausgaben schierer Selbstbetrug, weil sie im Ergebnis den Konsolidierungserfolg durch die ersparten Zinsen aufzehren.

Der politische Prozess funktionierte dann so, wie ich es im ersten Teil des Buches beschrieben habe. Die mediale Inszenierung eines kleinen öffentlichen Streits in der Koalition über die Neuverschuldung hatte drei Auswirkungen: Wir Grünen wurden in der Öffentlichkeit als die solideren Konsolidierer wahrgenommen, die SPD hielt plötzlich eisern an der vom Bundesfinanzminister geplanten Neuverschuldung fest, und die Debatte über eine andere Verwendung der UMTS-Erlöse als zur Schuldentilgung war schlagartig beendet. Als der Haushalt des Jahres 2001 schließlich im Parlament unter Dach und Fach war, bekam ich auch noch bei der Nettokreditaufnahme Recht. Sie wurde vom Haushaltsausschuss um rund 1 Milliarde Euro gegenüber dem Regierungsentwurf gesenkt.

Wenn ich heute auf den immer wieder gelobten »Konsolidierungserfolg« der ersten Rot-Grünen Legislaturperiode zurückblicke, muss ich zerknirscht einräumen: Ohne die UMTS-Sondertilgung wäre dieser »Erfolg« überhaupt nicht finanzierbar gewesen. Obwohl diese Sondertilgung auch im Nachhinein eine bemerkenswerte Leistung der Grünen und Sozialdemokraten ist, sind doch in diesen vier Jahren entscheidende Strukturreformen bei sozialstaatlichen Leistungen und im Arbeitsmarkt unterblieben. Weil gleichzeitig die konjunkturelle Stagnation die Kosten der Arbeitslosigkeit im Bundeshaushalt in die Höhe trieb und die Steuereinnahmen einbrachen, ist die Bundesregierung im ersten Jahr ihrer zweiten Legislaturperiode wieder da, wo sie die Finanzpolitik von Theo Waigel im Jahr 1998 übernommen hat.

Nachhaltige Finanzpolitik besteht deshalb in erster Linie darin, die Ansprüche an den Staat auf ein langfristig finanzierbares Maß zu reduzieren. Ohne Ausgabenbeschränkungen wird sich dieses Ziel nicht erreichen lassen. Wenn wir dieses Ziel erreichen wollen, brauchen wir einen langen Atem, weil die Überbelastung der Gegenwart durch die Erblast der Vergangenheit allenthalben spürbar ist und die Überbelastung in der Zukunft geradezu abenteuerliche Ausmaße annehmen wird. Wir brauchen deshalb dringend objektive Maßstäbe, um die Zukunftslasten im Staatsbudget sichtbar zu machen.

Was brauchen also die Finanz- und Sozialpolitik? Realistische Zahlen als Grundlage verantwortlichen Handelns!

40
Von Primärsalden, strukturellen Defiziten und Generationenkonten

Eine wichtige objektive Kennziffer für die langfristige Tragfähigkeit der Verschuldung ist der so genannte Primärsaldo im Haushalt. Er definiert sich aus der Differenz zwischen den Einnahmen und den um die Zinszahlungen verminderten Ausgaben des Haushaltsplans. Mit gleichem rechnerischem Ergebnis lassen sich auch die Neuverschuldung und die Zinsausgaben zueinander in Beziehung setzen. Nur bei einem Haushaltsüberschuss führt die zweite Darstellungsmethode nicht mehr zum gleichen Ergebnis, weil es dann keine Neuverschuldung (Defizit) mehr gibt, sondern ein negatives Defizit (Haushaltsüberschuss). Der Begriff des Primärsaldos ist in Deutschland nur in Fachkreisen bekannt. Dabei zeigt er viel klarer, welchen Irrweg die Finanzpolitik mit der grassierenden Verschuldung eingeschlagen hat, als die wenig aussagekräftige Nettokreditaufnahme oder Neuverschuldung. Die Entwicklung des Primärsaldos beweist, dass die Staatsverschuldung bereits ein Selbstläufer geworden ist. Weil der Staat mit der Neuverschuldung weniger

Erlöse erzielt, als er für Zinsen ausgibt, hat die Staatsverschuldung längst keinen fiskalischen Effekt mehr.

Erst wenn der Primärsaldo auf Grund höherer Steuereinnahmen und/oder Ausgabenkürzungen einen so hohen Primärüberschuss ergibt, dass die verfügbaren Staatseinnahmen alle Staatsausgaben einschließlich der Zinsausgaben übersteigen, dann entsteht auch ein Haushaltsüberschuss, der für echte Schuldentilgung verwendet werden könnte. Eine Reihe europäischer Länder waren in den vergangenen zehn Jahren dazu in der Lage. In Deutschland jedoch wurde vom Schuldenberg nichts abgetragen.

Eine andere Kennzahl für die Beurteilung der finanzpolitischen Nachhaltigkeit ist das strukturelle Haushaltsdefizit. Seit dem Vertrag von Maastricht im Jahr 1992 und dem europäischen Stabilitäts- und Wachstumspakt von 1997 sind bestimmte Begriffsparameter wie das »Drei-Prozent-Defizitkriterium« auch der breiteren Öffentlichkeit bekannt. Wird es nicht erfüllt, wie letztes Jahr von Deutschland, dann hagelt es blaue Briefe aus Brüssel, und anschließend findet ein Abmahnverfahren statt. Höhe und Entwicklung des öffentlichen Haushaltsdefizits werden als entscheidende Maßstäbe für die Dauerhaftigkeit der nationalen Konsolidierungsanstrengungen im Euroraum angesehen.

Die Datenbasis für die Bemessung des Budgetdefizits bietet die Volkswirtschaftliche Gesamtrechnung (VGR). Alle staatlichen Einnahmen und Ausgaben werden mit Hilfe von Umrechnungen und unter Berücksichtigung fiktiver Transaktionen aus der eigentlichen Finanzstatistik ermittelt. Die VGR hebt aber im Gegensatz zur Finanzstatistik nicht auf die tatsächlichen Zahlungsströme ab, sondern auf den Aspekt der Einkommensentstehung. Die Vergabe und der Rückfluss von

Darlehen oder der Erwerb und die Veräußerung von Vermögen werden deshalb nicht als Einnahmen und Ausgaben, sondern als Finanzierungsvorgänge berücksichtigt. Ganz praktische Bedeutung hat dieser rein technisch klingende Unterschied bei der Privatisierung von Staatsvermögen. In Maastricht-Lesart bewirken Anteilsverkäufe von Staatsbesitz, also beispielsweise die Erlöse aus dem Verkauf von Telekom-Aktien des Bundes, keine Einnahmenverbesserung. Ein vorhandenes Defizit wird also durch solche Erlöse nicht reduziert. Einmalerlöse aus Tafelsilberverkäufen decken eine strukturelle Lücke im Haushalt ja auch nur einmalig ab, beseitigen jedoch keineswegs ihre dauerhaften Ursachen.

Hier stellt das Maastrichter Drei-Prozent-Defizitkriterium ein viel wirkungsvolleres Hemmnis gegen ein unsolides Haushaltsgebaren dar als etwa das deutsche Grundgesetz. In Artikel 115 unserer Verfassung gibt es eine definierte Verschuldungsobergrenze, die Kreditaufnahmen maximal in der Höhe der im jeweiligen Jahr veranschlagten Ausgaben für Investitionen erlaubt. Nur zur Abwehr einer Störung des gesamtwirtschaftlichen Gleichgewichts, bei stagnierenden oder rezessiven Konjunkturphasen mit hoher Arbeitslosigkeit und bei wegbrechenden Staatseinnahmen sind Ausnahmen zulässig. Auf eine solche Ausnahme musste sich Hans Eichel nach der letzten Bundestagswahl berufen, um mit einem Nachtragshaushalt die Verschuldung des Bundes im Jahr 2002 deutlich über die Investitionsausgaben hinaus erhöhen zu können. Mit Privatisierungserlösen lässt sich die als Verschuldungsbremse gedachte Regelung im Grundgesetz jederzeit umgehen. Das wurde in der Amtszeit von Bundesfinanzminister Theo Waigel wiederholt praktiziert. Erst der Vertrag von Maastricht stoppte diesen Selbstbetrug in der Finanzpolitik.

Bemessungsgrundlage für die Berechnung des Staatsdefizits nach der VGR sind nicht nur die öffentlichen Haushalte aller Gebietskörperschaften, sondern auch die Sozialversicherungen. Weisen die Krankenkassen also wie 2002 ein deutliches Minus aus, schlägt sich das genauso im Defizit nieder wie die Finanzierungslücken eines Kommunal-, Landes- oder des Bundeshaushalts. Defizite sind aber nichts Statisches, sondern abhängig vom Wachstum der Volkswirtschaft. Zu ihrer qualitativen Bewertung ist eine plausible Bezugsgröße erforderlich. Deshalb muss der konjunkturelle Einfluss auf das Staatsbudget isoliert werden, um zu ermitteln, wie hoch die Deckungslücke im Normalzustand bei gesamtwirtschaftlichem Gleichgewicht ist. Dazu ist das Bruttoinlandsprodukt (BIP) zu bestimmen, das sich bei Normalauslastung der Produktionskapazitäten ergeben hätte. Die Differenz zum tatsächlichen BIP gibt die Produktionslücke an.

Die komplizierten Berechnungsgrundlagen, die den Defizitberechnungen des Internationalen Währungsfonds (IWF), der OECD, der Europäischen Union oder des deutschen Sachverständigenrats zur Beurteilung der gesamtwirtschaftlichen Entwicklung zu Grunde liegen, haben sich durch laufende Verfeinerung im Ergebnis immer stärker angenähert.

Stark vereinfacht lässt sich feststellen: Fasst man die konjunkturellen Wirkungen auf der Einnahmen- und Ausgabenseite des Staates zusammen, so ergibt eine Veränderung des gesamtwirtschaftlichen Auslastungsgrades um 1 Prozent, jeweils im Verhältnis zum nominalen BIP, eine Veränderung des staatlichen Finanzierungssaldos am BIP um etwa 0,5 Prozent. Die Einnahmenseite, also Steuern und Sozialbeiträge, die stärker von der Konjunktur abhängig ist, trägt zu diesem Effekt deutlich über zwei Drittel bei.

Das strukturelle Defizit stellt die Unterfinanzierung des Staatsbudgets dar, die auch bei guter Wirtschaftslage nicht ausgeglichen wird. Die Bundesregierung selbst hat im Dezember 2002 im deutschen Stabilitätspakt ein strukturelles Defizit für 2001 von minus 2,75 Prozent und im Jahr 2002 von minus drei Prozent im Verhältnis zum Bruttoinlandsprodukt ausgewiesen.

Im Vergleich dazu lag die Maastricht-Defizitquote im Jahr 2001 bei einem Minus von 2,8 Prozent, im vergangenen Jahr wies sie ein Minus von 3,6 Prozent aus. In Zahlen bedeutet dies für die beiden genannten Jahre eine gesamtstaatliche strukturelle Deckungslücke von rund 60 Milliarden Euro – bei einem gesamtstaatlichen Finanzierungssaldo von knapp 80 Milliarden Euro im Jahr 2002. Deutschland hat deshalb bei der momentanen konjunkturellen Stagnation, die im 1. Quartal wahrscheinlich in einer leichten Rezession mündete, keine realistische Chance, das Drei-Prozent-Kriterium im Jahr 2003 einzuhalten. Auf Grund des viel zu hohen strukturellen Defizits bewirken die in Folge der Konjunkturflaute steigenden Ausgaben für die Arbeitslosigkeit und die sinkenden Steuer- und Beitragseinnahmen automatisch ein Überschreiten dieser Benchmark. Deshalb ist es absolut richtig, das Defizit in eine strukturelle und eine konjunkturelle Komponente aufzugliedern, um den Reformbedarf der sozialen Sicherungssysteme und des Arbeitsmarktes deutlich zu machen. Damit von der staatlichen Finanzpolitik in einer Konjunkturflaute oder gar Rezession keine weiteren konjunkturdämpfenden Effekte ausgehen, sollen die automatischen Stabilisatoren – die konjunkturbedingten Mindereinnahmen und Mehrausgaben – ja defiziterhöhend wirken dürfen. Wenn man sich dazu bekennt, und das tue ich ausdrücklich, dann muss Deutschland alles daransetzen, das im europäischen Stabilitäts- und Wachstumspakt verankerte Ziel eines ausgeglichenen Staatshaushalts bzw. von Haushaltsüberschüssen zu erreichen. Denn nur wenn wir in konjunkturellen Normalzeiten wenigstens ausgeglichene Finanzierungssalden ausweisen, haben wir den nötigen Puffer, um die automatischen Stabilisatoren wirken zu lassen, ohne mit dem Drei-Prozent-Defizitkriterium zu kollidieren. Im Konjunkturaufschwung sind diese Defizite dann aber unverzüglich wieder auszugleichen, sonst stimmt die dahinter steckende makroökonomische Logik nicht.

In diesem Jahr sind noch diverse Verrenkungen der europäischen Finanzpolitik zu erwarten. Nachdem der anfängliche französische Täuschungsversuch über das wahre Ausmaß des diesjährigen Budgetdefizits gescheitert ist und inzwischen mit 3,4 Prozent ein französisches Überschreiten nach Brüssel gemeldet wurde, mache ich mir ernsthafte Sorgen, dass der Stabilitäts- und Wachstumspakt grundsätzlich aufgeweicht wird. Da wir Deutschen auch in diesem Jahr erneut als Sünder mit von der Partie sein dürften, kann eine unselige deutsch-französische Achse entstehen, die den Pakt geschmeidig und flexibel nach der Interessenlage interpretiert.

Immerhin haben die Regierungen einen einleuchtenden Vorwand: Die wirtschaftspolitischen Folgen des Irak-Krieges dämpfen die Weltkonjunktur. Deshalb brauchen die beiden größten europäischen Volkswirtschaften angeblich die Stabilität der öffentlichen Finanzen nicht ganz so sorgfältig zu hüten. Doch ganz gleich, mit welcher Begründung gesündigt wird, Sie können sich darauf verlassen, dass ein wie auch immer geartetes Abweichen von diesen hehren Zielen den Stabilitätspakt mittel- und langfristig zerstören wird. Was den beiden großen Euroländern zugestanden wird, kann den kleineren künftig nicht verwehrt werden. Wirksame Sanktionen gegen die Defizitüberschreitung lassen sich dann nicht durchsetzen, so dass die schleichende Aufweichung zu Lasten der finanzpolitischen Solidität geht. Das kann dann mittel- und langfristig auf den Außenwert des Euro durchschlagen und damit genau das bewirken, was Theo Waigel mit dem Stabilitäts- und Wachstumspakt, den er 1997 gegenüber den anderen europäischen Partnern durchsetzte, eigentlich verhindern wollte.

Wir dürfen uns dabei vom kurzfristigen Aufwertungsdruck, unter dem der Euro derzeit steht, nicht blenden lassen. Die amerikanische Volkswirtschaft weist ein gigantisches Leistungsbilanzdefizit aus, doch ein billigerer Dollar wird den USA helfen, diese Riesenlücke wieder abzubauen. Die derzeitige desaströse US-Finanz- und Wirtschaftspolitik trägt zu diesem Effekt noch zusätzlich bei. In den Neunzigerjahren wurde in den USA der Haushalt konsolidiert. Gegen Ende der Clinton-Administration standen Überschüsse in dreistelligen Milliarden-Beträgen (in Dollar) zur Verfügung. Doch die Bush-Administration hat binnen weniger als zwei Jahren aus großen Haushaltsüberschüssen gigantische Defizite gemacht. Das Jahr 2003 wird mit dem höchsten Budgetdefizit seit Ronald Reagans Negativrekord im Jahr 1983 enden. Nachdem der US-Kongress und der Senat am 3. April dieses Jahres zusätzlich 80 Milliarden Dollar für den Irak-Krieg bewilligten, beträgt die Neuverschuldung der USA im laufenden und im kommenden Jahr jeweils rund 400 Milliarden US-Dollar. Dass Bush mit seiner Finanzpolitik auch in der amerikanischen Innenpolitik Probleme bekommt, zeigte die Ablehnung seiner Steuersenkungspläne mitten im Krieg durch den Senat. Es kann einem Angst und Bange werden, wie verantwortungslos die Weltmacht Amerika unter der Bush-Administration militärisch, wirtschafts- und finanzpolitisch inzwischen handelt.

Das ist ein Alarmsignal nicht nur für Amerika, sondern auch für die Finanzpolitik im Rest der Welt. Die Quittung für diese horrende Verschuldung werden vor allem die amerikanischen Steuerzahler bekommen, die schon bald mit höheren Steuern das irakische Kriegsabenteuer, die auf Jahre geplante Hochrüstung und die sündhaft teuren Subventionen für diverse Wirtschaftsbranchen bezahlen müssen. Weil die wichtigste Leitwährung der Welt, der US-Dollar, durch Abwertung einen Teil der Probleme in den Euro-Raum exportiert, tun die Europäer gut daran, eine solide Finanzpolitik zu organisieren, damit nicht eigenes Fehlverhalten die importierten Probleme noch zusätzlich verschärft. Ein zehnprozentiger Anstieg des Euro im Vergleich zum Dollar kostet die europäischen Volkswirtschaften etwa 0,7 Prozent der Wachstumsrate. Dieser Zusammenhang steckt hinter meiner Behauptung, dass Bushs unsolide Finanzpolitik über den Wirkungsmechanismus der Währungsrelation Dollar zu Euro auch nach Europa exportiert wird.

Trotz ihrer hohen Aussagefähigkeit zeigen Primärsalden und strukturelle Defizite in den öffentlichen Haushalten aber immer noch nicht die ganze Wahrheit über die Lasten in der Zukunft. Denn beide Parameter bilden vor allem die Wirkung der expliziten Staatsverschuldung ab. Selbst wenn der Staat ausgeglichene Haushalte vorweist, würde das noch nichts darüber aussagen, welche Belastungen auf die zukünftigen Generationen abgewälzt werden. Würden die demografischen Verwerfungen in der Rentenversicherung allein über die Beitragszahler ausgeglichen, dann würden die Beitragssätze in etwa dreißig Jahren bei deutlich über 30 Prozent liegen. In der Krankenversicherung lassen sich ohne einschneidende Reformen Beitragssatzsteigerungen auf über 25 Prozent nicht vermeiden. Bei der Pflegeversicherung in ihrer jetzigen Form droht mindestens eine Verdoppelung des Beitrags. Obwohl also – ausgeglichene Staatshaushalte unterstellt – das gesamtstaatliche Finanzierungsdefizit nicht zunehmen würde, wälzen wir heute über die Sozialversicherungen brutale Lasten auf die jüngeren Jahrgänge und die noch gar nicht Geborenen ab. Seit rund 12 Jahren entwickeln deshalb Ökonomen Beurteilungskonzepte, mit denen in Gestalt von Generationenkonten (generational accounting) aussagefähige Belastungskoeffizienten für die jeweiligen Jahrgänge in einer Volkswirtschaft errechnet werden können. In Deutschland ist das Konzept des generational accounting vor allem mit Professor Bernd Raffelhüschen verbunden. Er arbeitet zu diesem Thema mit seinem Team am Institut für Finanzwissenschaft der Universität Freiburg. Bei dieser Generationenbilanzierung werden den einzelnen Altersjahrgängen alle Abgaben an den Staat und alle vom Staat empfangenen Leistungen zugeordnet. Diese Aufteilung wird mit Generationenkonten vorgenommen, die für jeden noch lebenden Geburtsjahrgang nach Geschlecht berechnet werden. Soweit individuell zurechenbar, fließen alle bezahlten Steuern und Beiträge in diese Konten ein. Zur Fortschreibung der Steuer- und Transferzahlungen wurde ein jährliches Produktivitätswachstum von 1,5 Prozent unterstellt. Gegengerechnet werden jeweils die Transferleistungen des Staates an die Bürger. Um diese Zahlungen vergleichbar zu machen, werden alle über den Lebenszyklus erwarteten Transfers auf ihren heutigen Barwert mit einem realen Zinssatz von 3 Prozent abdiskontiert. Unterstellt wird bei dieser Berechnungsmethode, dass das Abgaben- und Leistungssystem des Basisjahres für alle am Ende dieses Jahres bereits Geborenen auch in Zukunft beibehalten wird.

Die Differenz von bezahlten und erhaltenen Leistungen ergibt dann die fiskalische Nettobelastung des Kontoinhabers in dessen restlicher Lebenszeit.

Wenn ein Generationenkonto eine positive Zahlungsverpflichtung ausweist, ist das allein noch nicht aussagekräftig. Denn schließlich finden künftige Generationen eine staatliche Infrastruktur vor, zu deren Aufbau sie nichts beigesteuert haben. Altersunspezifische Staatsausgaben sind in den Generationenkonten deshalb nicht berücksichtigt, die öffentlichen Bildungsausgaben hingegen schon. Allerdings zeigt der Vergleich von zwei Generationenkonten, ob zukünftige Generationen für dieselben Ansprüche mehr oder weniger zahlen müssen als die heute lebende Bevölkerung. Unzulässig ist ein Vergleich der Generationenkonten der heute lebenden Jahrgänge untereinander, weil vergangene Zahlungsströme keine Berücksichtigung finden. Die abgebildeten Generationenbilanzen 2000 und 2001 weisen anschaulich den typischen Altersverlauf auf. Bei den jungen Jahrgangskohorten steigen die Generationenkonten zunächst mit zunehmendem Alter im Basisjahr an. Denn mit jedem Jahr rücken die Jahre der Erwerbstätigkeit näher, in denen hohe Einkommensteuer und Sozialversicherungsbeiträge bezahlt werden müssen, was zwangsläufig zu einer weniger starken Diskontierung führt. Außerdem verbleiben weniger Jahre des Bezugs jugendspezifischer Transfers. Die im Basisjahr 2000 (2001) 25-Jährigen weisen ein Nettosteuerzahlungsmaximum von 129 000 (126 300) Euro auf, das mit zunehmendem Alter sinkt. Bei der Generation der im Basisjahr 45-Jährigen weist das Generationenkonto bereits einen negativen Wert aus. Denn es überwiegen bereits die zu erwartenden Transfers aus der Renten- und Krankenversicherung. Für die 65-Jährigen, die aus dem Erwerbsleben ausgeschieden sind, werden im Basisjahr mit 231 700 (236 600) Euro die höchsten empfangenen Nettotransfers ausgewiesen. Obwohl die jährlich empfangenen Transfers bei noch älteren Kohorten steigen, weil etwa die Leistungen der Krankenversicherung in den beiden letzten Lebensjahren am höchsten sind, verbleiben insgesamt weniger Jahre des Nettobezugs. Deshalb nimmt der Betrag der Generationenkonten der älteren Jahrgänge ständig ab.

Die entscheidende Aussage über die Nachhaltigkeit der Fiskalpolitik erhält man im Vergleich zwischen den im Basisjahr und den danach geborenen Generationen. Dabei wird vorausgesetzt, dass die Nettosteuerzahlung vergleichbar ist. Mit der Berücksichtigung des Produktivitätswachstums wird ein höheres Einkommen der nachgeborenen Generation unterstellt. Der Lebensnettosteuersatz der im Basisjahr geborenen Generation und sämtlicher Folgegenerationen stimmt also überein, weil die Nettosteuerzahlungen über den Lebenszyklus ins Verhältnis zum Lebenszykluseinkommen gesetzt werden.

Ist das Generationenkonto der künftigen Generationen höher als das der im Basisjahr Neugeborenen, muss daraus der Schluss gezogen werden, dass die gegenwärtige Fiskalpolitik nicht nachhaltig ist. Für Deutschland klafft im Basisjahr 2000 (2001) eine Nachhaltigkeitslücke in Höhe von 204 (225,9) Prozent des BIP. Diese Lücke ist mehr als dreimal (rund viermal) so hoch wie die in Relation zum BIP ausgewiesene explizite Staatsschuld und signalisiert damit vor allem die implizite Komponente der gesamten Zahlungsverpflichtungen des Staates. Fast 70 Prozent (75 Prozent) der Lastenverschiebung in die Zukunft wird durch die offizielle Schuldenstatistik in Deutschland ignoriert, wenn man das Basisjahr 2000 (2001) heranzieht. Das zeigt ganz konkret das Generationenkonto der im

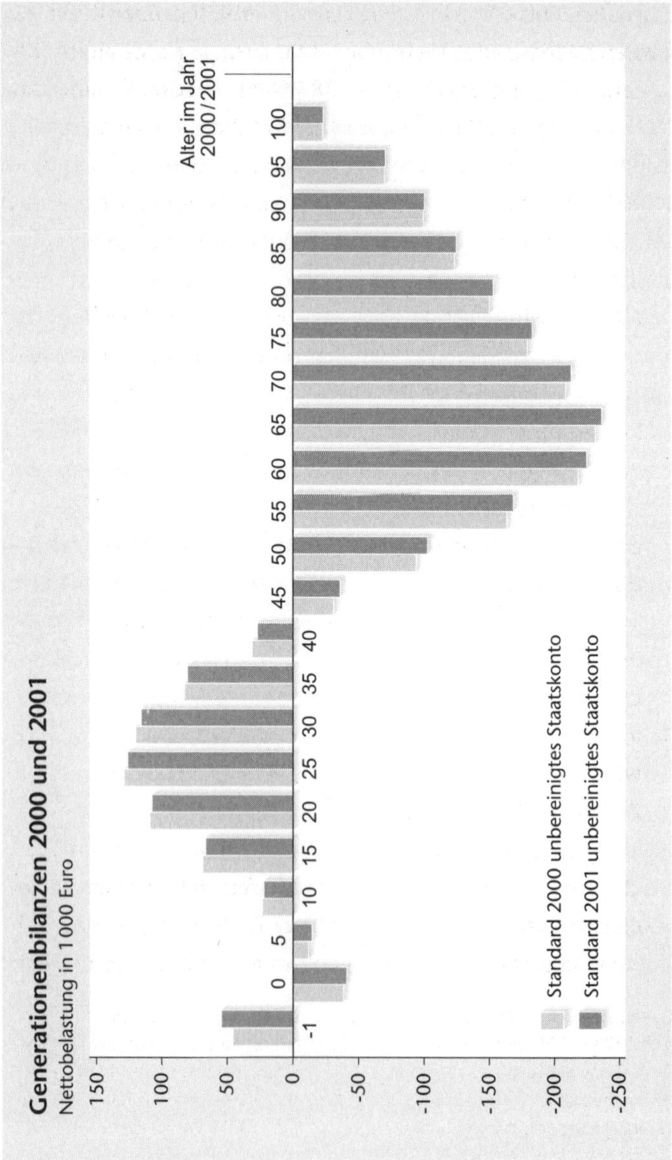

Quelle: Prof. Raffelhüschen, Freiburg

Basisjahr 2000 (2001) Geborenen. Sie erhalten über ihren gesamten Lebenszyklus mehr vom Staat zurück, als sie an ihn bezahlen: Jahrgang 2000 erhält 38 700 Euro zurück, Jahrgang 2001 41 100 Euro. Im Vergleich dazu hat die erste nach dem Basisjahr geborene Generation eine Nettosteuerzahlung von 45 900 (54 800) Euro im Lauf ihres Lebens aufzubringen. Bei Fortführung der gegenwärtigen Fiskal- und Sozialpolitik bedeutet dies für die nach dem Basisjahr 2000 (2001) Geborenen eine Nettomehrbelastung von 84 600 Euro (95 900 Euro). Die Nachhaltigkeitslücke wächst also weiter, und sie rechnet sich auch in konkreten Mehrbelastungen für die Nachgeborenen. Praktisch führt das für künftige Generationen – im Vergleich zu den heutigen – zu höheren Steuerzahlungen und weniger staatlichen Sozialleistungen.

Ich bin überzeugt, dass wir das Instrument der Generationenbilanzierung, bei allen Unwägbarkeiten durch die jeweilige Auswahl der Parameter (Diskontrate für die Barwertermittlung, tatsächliche Bevölkerungs- und Wirtschaftsentwicklung), durch weitere Verfeinerungen zu einem wichtigen Prognoseinstrument für die Haushalts-, Finanz- und Sozialpolitik weiterentwickeln müssen. Diese Methode erlaubt im Gegensatz zur traditionellen Haushaltsrechnung die Offenlegung der mit der Status-quo-Finanzpolitik verbundenen impliziten Zahlungverpflichtungen des Staates. Außerdem lassen sich mit Generationenkonten Reformkonzepte vor ihrer Einführung rechnerisch auf ihre langfristigen Wirkungen untersuchen. Welche Wir-

< Aussagekräftig ist jeweils der Vergleich zwischen der Altersgruppe 0, die im Jahr 2000 (2001) geboren wurde, und der Altersgruppe -1, den damals noch nicht Geborenen. Weist deren Konto eine höhere Belastung auf, dann zahlen sie unsere Zeche. 84 600 Euro mehr bezahlt die Generation, die nach 2000 geboren wurde, sogar 95 900 Euro mehr die nach 2001 Geborenen. Die Nachhaltigkeitslücke wächst weiter.

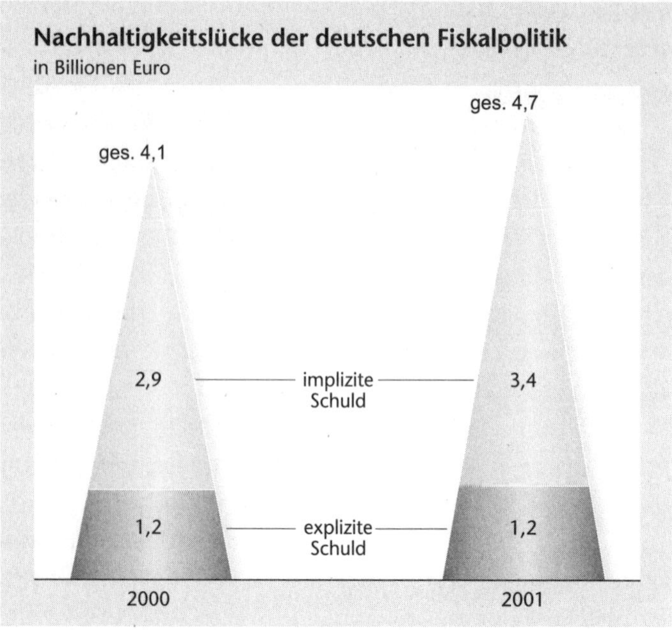

Diese Grafik zeigt die wahren Lasten, die unsere Gesellschaft in die Zukunft vertagt. Die verbrieften Staatsschulden, die explizite Verschuldung, sind nur die Spitze des Eisbergs. Die ungedeckten Leistungszusagen an Rentner und Pensionäre, aber auch die Nettotransfers aus der Kranken- und Pflegeversicherung, die implizite Staatsverschuldung, stellen eine viel höhere Nachhaltigkeitslücke dar.

kungen zeitigt die Verlängerung der Lebensarbeitszeit? Was bedeutet ein objektiver demografischer Faktor, der die jährliche Dynamisierung der Rentenzahlungen nicht nur an die Einkommensentwicklung der Beitragszahler koppelt, sondern auch an die steigende Zahl der Leistungsempfänger? Was bedeuten Steuersenkungen heute für die Nachhaltigkeitslücke zu Lasten künftiger Generationen? Denn solange wir Steuersenkungen mit Krediten bezahlen müssen, verschieben wir weitere Lasten auf zukünftige Steuerzahler. Mit der Generationenbilanzierung würde der Gesetzgeber über Methoden verfügen, um das eigene Tun (oder Unterlassen) in seiner langfristigen Wirkung abzuschätzen.

Die Wähler würden, die angemessene Vermittlung solcher Nachhaltigkeitsparameter vorausgesetzt, die Politik vielleicht weniger nach dem tagespolitischen Aktionismus und mehr nach der langfristigen Tragfähigkeit beurteilen.

41
Die »Profiteure« der Staatsverschuldung

Zinsausgaben in Höhe von 38 Milliarden Euro sind allein im Bundeshaushalt 2003 veranschlagt. Wer profitiert von diesen Zinsen, die der Staat an seine Gläubiger zahlen muss? Der offiziellen Statistik der Bundesbank über die Gläubigerstruktur der Staatsschuld ist zu entnehmen, dass Mitte vergangenen Jahres Hauptgläubiger die inländischen Kreditinstitute waren. Mit 538 Milliarden Euro stand der Staat bei den Banken in der Kreide. Die zweite große inländische Gläubigergruppe sind Lebensversicherer, die ihre Kundeneinlagen in Staatspapieren anlegen. Aber auch Privatleute und Firmen erwerben Bundeswertpapiere oder kommunale Schuldverschreibungen. Insgesamt 244 Milliarden Euro stammten im Jahr 2002 aus dieser Quelle. 37 Prozent aller Staatsschulden (im Jahr 2001 rund 460 Milliarden Euro) hat Deutschland im Ausland aufgenommen.

Banken und Versicherungen als inländische Hauptfinanziers der Staatsschuld sind dazu nur in der Lage, weil ihnen die Bundesbürger ihre Ersparnisse in Form von Sparguthaben und anderen Geldanlagen zur Verfügung stellen. Die Sparquote der privaten Haushalte bedient also direkt oder indirekt über Banken und Versicherungen den Kreditbedarf der öffentlichen Haushalte. Allerdings bleiben satte Provisions- und Zinserträge im Banken- und Versicherungssystem hängen, über die wir im Detail nur wenig aussagefähige Statistiken finden. Die Profiteure machen ein Geheimnis aus dem Geschäft mit der Verschuldung. Ähnlich steht es auch mit exakten Zahlen zum privaten Kapitalbesitz. Eine einfache Faustregel lässt sich aber aufstellen: Je mehr Geldvermögen ein Bundesbürger besitzt, desto mehr profitiert er durch den Zins und Zinseszins-Effekt von der öffentlichen Verschuldung. Denn solange die Steuerzahler in einem Staat die Bedienung des Schuldendienstes sichern, ist der Staat ein erstklassiger Schuldner, auch wenn er seit Jahrzehnten keine Schulden tilgt, sondern immer nur neue macht. Bei der Kreditvergabe in der Privatwirtschaft wird durch scharfe Ausleseverfahren und Bonitätsprüfungen in der Regel gesichert, dass ein Kredit über die mit seiner Hilfe finanzierte Sachanlage und die damit verdiente Wertschöpfung wieder verdient und zurückbezahlt werden kann.

Angesichts der immensen Staatsverschuldung kann jedoch von Wertschöpfung mittels Kreditfinanzierung längst keine Rede mehr sein. Selbstverständlich ist ohne öffentliche Infrastruktur (Verkehrswege, Schulen und Universitäten, öffentliche Sicherheit und Ordnung) auch keine privatwirtschaftliche Wertschöpfung möglich. Aber die Kreditfinanzierung schafft, wie Sie inzwischen längst wissen, ja keinen fiskalischen Mehrwert, sondern sie reicht nicht einmal aus, um die Zinsen für die bisherigen Kredite zu bezahlen. Klassifizieren wir die Zinsausgaben als vergangenheitsbezogene Ausgaben, dann müssen wir auch den gesamten Ausgabenkomplex für die Alterssicherung entsprechend einstufen. Denn mit diesen Ausgaben wer-

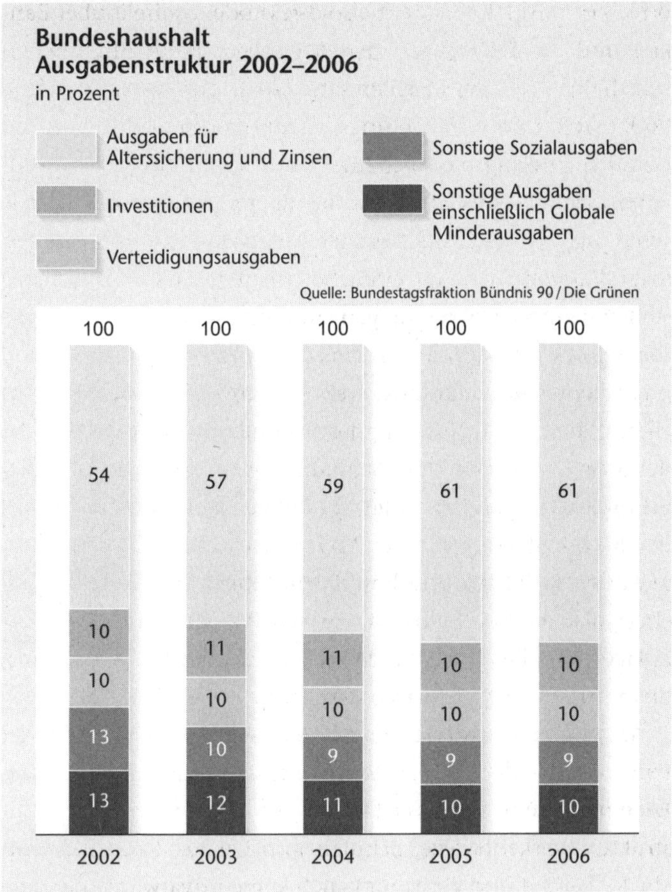

Die Ausgaben für Alterssicherung und Zinsen dominieren – mit weiter deutlich steigender Tendenz. Dagegen sinken die sonstigen Sozialausgaben im Zeitraum der mittelfristigen Finanzplanung. Hier spiegelt sich die Hoffnung auf Einsparungen durch die geplante Abschaffung der Arbeitslosenhilfe wider.

den in der Gegenwart die in der Vergangenheit erworbenen Ansprüche von Rentnern und Beamten bedient. Die »Vergangenheitslast« Alterssicherung verschlingt im Bundeshaushalt

2003 mit 103 Milliarden Euro knapp 42 Prozent der *Gesamtausgaben.* 38 Milliarden Euro, immerhin 15,3 Prozent der Ausgaben, kostet die »Vergangenheitslast« Zinsausgaben. Rund 70 Prozent der *gesamten Steuereinnahmen* des Bundes werden benötigt, um diese beiden größten Ausgabenblöcke im Bundesetat zu finanzieren. Für Investitionen geben wir gerade noch 26,7 Milliarden Euro aus, das sind knapp 11 Prozent der Gesamtausgaben.

Selbst wenn man zu Recht den heutigen Investitionsbegriff im Haushaltsrecht als zu eng kritisiert, weil er vorwiegend Sachinvestitionen umfasst, aber auch Gewährleistungen für Bürgschaften und Erhaltungssubventionen im Bergbau beispielsweise, sind 11 Prozent eine jämmerlich niedrige Quote. Das strukturelle Ungleichgewicht zwischen Investitions- und Konsumausgaben würde sich aber nicht wesentlich verändern, wenn auch die Bildungsausgaben oder der vorsorgende Umweltschutz auf Investitionstitel gebucht würden. Wer die Behauptung aufstellt, die Finanzierung der immer weiter ausufernden Staatsverschuldung stelle volkswirtschaftlich eine rentable Investition dar, ist schlicht und einfach tollkühn.

Eines aber ist die Staatsverschuldung ganz gewiss: ein Instrument der Umverteilung von unten nach oben. Kapitaleinkünfte werden nämlich nicht annähernd so hoch besteuert wie Unternehmer- oder Arbeitnehmerlohn, und außerdem profitieren nur die Vermögenden, denn sie leihen dem Staat Geld gegen Zinsen. Die Zinsen jedoch werden ganz überwiegend von den Verbrauchern über Verbrauchssteuern und mit den Einkommen aus Arbeit über die Einkommensteuer bezahlt. Die Umverteilung von Arbeitseinkommen in Richtung Kapitaleinkünfte ist also offenkundig. Das sollte vor allem die politische Linke zur Kenntnis nehmen!

Der Zusammenhang zwischen Staatsverschuldung und privaten Kapitaleinkünften ist jedoch auch für alle Bürger wichtig, die in private Altersvorsorgeprodukte investieren. Diese Privatvorsorge wird in Deutschland deutlich wachsen müssen, um die sinkenden Leistungsverheißungen der gesetzlichen Rente auszugleichen. Über den oben beschriebenen Finanzierungsmechanismus der Staatsverschuldung sind wir alle irgendwann mehr oder weniger Gläubiger und Schuldner. Wir zahlen immer höhere Steuern als Staatsbürger, damit uns der Staat einen Teil davon wieder als Zinsen für unsere private Altersversorgung zahlen kann, die ja – je rentennäher, umso wahrscheinlicher – vor allem aus sicheren Staatspapieren besteht.

Weder privates noch öffentliches Vermögen fällt wie in der Bibel einfach als Manna vom Himmel. Es braucht einen volkswirtschaftlichen Kapitalstock, mit dem Wertschöpfung durch Arbeits- und Kapitalproduktivität erzielt wird. Ohne Wertschöpfung können dauerhaft auch keine Zinsen bezahlt werden. Aus diesem Grund sind in überschuldeten und überalterten Volkswirtschaften auf Dauer auch nur schlechte Renditen aus Kapitalanlagen zu erwarten. Die Deutschen haben allen Grund, diesen Sachverhalt sehr ernst zu nehmen. Denn Deutschland trifft die Überalterung von allen Industriestaaten am härtesten. Umso dringlicher ist gerade in Deutschland das Ende jeder weiteren Verschuldung des Staates. Als Schwabe sei mir noch der Hinweis erlaubt, dass für die meisten Bürger langfristig das im Berufsleben finanzierte Eigenheim wahrscheinlich die beste Anlageform darstellt, weil das mietfreie Wohnen im Alter die höchste Nettoersparnis garantiert.

42
Die Sirenengesänge der Neo-Keynesianer

Die Staatsverschuldung wurde schon in der Antike als wichtiges politisches und gesellschaftliches Problem erkannt. Vor über 2000 Jahren formulierte der Römer Cicero: »Der Staatshaushalt muss ausgeglichen sein. Die öffentlichen Schulden müssen verringert werden.« David Ricardo, der Papst der klassischen Theorie in der Wirtschaftswissenschaft, die das ökonomische Denken im 19. Jahrhundert prägte, nannte die Staatsverschuldung eine der schrecklichsten Geißeln, die jemals zur Plage einer Nation erfunden wurden. Adam Smith, der Begründer aller liberalen Staats- und Wirtschaftstheorie, formulierte 1776 in seinem Buch »Der Wohlstand der Nationen« einen Satz, der die Lastenverschiebung durch Verschuldung auf einen einfachen Nenner bringt: »Wer öffentliche Verantwortung unmittelbar zu tragen hat, ist grundsätzlich stets bedacht, einen augenblicklichen Notstand rasch zu überwinden, wobei er die Sorge um die künftige Entlastung der öffentlichen Einnahmen gern der Nachwelt überlässt.«

Nur die deutsche Finanzklassik erwog schon früh auch positive Aspekte der Verschuldung. Lorenz von Stein spitzte das 1878 in dem Satz zu: »Ein Staat ohne Staatsschuld tut entweder zu wenig für seine Zukunft, oder er fordert zu viel von seiner Gegenwart.« Im Laufe der Entwicklung der modernen Industriestaaten zu Kultur- und Wohlfahrtsstaaten wuchs die Bereitschaft, staatliche Investitionen auch mit Krediten zu finanzieren. Verschuldung in Notzeiten, vor allem im Krieg, wurde seit jeher aber auch von Vertretern der klassischen ökonomischen Theorie toleriert.

John Maynard Keynes, der berühmte Ökonom des frühen 20. Jahrhunderts, hat 1936 die Theorie von der Nachfrageabhängigkeit der Vollbeschäftigung veröffentlicht. Keynes wurde der Gewährsmann für alle, die Staatsverschuldung als ökonomisch sinnvoll befürworten. Er hatte darauf hingewiesen, dass sinkende Löhne und Kosten in der Wirtschaftsflaute den Unternehmen keine Gewinne bringen könnten, weil die Kundschaft gar nicht das Geld habe, die produzierten Güter und Dienstleistungen auch zu kaufen. Beschäftigungsaufbau sei nur möglich durch Nachfragestärkung. Wenn die Privatwirtschaft dazu nicht in der Lage sei, müsse der Staat die Nachfrage ankurbeln, indem er mit Krediten Straßen und andere öffentliche Einrichtungen baue. Doch Keynes wollte selbstverständlich die Kredite in Zeiten des Wachstums wieder zurückzahlen. Er plädierte eindeutig für eine Nullverschuldung über den gesamten Konjunkturzyklus. Seine selbst ernannten Jünger in der Wissenschaft, vor allem aber seine Fans in der Politik, verstanden sein »deficit spending« immer anders. Gerade in Deutschland erlangte Keynes 21 Jahre nach seinem Tod, zu Zeiten von Franz-Josef Strauß und Karl Schiller, Einfluss auf die deutsche Gesetzgebung. Das noch heute gültige Stabilitäts- und Wachstumsgesetz (StWG) von 1967 machte die Globalsteuerung zur herrschenden Praxis in der deutschen Wirtschafts- und Finanzpolitik. Doch inzwischen hat das süße Gift der Verschuldung verheerende Wirkungen angerichtet. Erst im vergangenen Jahr lieferte die Störung des gesamtwirtschaftlichen Gleichgewichts, wie im alten StWG normiert, für Hans Eichel die legale Begründung, die Verschuldung des Bundes per Nachtragshaushalt weit über die verfassungsmäßigen Grenzen auszuweiten. Die Neo-Keynesianer in der Politik gaben in vielen Volkswirtschaften jahrzehntelang den Ton an.

Sie stimmten betörende Sirenengesänge für die Verschuldung an, weil es plötzlich den Rechtfertigungsgrund schlechthin dafür gab: die Förderung von Wachstum und Beschäftigung. Politiker konnten nun Gestalter spielen und vom aktiven Staat fabulieren, der die Konjunktur mit Schulden stimuliert.

Ich bin wahrlich bestürzt, dass über diese Allmachtsfantasien von Politikern sogar in der tagespolitischen Debatte schwadroniert wird, obwohl wir alle die Lehren aus den nackten und brutalen Erfahrungen der vergangenen Jahrzehnte ziehen könnten. Denn heute reden erhebliche Teile der SPD-Bundestagsfraktion, die Gewerkschaften, Globalisierungskritiker von attac, aber – und das ist besonders merkwürdig – auch Teile der Wirtschaftspresse, allen voran die *Financial Times Deutschland*, einer weiteren Verschuldung für mehr Wachstum und Beschäftigung das Wort. Auch konservative und liberale Politiker müssen insgeheim mit weiterer Staatsverschuldung liebäugeln, sonst könnten sie trotz der desaströsen öffentlichen Finanzlage nicht massive Steuersenkungen fordern. Doch das derzeitige Negativbeispiel USA zeigt, dass der Kampf gegen Verschuldungsorgien nicht einmal in einer Volkswirtschaft gewonnen wurde, die noch vor knapp drei Jahren dreistellige Dollarmilliarden-Überschüsse im Bundesetat erwirtschaftet hatte. George Bush reißt mit seiner Hochrüstung nach innen und außen, mit gigantischen Subventionen für Branchen wie den Luftverkehr und die Landwirtschaft und abenteuerlichen Steuersenkungen all das in kürzester Zeit ein, was in einem knappen Jahrzehnt der innenpolitischen Auseinandersetzung um balanced budgets (ausgeglichene Haushalte) unter seinem Vorgänger Bill Clinton erreicht wurde.

Ausgerechnet jene Wirtschaftsjournalisten und Banken- und Versicherungsvertreter, die Ende der Neunzigerjahre die längst geplatzte Blase am Neuen Markt aufgeblasen haben, rufen heute nach Staatsinterventionen, um der Wirtschaft auf die Beine zu helfen. Bei Banken und Versicherungen kann man sich wenigstens noch einen Reim darauf machen. In Zeiten, in denen die private Kreditnachfrage verhalten und Firmenkredite höchst risikobehaftet sind, will man mit der öffentlichen Hand solide Geschäfte machen. Den Befürwortern der Verschuldung in der politischen Linken geht es vor allem um die Vermeidung des »Sozialabbaus«. Denn ohne das Ventil Verschuldung gibt es natürlich und zu Recht Druck auf soziale Besitzstände, vor allem dann, wenn man sich das Verhältnis von Konsum- und Investitionsausgaben in den öffentlichen Haushalten genau anschaut.

Die Neo-Keynesianer negieren grundsätzlich die demografischen Lasten. Das ist meine Hauptkritik an ihrer expansiven Fiskalpolitik. Denn die Renten- und Pensionslasten im Staatshaushalt steigen in den kommenden Jahrzehnten, gleich bleibende Leistungsniveaus unterstellt, mit deutlich höheren Wachstumsraten als das BIP. Die implizite Verschuldung wird komplett vernachlässigt, wenn man der Argumentation von Heiner Flassbeck folgt, der unter Oskar Lafontaine immerhin Staatssekretär im Bundesfinanzministerium war. In einem Beitrag für die *Süddeutsche Zeitung* ließ sich Flassbeck am 11. Februar 2003 ernsthaft darüber aus, dass die Auflösung des Reformstaus in Deutschland letztlich die deutschen Unternehmen endgültig ruinieren werde. Mit Auflösung des Reformstaus verbindet er Rezepte, wie sie auch in diesem Buch dargestellt werden. Arbeitslose, Rentner und Beamte haben weniger Kaufkraft, wenn der Staat ihnen weniger Geld gibt. Folglich können sie dann weniger konsumieren, und das geht zu Lasten von Wachstum und Beschäftigung. Doch die Kaufkraft der Arbeitseinkommen stagniert ja nicht ohne Grund bereits seit zwanzig Jahren. Wenn die Bruttolöhne steigen, die Nettolöhne aber stagnieren oder gar sinken, dann ist dies genau die fatale Folge der Überforderung der sozialen Sicherungssysteme. Deshalb sind strukturelle Reformen nötig, damit wieder mehr vom Bruttoeinkommen netto auf die Konten fließt. Das stärkt die reale Kaufkraft. Außerdem ist – allen Steuerreformen der Vergangenheit zum Trotz – die volkswirtschaftliche Einkommensbelastung in den letzten vierzig Jahren um rund 14 Prozent gestiegen, weil der Staat durch die kalte Progression immer mehr von den steigenden Einkommen erhält. Wer über diese Zusammenhänge schreibt, muss die Ursache- und Wirkungsketten berücksichtigen und darf sich nicht auf eine vordergründige Saldenmechanik aus privater und öffentlicher Nachfrage kaprizieren.

Wie wollen Neo-Keynesianer die Neuverschuldung rechtfertigen, obwohl sie doch längst keinen fiskalischen Entlastungseffekt mehr hat! Sie reicht ja nicht einmal aus, um noch die Zinsen für alle früheren Schulden zu bezahlen! Doch die selbst ernannten Jünger von John Maynard Keynes haben nie daran gedacht, ihrem Meister auch in den guten Konjunkturphasen zu folgen. Schulden sind immer gut, in guten wie in schlechten Tagen, weil Politiker mit Schulden Belastungen von der Gegenwart in die Zukunft schieben können. Keynes dagegen plädierte eindeutig für die Nullverschuldung über den gesamten Konjunkturzyklus. Er würde sich im Grab herumdrehen, wenn er wüsste, wie er missbraucht wurde und wird.

Staatliche Konjunkturprogramme hatten in Deutschland vor allem in den Siebzigerjahren Hochkonjunktur. Damals wurden unzählige – mehr oder weniger sinnvolle – Infrastruktureinrichtungen geschaffen: Straßen, Kanäle und Kläranlagen hatten ebenso Konjunktur wie Mehrzweckhallen und Schwimmbäder. An die Folgekosten dachten die mit dem goldenen Zügel gelockten kommunalen Bauherren wenig. Viele dieser Einrichtungen, vor allem die Schwimmbäder, sind heute längst geschlossen, weil die Folgekosten zu hoch waren. Andere, sinnvollere Infrastruktur existiert zwar heute noch, ist aber längst zum zweiten Mal von Grund auf saniert worden. Entscheidend im Saldo ist jedoch, dass auch die ältesten Investitionen, mit Krediten finanziert, bis heute nicht bezahlt sind. Wir kommen immer nur für die Zinsen der damaligen Schulden auf. Wir haben noch nie getilgt.

Machen Sie sich klar, was das bedeutet: Durch Nutzung verbrauchen wir immer wieder die mit Krediten finanzierten Investitionen. Wir bezahlen sie aber nicht ab, sondern wir bezahlen nur die Zinsen. Das ist die denkbar teuerste Form der Finanzierung. Statt der von der Verschuldungsfraktion ausgegebenen Devise »Pay as you use« (Bezahle, wie du nutzt), praktizieren wir ein perverses und sündhaft teures Prinzip: »Pay forever after using« (Bezahle für immer und ewig nach der Nutzungsphase). Hier möchte ich eine keineswegs ironisch gemeinte schwäbische Devise ins Englische übersetzen: »Save first – then use« (Erst sparen, dann nutzen).

Die Neo-Keynesianer unterschlagen gern, dass eine als Konjunkturstimulans angelegte expansive Fiskalpolitik bei der Verflechtung der internationalen Wirtschaft regelrecht verpufft. Selbst wenn man im Jahr die gigantische Summe von 20 Milliarden Euro zusätzlich mobilisieren wollte, wäre das gerade mal 1 Prozent des BIP. Aber die behauptete zusätzliche Wertschöpfung, die aus den kreditfinanzierten Investitionen des Staates resultieren soll, braucht ihre segensreiche Wirkung doch gar nicht im Inland zu entfalten. Vielleicht profitieren ausländische Auftragnehmer von den zusätzlichen Geschäften. Vielleicht sparen die Bürger in der gleichen Zeit mehr, weil sie der expansiven Fiskalpolitik misstrauen und langfristig um ihr Alterseinkommen (sehr zu Recht!) fürchten. Oder sie verprassen, falls die in der *Financial Times Deutschland* propagierte Steuersenkung per Scheckversand durch die Finanzverwaltung in die Tat umgesetzt würde, dieses Geld liebend gern im Sommerurlaub – zur Freude der Ökonomie des Gastgeberlandes.

Liebe Neo-Keynesianer, lasst eure Rezepte da, wo sie hingehören: in der Mottenkiste. Im Zeitalter der globalen Wirtschaft sind Konjunkturprogramme des tatendurstigen Staates teure Placebos, die in Form künftiger Zinsen viel mehr Schaden anrichten als Nutzen stiften. Die japanische Volkswirtschaft hat doch längst den Beweis erbracht, dass flächendeckende Konjunkturprogramme und eine Geldpolitik, die ihr Pulver längst verschossen hat, weil der Zinssatz praktisch bei null liegt, nur zu gigantischer Staatsverschuldung, Rezession und Deflation führen.

Dass sich ausgerechnet ver.di, die Gewerkschaft des öffentlichen Dienstes, derzeit mächtig für kreditfinanzierte kommunale Investitionsprogramme stark macht, wundert mich überhaupt nicht. Erst hat ver.di den kommunalen Arbeitgebern mit einem zu hohen Tarifabschluss in die linke Tasche gegriffen. Jetzt geht die Sorge um, dass die Überforderung der Städte und Gemeinden zu weiterem Stellenabbau führt und die Einschränkung weiterer öffentlicher Leistungen bedeutet. Also wollen die cleveren ver.di-Leute jetzt die rechte Tasche ihrer Arbeitgeber mit vom Bund zu finanzierenden Krediten für kommunale Investitionen befüllen. Wahrlich ein durchsichtiges Spiel!

43
Aktivierender Föderalismus oder organisierte Verantwortungslosigkeit?

Die Staatsverschuldung hat eine weitere strukturelle Ursache. Unser real praktizierter Föderalismus mit seinen komplizierten Mischfinanzierungen symbolisiert für mich das Prinzip der organisierten Verantwortungslosigkeit. Bund, Länder und Gemeinden sind durch eine Vielzahl von Finanzscharnieren miteinander verbunden. Das komplizierte Konstrukt ist bekannt unter der Bezeichnung »Länderfinanzausgleich«. Die ergiebigen Steuern, vor allem die Einkommen- und die Umsatzsteuer, sind per Gesetz nach bestimmten Schlüsseln auf die drei staatlichen Ebenen aufgeteilt. Diesem vertikalen Finanzausgleich ist ein Verteilungssystem nachgeordnet, der »horizontale Finanzausgleich«, der einen Ausgleich zwischen starken und schwachen Ländern gewährleisten soll. Daneben gibt es auch noch einen kommunalen Finanzausgleich, der unterschiedliche Steuereinnahmen zwischen den Gemeinden des jeweiligen Landes ausgleicht.

Der Ausgleichsmechanismus im Länderfinanzausgleich hat im Laufe von Jahrzehnten die gleiche Wirkung entfaltet wie hohe Grenzsteuersätze im Einkommensteuerrecht bei den privaten Steuerzahlern. Die leistungsfähigen Bundesländer (die Geberländer) bezahlen über einen nivellierenden Ausgleichsmechanismus hohe Beträge an die schwächeren Länder (Nehmerländer). Für die Nehmerländer gibt es keinen großen Anreiz, durch eine Verbesserung ihrer Wirtschaftskraft mehr Einnahmen zu generieren, weil ein Anstieg der eigenen Steuerkraft sofort die Zuschüsse aus den Kassen der Geberländer mindert. Gleichzeitig verlieren die Geberländer die Freude an höherer Leistung, weil sie vom Mehrertrag kaum etwas behalten dürfen.

Dieses System ist ein höchst wirkungsvoller Anreiz zu staatlicher Ineffizienz! Dass dieser falsche Anreiz auch im Verhältnis Bürger zu Staat tagtäglich entsprechende Mitnahmeeffekte hervorbringt, habe ich in den Kapiteln über den deutschen Arbeitsmarkt, die Ausgestaltung unserer gesetzlichen Sozialsysteme und das Steuerrecht bereits dargestellt.

Die komplexe Beziehung zwischen den staatlichen Ebenen wird noch unübersichtlicher, weil die Kommunen verfassungsrechtlich Teil der Länder sind. Die Länder verlieren zwar strukturell immer mehr an Kompetenz, doch im Bundesrat können sie zurzeit mit der Mehrheit der Opposition die Bundespolitik engagiert mitgestalten. Der Hebel für die Länder sind die so genannten Zustimmungsgesetze. Drei Viertel des gesamten Steuervolumens in Deutschland fallen unter dieses faktische Vetorecht des Bundesrats. Deshalb haben die Ministerpräsidenten der Länder immer den Fuß in der Tür, wenn es ums Geld geht. Die Kommunen jedoch, die verfassungsrechtlich Teil der Länder sind, sitzen in den gesetzgeberischen Verteilungskämpfen am Katzentisch, während Bundes- und Landesregierungen die großen Deals machen. Häufig genug bleiben sie bei diesen Kungelrunden, ob im Vermittlungsausschuss oder bei den beliebten Kamingesprächen, letztendlich die Verlierer, weil Bund und Länder sich auf Kosten der Kommunen einigen.

In einer Zeit der klammen öffentlichen Haushalte ist die Tendenz gewachsen, Lasten zwischen den staatlichen Ebenen hin und her zu schieben. Auch die Sozialversicherungen haben sich zu einem solchen Verschiebebahnhof entwickelt. Das Konnexitätsprinzip des Grundgesetzes, das eine angemessene Finanzausstattung für die Staatsebene postuliert, die für die Erbringung von öffentlichen Leistungen zuständig ist, wird im politischen Kuhhandel im Vermittlungsausschuss immer weniger beachtet. Der Grundsatz »Wer bestellt, bezahlt!« muss jedoch auch im Verhältnis der verschiedenen Staatsorganisationsebenen zueinander gelten.

Deutschland ist gegenüber der Europäischen Union als supranationale Gesetzgebungsebene im Rahmen des europäischen Stabilitätspakts verbindliche Verpflichtungen eingegangen. Aus diesem Grund ist ein rechtsverbindlicher nationaler Stabilitätspakt für die deutsche Finanzpolitik dringend nötig, denn alle drei Staatsebenen müssen gemeinsam für ausgeglichene Haushalte sorgen. Wenn Deutschland mehrmals die Höchstgrenze des Drei-Prozent-Defizitkriteriums überschreitet, werden empfindliche Geldstrafen in Höhe von bis zu einem halben Prozent unseres BIP fällig (derzeit immerhin gut 10 Milliarden Euro). Für diesen Betrag haftet im Außenverhältnis gegenüber der EU allein der Bundesstaat. Dabei produzierten gerade in den vergangenen Jahren die Bundesländer in ihrer Gesamtheit den Löwenanteil des deutschen Defizits. Im Jahr 2000 wies der Bund dank UMTS-Erlösen einmalig sogar ein Plus von 26,9 Milliarden Euro aus, während die Länder ein Minus von 10,4 Milliarden Euro verbuchen mussten. 2001 wiesen beide Staatsebenen Defizite aus, der Bund 21 Milliarden Euro, die Länder 26,8 Milliarden Euro. 2002 änderte sich das Bild. Erstmals seit Jahren war das Defizit des Bundes mit 31,9 Milliarden Euro höher als das der Länder, die 30,8 Milliarden Euro Defizit verbuchten. Zur Orientierung nenne ich auch die Zahlen der Kommunen: 2000 ein Plus von 1,9 Milliarden Euro, 2001 ein Minus von 3,9 Milliarden Euro.

Eine bescheidene Maßnahme zur Schaffung von mehr gesamtstaatlicher Verantwortung in der Finanzpolitik wurde im

Februar 2002 im Finanzplanungsrat vereinbart. Dieses schon lange bestehende Gremium, in dem alle staatlichen Ebenen mit ihren Fachleuten vertreten sind, hatte nämlich Ende 2001 mit einem neuen Paragrafen im Haushaltsgrundsätzegesetz (§ 51a zur Einhaltung der Haushaltsdisziplin im Rahmen der Europäischen Wirtschafts- und Währungsunion) eine gesetzlich definierte neue Aufgabe bekommen. Der Finanzplanungsrat verständigte sich auf eine gemeinsame Empfehlung zur Begrenzung des staatlichen Ausgabenwachstums und auf einen Schlüssel für die Aufteilung des zulässigen Defizits zwischen der Gesamtheit der Länder und Kommunen (55 Prozent) auf der einen Seite und Bund und Sozialversicherungen (45 Prozent) auf der anderen. Außerdem sollte ab 2003 die Neuverschuldung gegenüber dem Vorjahr jeweils reduziert werden – mit dem Ziel ausgeglichener Haushalte.

Ich bezweifle stark, dass mittels der Empfehlungen dieses Gremiums rechtsverbindliche und nachhaltig ausgeglichene Budgets erreichbar sind. Ohne einen konkreten Fahrplan mit Sanktionsmechanismen ist dieses gut gemeinte Konstrukt nur geduldiges Papier. Werfen Sie einen Blick auf die absehbare Entwicklung im laufenden Jahr. Die Presse berichtet, dass die Verschuldung in den Haushalten zahlreicher Länder sogar steigt. Nur der Bundeshaushalt will seine Ausgaben im Vergleich zum Vorjahr senken und die extrem hohe Neuverschuldung des Jahres 2002 deutlich abbauen. Ich fürchte angesichts der wirtschaftlichen Lage allerdings, dass sich dieses Ziel im Haushaltsvollzug überhaupt nicht einhalten lässt.

Unser Exekutivföderalismus ist jedoch nicht nur ineffizient, sondern er gebärdet sich auch noch vordemokratisch. Bundestag und Länderparlamente bleiben meist außen vor, wenn sich die Damen und Herren Ministerpräsidenten und der

Bundeskanzler über die Geschäftsgrundlage des föderalen Systems, das Geld, unterhalten. Ich habe erlebt, dass der Gesetzgeber monatelang auf die Ergebnisse der Kamingespräche der Exekutive warten musste, bevor sich die Abgeordneten im zuständigen Sonderausschuss des Deutschen Bundestags überhaupt materiell mit einer Gesetzesvorlage aus dem Bundesfinanzministerium befassen konnten. Ich war Obmann meiner Fraktion im Sonderausschuss »Maßstäbegesetz und Finanzausgleichsgesetz«, der Ende Oktober 2000 konstituiert wurde. Aufgabe dieses parlamentarischen Gremiums war es, eine Auflage der Karlsruher Verfassungsrichter umzusetzen und in der noch laufenden Legislaturperiode Maßstäbe für den innerstaatlichen Finanzausgleich in Gesetzesform zu definieren.

Schon die Auswahl der Abgeordneten für diesen Ausschuss, vor allem in den beiden großen Fraktionen SPD und Union, sprach Bände. »Geber- und Nehmerländer« mussten durch Abgeordnete so ausgewogen vertreten sein, dass die Nehmerländer wie im Bundesrat auch im Ausschuss die Mehrheit hatten. Man konnte schon zu Beginn erkennen, dass dieser Bundestagsausschuss personell eher der verlängerte Arm der organisierten Länderinteressen werden sollte als der Interessenwahrer des Bundes, obwohl ausschließlich Abgeordnete des Bundestags in dem Gremium saßen. Wenn nicht mit Volker Kröning ein SPD-Kollege zum Vorsitzenden gewählt worden wäre, der persönlich und fachlich über jeden Zweifel erhaben ist, dann wären die Regionalinteressen der Länder im Sonderausschuss noch stärker berücksichtigt worden.

Der Ausschuss traf sich zu einer für Parlamentarier und Mitarbeiter ungewöhnlichen Zeit: am Freitag um 7.30 Uhr. Viele Abgeordnete waren nicht ausgeschlafen, die meisten Kollegen brauchten ein Frühstück im Sitzungsraum des Reichstags. Wieder einmal echauffierte ich mich bei Käsebrötchen und dampfendem Kaffee mit einer lautstarken Philippika über die Zaungastrolle des Bundesgesetzgebers: »Wir dienen doch nur als Staffage unseres Exekutivföderalismus!« Monatelang trafen wir uns zu dieser frühen Runde, ließen uns die Kompliziertheit und Intransparenz des geltenden Ausgleichssystems von Fachleuten erörtern, wälzten unzählige kluge und weniger kluge Gutachten und hörten uns geduldig die Klagen von Geber- und Nehmerländern an. Doch in seltener Einmütigkeit setzten SPD und Union im Ausschuss alles daran, uns von der eigentlichen Gesetzgebungsarbeit abzuhalten. Denn es sollte, die übliche Unsitte in Deutschland, auf die Kungelrunden der Ministerpräsidenten in heimeliger Kaminabend-Atmosphäre gewartet werden. Und vor allem die abschließende Kungelrunde der Länderfürsten mit dem Bundeskanzler sollte nicht durch Festlegungen der Parlamentarier belastet werden.

Kaum hatte sich die Spitzenkungelrunde auf klitzekleine Fortschritte verständigt, da erledigte der Sonderausschuss seine Arbeit im Handumdrehen. Man setzte plötzlich in wenigen Stunden genau das um, was die Regierungschefs in ihrer Weisheit beschlossen hatten. Der Ausschussvorsitzende Volker Kröning mochte dieses Spiel am Ende genauso wenig mitmachen wie meine Grüne Kollegin Antje Hermenau und ich. Volker Kröning legte aus Protest gegen die von den Ländern durchgesetzte Befristung des neuen Gesetzes, aber auch, weil keine wirklich verbindliche gesetzliche Verabredung für einen nationalen Stabilitätspakt zu Stande kam, den Vorsitz nieder. Wir zwei Grünen stimmten bei der abschließenden Lesung im Deutschen Bundestag gegen das so genannte Solidarpaktfortführungsgesetz. Volker Kröning war wenige Monate nach seinem respektablen und begründeten Abgang als Sonderausschuss-Vorsitzender übrigens der Sozialdemokrat im Haushaltsausschuss, der konsequent und juristisch überzeugend gegen die Beschaffungsvorlage von Rudolf Scharping für das Transportflugzeug A-400 M kämpfte.

Wie wenig sich der Bundesgesetzgeber mit den wirklich bedeutsamen institutionellen Strukturen unseres Gemeinwesens befasst, zeigt nicht nur dieses Beispiel der gelebten Kompetenzabstinenz. Denn wer nicht für die Bundesinteressen kämpft und die Deals den jeweiligen Regierungen überlässt, gibt nicht nur parlamentarische Rechtsetzung in vorauseilendem Gehorsam an der Garderobe der Exekutive ab, sondern er sorgt auch tagtäglich für mehr Ineffizienz zu Lasten der Steuerzahler.

Der Umgang mit wichtigen Beschlüssen der Exekutivebene auf der europäischen Politbühne ist ein weiteres Beispiel dafür, wie vordemokratisch de iure und de facto europäische Rechtsetzung ohne parlamentarische Behandlung im Deutschen Bundestag stattfindet. Was Regierungen oder Ministerkonferenzen in Brüssel verabreden, bindet in der praktischen Auswirkung die deutsche Politik oft nachhaltiger als die inländischen tagespolitischen Hits. Die Ausgestaltung der EU-Osterweiterung etwa hat gigantische Auswirkungen für die öffentlichen Haushalte unserer Republik, aber auch für den Arbeitsmarkt. Darüber wird so wenig substanziell im deutschen Parlament gestritten, wie viele andere EU-Vorlagen durch Handauflegen ohne Debatte zur Kenntnis genommen werden.

Ich plädiere durchaus für die europäische Integration und die Osterweiterung der EU. Doch wenn wir glauben wollen, dass Europa auf Dauer als Projekt der Regierungen überlebt, unterliegen wir einem fatalen Trugschluss. Europa muss an seine Bürger heranrücken, muss demokratischer und transparenter werden. Die deutsche Politik muss deshalb im nächsten

Jahr ihre Eliten für das Europäische Parlament nominieren und auch ihr bestes Personal in den europäischen Institutionen platzieren, und nicht wie bisher vorwiegend Mittelmäßige nach Brüssel abschieben. Die systematische Gleichgültigkeit, ja Missachtung der europäischen Rechtsetzung in der nationalen Politik unseres Landes ist unverantwortlich, teuer und undemokratisch.

An einem abschließenden Beispiel möchte ich verdeutlichen, wie verantwortungsbewusste Politik binnenstaatlich zwischen Bund, Ländern und Gemeinden organisiert werden könnte. An erster Stelle steht für mich nicht die Länderneugliederung. Obwohl die Overhead-Kosten für 16 mehr oder weniger leistungsstarke Länder deutlich reduzierbar wären, wird mit dieser Debatte das Pferd vom Schwanz her aufgezäumt. Die Bürger würden sich an ihre regionalen Identitäten klammern, wenn man Neugliederungen von oben überstülpen wollte. Andere Länderstrukturen werden mittelfristig mehrheitsfähig, wenn die öffentlichen Haushalte nach den Grundsätzen der kaufmännischen Buchführung organisiert werden und die Kosten- und Leistungsrechnungen diese Ineffizienzen gnadenlos offen legen.

Ich kämpfe für die Akzeptanz der Unterschiede in unserer Republik. Wir müssen nicht alle Regionen über den gleichen Leisten schlagen, weil das Grundgesetz gleichwertige Lebensverhältnisse gebietet. Aber wir müssen dafür sorgen, dass sich in einem System des aktivierenden Föderalismus eigene Anstrengungen für alle Regionen und für alle Staatsebenen lohnen. Um das zu erreichen, ist die alte Ordnung mit ihrer organisierten Verantwortungslosigkeit auf den Müllhaufen der Geschichte zu schmeißen. Ein klares Trennsystem für die Einnahmenseite ist nötig, aber auch eine eindeutige Verantwortung für die Ausgaben. Bund und Länder müssen jeweils über eigene große Steuerquellen verfügen, und das Dickicht der Mischfinanzierungen muss endlich gelichtet werden.

Da in diesem Jahr noch die Weichen für die Finanzausstattung der Kommunen im Rahmen der Gemeindefinanzreform neu gestellt werden, bekenne ich mich hier klar zur ersatzlosen Streichung der Gewerbesteuer. Zur Finanzierung ihrer Ausgaben sollten die Gemeinden das Recht erhalten, per kommunaler Satzung eine Zuschlagssteuer auf die Einkommen- und Körperschaftssteuer zu erheben. Wenn im Gemeinderat und in der Stadtverwaltung künftig finanzwirksame Großprojekte mit entsprechenden Folgekosten auf den Weg gebracht werden, könnten sie sich nicht mehr einfach aus der Verantwortung stehlen oder auf die goldenen Zügel der Landes- oder Bundeszuschüsse hoffen. Sie müssten der eigenen Bevölkerung und den Unternehmen in ihrer Gemeinde die Kosten in Form höherer Steueraufschläge als in Nachbarstädten präsentieren. Dieses Zuschlagssteuersystem wäre ein bedeutender struktureller Beitrag zu mehr Effizienz und weniger Verschwendung gerade dort, wo wir Bürger die Konsequenzen politischen Handelns noch einigermaßen durchschauen können – vor unserer Haustür.

44
Institutionelle Schranken gegen die Verschuldung

In der gigantischen Staatsverschuldung – expliziter und impliziter Verschuldung – schlägt sich wie in einer schlechten Bilanz die ganze Vielfalt unterlassener Strukturreformen in Staat und Gesellschaft nieder. Wesensmerkmal des politischen Prozesses ist die kurzfristige Orientierung im Zyklus der Legislaturperioden und die Machtorientierung der Hauptprotagonisten. Deshalb sind unüberwindliche institutionelle Schranken nötig, um den weiteren Marsch in den Schuldenstaat und damit den mittelfristig drohenden Staatsbankrott zu verhindern.

Wer das horrende Wachstum der Verschuldung durch den Zinseszins-Effekt zur Kenntnis nimmt, der hat auch erkannt, dass die Sorge vor einem Kollaps dieses Systems mehr als berechtigt ist. Die Deutschen haben im letzten Jahrhundert in einer Generation zwei Währungsreformen erlebt, die schlagartig für die Entschuldung des Staates gesorgt haben. Vor allem verloren viele Millionen Menschen ihr gesamtes Geldvermögen. Wer solche Szenarien zuverlässig verhindern will, muss der Politik das Instrument der Verschuldung aus der Hand schlagen. Jeder Steuerzahler, der langfristig nicht immer höhere Steuern für die Zinsen des Staates bezahlen will, wird einen Stopp der Verschuldung fordern müssen. Wer nicht nur egoistisch an sich denkt, sondern Verantwortung gegenüber Kindern und Enkeln ernst nimmt, muss sich gegen diese Verschiebung von Lasten in die Zukunft auflehnen.

Erstes Ziel einer soliden Finanzpolitik muss es sein, bei normaler Konjunktur Haushaltsüberschüsse zu erzielen. Nur wer in guten Zeiten Überschüsse erzielt, kann in rezessiven Phasen kurzzeitig die automatischen Stabilisatoren wirken lassen, um eine prozyklische Finanzpolitik zu vermeiden, die in der Konjunkturkrise zusätzlich spart und damit das Wachstum weiter schwächt. Dieses ehrgeizige, aber unabdingbare Ziel verlangt vor allem eine Begrenzung der konsumtiven Ausgaben des Staates, also Strukturreformen in den sozialen Sicherungssystemen, damit die steigenden Ausgaben für Arbeitslosenhilfe, Rente und Beamtenpensionen nicht weiter jeden Handlungsspielraum erdrosseln. Die Wirtschafts- und Sozialpolitik ist so auszurichten, dass alle Hemmschwellen für mehr Beschäftigung beseitigt werden. Um die volkswirtschaftliche Wertschöpfung (also den Gewinn, den die Firma »Deutschland« erwirtschaftet) in Zukunft sicherzustellen, sind gleichzeitig Bildung, Forschung und Infrastruktur auf Spitzenleistungen auszurichten, weil in diesen Sektoren die wichtigsten Investitionen für die Zukunft getätigt werden müssen.

Die Neuverschuldung ist gesellschaftlich zu ächten und durch eine eindeutige Regelung im Grundgesetz auszuschließen. Aus diesem Grund muss Artikel 109 unserer Verfassung, der Bund und Länder in ihrer Haushaltswirtschaft auf das Ziel des gesamtwirtschaftlichen Gleichgewichts verpflichtet, um eine Vorschrift erweitert werden, die alle staatlichen Ebenen zur Vermeidung von Haushaltsdefiziten verpflichtet. Die bisherige Definition der Verschuldungsobergrenze in Artikel 115 des Grundgesetzes, die sich als stumpfe Waffe im Kampf gegen das Krebsgeschwür Verschuldung entpuppt hat, muss ersatzlos gestrichen werden.

Vor dem Hintergrund dieser finanzpolitischen Zeitenwende, die mit Verfassungspostulat politisch abgesichert wäre, muss für die heutigen Altschulden eine umsetzbare und transparente Lösung gefunden werden. Die Erbmasse der DDR-Altschulden wurde ursprünglich in separaten Fonds ausgewiesen, bevor diese Schulden 1999 in den Bundeshaushalt eingegliedert wurden. Ich plädiere für die Einrichtung von Kreditabwicklungsfonds (KAF), in die Bund und Länder ab 2004 jeweils ihre Altschulden einbringen. Diese KAF sollten in Artikel 115 des Grundgesetzes mit einer präzisen Beschreibung des Vorgehens zur Tilgung der Altschulden verankert werden.

Jährlich müssten auf der Ausgabenseite der Fonds die Tilgungsausgaben, die Zinsausgaben und die Kreditbeschaffungskosten ausgewiesen werden. Auf der Einnahmenseite wären die zur Refinanzierung der Tilgungsausgaben nötigen Kreditaufnahmen zu verbuchen. Außerdem müsste die zur Teilfinanzierung der Zinsausgaben und Kreditbeschaffungskosten notwendige Nettokreditaufnahme (NKA) ausgewiesen werden. Diese NKA sollte ab 2004 mindestens um ein Drittel niedriger liegen als im Basisjahr 2003. In den beiden Folgejahren würde sich jeweils unter Bezugnahme auf das Basisjahr die Kreditaufnahme um jeweils ein weiteres Drittel reduzieren, bis sie schließlich bei null liegt. Parallel dazu müssten immer höhere Zuschüsse aus den Haushaltsplänen verbucht werden, die zur Teilfinanzierung der Zinsausgaben und Kreditbeschaffungskosten dienen. Diese Zuschüsse aus den jeweiligen Haushalten wären so lange jährlich aufzustocken, bis die Nettokreditaufnahme in den Fonds stufenweise auf null gebracht ist. Danach werden alle Zinsausgaben der KAF aus regulären Haushaltsmitteln bezahlt.

Bitte bedenken Sie: Nur wenn dieses Ziel erreicht wird, verschiebt die heutige Generation keine neuen Lasten mehr in die Zukunft.

Vor dem Hintergrund des europäischen Stabilitätspakts, der bei gesamtstaatlichen Verstößen Sanktionen gegen den Zentralstaat vorsieht, schiene es mir sinnvoll, die KAF aller drei Gebietskörperschaften (Bund, Länder und Gemeinden) organisatorisch bundesweit unter einem Dach zusammenzuführen und die zur zentralen Finanzierung erforderlichen Zuschüsse aus den jeweiligen Haushaltsplänen über den Finanzausgleich zu verrechnen. Denkbar wäre auch, einen definierten Teil des Steueraufkommens aller staatlichen Ebenen im Wege des Vorwegabzugs zur Finanzierung eines zentralen KAF zu verwenden.

Ein bundeseinheitlich geführter Kreditabwicklungsfonds böte für die Länder einen Zinsvorteil, weil die Refinanzierungskonditionen für den Bund auf Grund der Volumina günstiger sind als für die Bundesländer. Eine jährliche Zinsersparnis von rund 2 Milliarden Euro wäre ein starker Anreiz für dieses System. Diese Morgengabe sollte der Bund aber von der Bedingung abhängig machen, dass eine hieb- und stichfeste, gesetzliche Defizitbegrenzung für Bund wie Länder im Grundgesetz verankert wird, die auch sanktionsbewehrt sein müsste. Dann wäre die bundesstaatliche Ebene endlich die Sorge los, für Defizitverfehlungen einzelner Länder gegenüber der EU geradestehen zu müssen. Schließlich haftet niemand gern für die Versäumnisse anderer.

Im Haushaltsgrundsätzegesetz sind die Bedingungen geregelt, unter denen die Finanzminister Kreditermächtigungen ausüben dürfen. Diese Regelungen wären künftig so zu fassen, dass nur noch in einer kurzen Übergangszeit Kredite für die Teilfinanzierung des im KAF veranschlagten Schuldendienstes in Anspruch genommen werden dürften. Mein Vorschlag, der die Verschuldung im Jahr 2003 als Basis nimmt und ab 2004 eine jährliche Reduzierung um mindestens ein Drittel vorschreibt, würde praktisch bedeuten, dass ab dem Haushaltsjahr 2007 keine Nettokreditaufnahme mehr möglich wäre. Kreditermächtigungen wären dann nur noch in Form von Kassenverstärkungskrediten möglich, mit denen die Liquiditätsschwankungen im Haushaltsvollzug ausgeglichen werden, die aber auch das Instrument wären, um in konjunkturellen Schwächephasen kurzzeitig Steuerausfälle und Mehrausgaben für die Folgen der Arbeitslosigkeit auffangen zu helfen. Kassenkredite müssten spätestens innerhalb von drei Jahren zurückgezahlt sein.

Die Regel wären in diesem System Haushaltsüberschüsse, die jeweils im nächsten Jahr verbindlich in die Schuldentilgung fließen müssten. Fehlbeträge wären spätestens in den übernächsten Haushaltsplan einzustellen. Sie dürften nur, sofern die regulären Haushaltsmittel eines Jahres noch nicht zum Ausgleich ausreichen, durch Einnahmen aus Kassenverstärkungskrediten abgedeckt werden. Nach meiner Meinung lässt sich mit dem Instrument der Kassenverstärkungskredite eine prozyklische Finanzpolitik verhindern, weil die automatischen Stabilisatoren trotz Neuverschuldungsverbot kurzfristig wirken könnten, gleichzeitig aber gesichert wäre, dass diese konjunkturbedingten Schulden zwingend in kürzester Frist, innerhalb von längstens drei Jahren, abgebaut sein müssten.

Den Makroökonomen aller Länder möchte ich zurufen: Wegen der demografischen Entwicklung besteht bereits heute eine so hohe implizite Verschuldung auf Grund der Leistungsversprechungen an Rentner und Pensionäre, dass der Irrglaube an eine aktive Finanzpolitik ausgerottet werden muss. Kreditfinanzierte Staatsnachfrage bringt nichts außer höheren Schulden und steigenden Steuern. Denn die Zinsen müssen eines Tages von arbeitenden Menschen bezahlt werden!

Glauben Sie im Ernst, dass Ihre Kinder und Enkel die Zinsen für unsere Schulden und obendrein auch noch unsere Pensionen oder Renten bezahlen könnten?

Überlegenswert scheint mir darüber hinaus der Vorschlag, einen Nachhaltigkeitsrat – ein kleines Gremium unabhängiger Sachverständiger – gesetzlich zu verankern, der das Staatsbudget auf langfristige Tragfähigkeit hin analysiert. Diese jährliche Bewertung müsste neben dem eigentlichen Haushaltsgebaren auch die Tragfähigkeit der sozialen Sicherungssysteme untersuchen. Außerdem sollte diese Expertengruppe die Flexibilität der Arbeitsmärkte und die Qualität von Bildung, Forschung und Infrastruktur genau beleuchten. Dieses Gutachten müsste dem Deutschen Bundestag grundsätzlich vor der 1. Lesung des Haushaltsentwurfs vorliegen. Der Nachhaltigkeitsrat sollte bei den Etatberatungen im Deutschen Bundestag ein verbrieftes Rederecht erhalten. Eine Kurzfassung der Bewertung sollte Pflichtanlage des jeweiligen Haushaltsgesetzes werden. Wir müssen alle Möglichkeiten nutzen, um das Bewusstsein für die langfristigen Folgen unseres Tuns und Unterlassens zu schärfen.

Teil IV
Epilog

45
Der Autor will ein Grüner sein?

Schütteln Sie jetzt den Kopf? Fragen Sie sich, was ich als Politiker ausgerechnet bei den Grünen suche? Konservative und Liberale werden den überwiegenden Teil der Lösungskonzepte in diesem Buch für sich reklamieren. Die politische Linke wird sie verschmähen als Rezeptur aus der neoliberalen Giftküche. Doch eine eindeutige Etikettierung von Konzepten fällt immer schwerer, weil in den vergangenen Monaten in unserem Land etwas in Bewegung geraten ist.

Spätestens seit Gerhard Schröders Reform-Regierungserklärung am 14. März 2003 im Deutschen Bundestag müssen sich auch SPD-Linke und die Gewerkschaften auf Veränderungen einstellen, die so gar nicht in das vertraute Schwarz-Weiß-Muster passen. Mich freut die neue Beweglichkeit, weil ich von ganzem Herzen hoffe, dass sich diese Republik aus ihrer wohlfahrtsstaatlichen Erstarrung lösen wird.

Der Erneuerungsprozess wird Jahre dauern, weil unser Denken in vielen Jahrzehnten extrem stark auf die umfassende Zuständigkeit des Staates hin orientiert wurde. Bevölkerung und Politik, Gewerkschaften und Wirtschaftsverbände, Wissenschaftler und Medien haben sich diese Staatsfixiertheit nicht nur bereitwillig gefallen lassen, sondern die organisierte Selbstbedienung viel zu lange als große sozialpolitische Errungenschaft gefeiert. Ohne Rücksicht auf die immer größere Zeche, die wir gesamtstaatlich haben auflaufen lassen, handelten wir alle nach dem Motto der verblendeten Adligen vor der Französischen Revolution: Nach uns die Sintflut!

Und genau deshalb bin ich aus Überzeugung Grüner.

Ich habe massive moralische und ökonomische Skrupel, in einer begrenzten Welt unbegrenzte Verschwendung zu tolerieren. Der Raubbau an den natürlichen Lebensgrundlagen, die endlich sind wie der Lebensraum für die Gattung Mensch auf diesem Planeten, empört mich genauso wie ein Leben in Saus und Braus, aber auf Pump! Unsere Kinder und Enkel sollen unsere Zinsen und unsere Renten bezahlen? Diese Vorstellung ist geradezu zynisch, weil unsere Freiheitsexzesse künftige Gestaltungsspielräume vernichten. Kurz gesagt: Sie enden in der Unfreiheit.

Wir müssen mit der Zukunft teilen! Dieser Verteilungskampf ist in unserer Gesellschaft längst wichtiger als die traditionellen Verteilungskämpfe im Hier und Jetzt.

Nur die Gesellschaften, die sich heute gegen Exzesse beim Verbrauch endlicher fossiler Brennstoffe durch die Verteuerung über ökologische Steuern wappnen, verschaffen regenerierbaren Energiequellen aus Sonne, Wind und Biomasse den konkurrenzfähigen Marktdurchbruch. Nur so wird sich ökologische Mobilität und energieeffizientes Arbeiten und Wohnen durchsetzen, bevor die Natur unerbittlich zurückschlägt.

Nur die Staaten, die ihre sozialen Sicherungssysteme auf langfristige Tragfähigkeit anlegen und mehr auf Privatvorsorge als auf Kollektivversorgung setzen, werden ihre künftigen Beitrags- und Steuerzahler leistungsfähig halten. Wenn der Staat auch künftig immer mehr vom Einkommen haben will, werden zunehmend weniger Menschen Lust auf Leistung und höhere Produktivität verspüren.

Nur Gesellschaften, die nicht vor allem Schulden vererben, sondern über eine leistungsfähige Infrastruktur verfügen und ihre Bevölkerung erstklassig qualifizieren und zur Leistung motivieren, werden eine gute Zukunft haben. Und nur die Staaten, die sich bei aller Leistungsorientierung nicht allein über das Primat der Ökonomie definieren, sondern zulassen, dass ihr sozialer Organismus auch beseelt ist von bürgerschaftlichem Engagement, alltäglicher Hilfsbereitschaft und Mitmenschlichkeit, werden auch künftig Lebensqualität bieten können.

46
Wachstum ist nicht alles

Sie brauchen nicht Grün zu wählen, um zu erkennen, dass immer währendes Wachstum nicht möglich sein wird. Wenn Sie bereits in einem Alter sind, in dem man beim gelegentlichen Verwandtenbesuch in der alten Heimat spazierend darüber sinniert, welche enormen Flächen unsere Zivilisation in der altvertrauten Umgebung gefressen hat, dann können Sie sich ausrechnen, bis wann der letzte noch unbebaute Flecken grünen Landes asphaltiert oder überbaut sein wird.

Wenn Sie sich die beinahe milliardenstarke zusätzliche Pkw-Flotte vorstellen, die sich auf diesem Globus bewegt, wenn allein die Chinesen der gleichen Motorisierungslust frönen wollen wie wir Deutschen, dann wird Ihnen vielleicht bewusst, was unbegrenztes Wachstum bedeuten könnte. Unser Planet musste vor einem Vierteljahrhundert etwa 4 Milliarden Menschen und heute fast 7 Milliarden aushalten. Wenn die Erde in einer Generation fast 12 Milliarden Menschen ertragen muss, dann sind die Grenzen des Wachstums in einer endlichen Welt bereits in Sicht.

Unser gesamtes ökonomisches System basiert auf einer einzigen Prämisse: Wachstum, Wachstum und nochmals Wachstum. Sprüche wie »Stillstand heißt Rückschritt« künden vom gleichen Theorem. Höhere Umsätze und Gewinne, ständig wachsende Einkommen, immer mehr materieller Wohlstand – das sind die Lebenselixiere unserer Wachstumsgesellschaft. Gierig lechzten wir nach möglichst hohen Renditen an den Kapitalmärkten und mussten schmerzlich erkennen, dass übersteigerte Wachstumsträume mit einem bösen Erwachen endeten. Die gigantische Kapitalvernichtung an den Aktienmärkten, die auf die Spekulationsblase des Neuen Marktes folgte, bewies einmal mehr den Wahrheitsgehalt eines alten Börsianerspruchs: Gier verkaufen, Panik kaufen!

Ich habe keine ökonomisch und politisch taugliche Antwort auf die Frage, wie wir den klassischen Wachstumsansatz korrigieren sollen. Ich will aber Skepsis gegen eine unreflektierte Wachstumsgläubigkeit schüren. Wir dürfen uns von niemandem weismachen lassen, dass wir mit Wachstumsraten wie in den guten alten Wirtschaftswunderzeiten unsere Probleme fast von selbst lösen könnten. Selbst wenn wir es schafften, alle strukturellen Barrieren unseres Arbeitsmarktes niederzureißen, die sozialen Sicherungssysteme nachhaltig zu reformieren und die Staatsverschuldung zu stoppen, eines ist sehr wahrscheinlich: Reale Wachstumsraten von rund 2 Prozent jährlich dürften die durchschnittliche Obergrenze in einem hoch entwickelten Industrieland wie Deutschland sein. Seit knapp drei Jahren können wir aber im nationalen Feldversuch beobachten, was im herrschenden System nahezu stagnierende BIP-Zuwachsraten bedeuten. Die Einnahmen des Staates brechen weg, die Sozialversicherungen verlieren Beitragsaufkommen, die Arbeitslosigkeit und die Staatsverschuldung steigen.

Selbstverständlich kenne ich den Begriff, mit dem die Grünen ihren Frieden schlossen mit dem Wachstum: *qualitatives Wachstum*. Denn wer könnte schon Einwände gegen ökologische Qualität erheben. Mehr Windenergie, mehr Solarstrom, mehr dezentrale Biomassekraftwerke, mehr Wärmedämmung zur Erhöhung der Energieeffizienz im Wohnungsbau, auch und vor allem im Altbaubestand, mehr Angebote an ökologischer Mobilität. Gute Ideen, die teilweise auch umgesetzt werden. Sie rechnen sich langfristig und volkswirtschaftlich ganz bestimmt, aber sie rechnen sich (noch) nicht betriebswirtschaftlich. Damit es sich jedoch betriebswirtschaftlich beispielsweise für die alternativen Stromerzeuger rechnet, subventionieren alle Stromkunden den regenerativen Energielieferanten mit hohen garantierten Einspeisevergütungen ihre mangelnde Wettbewerbsfähigkeit.

Ich habe mit diesen Subventionen kein grundsätzliches Problem. Als Finanzpolitiker habe ich mich im Deutschen Bundestag sogar für das »Erneuerbare Energie-Gesetz« stark gemacht, das diese ökologischen Subventionen regelt. Es ist besser, zukunftsfähige Energiequellen in der Anfangsphase zu subventionieren, als die heimische Kohle noch weiter am Subventionstropf hängen zu lassen. Auch die Atomenergie ist über Jahrzehnte mit hohen Steuersubventionen gefördert worden. Noch heute ist das Haftungsrecht für Atomanlagen eine Subvention, weil der Steuerzahler die Restrisiken absichert und nicht die Anlagenbetreiber. Und die ungesicherte Entsorgung der hoch radioaktiven Abfälle und ihre ungedeckten Kosten bleiben die argumentative Achillesferse für alle, die von billiger Atomenergie fabulieren. Das sollten sich die ordnungspolitischen Kritiker vor Augen führen, die Probleme mit subventioniertem Strom aus regenerativen Energiequellen haben. Einen Hinweis kann ich mir jedoch nicht verkneifen: Dieses Wachstum in den ökologischen Zukunftsbranchen geht natürlich zu Lasten der Wettbewerbsfähigkeit alter Branchen. Ich glaube zwar nicht an ein Nullsummenspiel, aber dieser Zusammenhang muss beachtet werden. So lange die ökologische Vernunft nicht global zu angemessenen, das heißt höheren Preisen für die endlichen Rohstoffe führt, so lange werden die Vorreiterländer unter Wettbewerbsnachteilen als Folgen höherer Energiepreise leiden. Das ist traurig, aber wahr.

Auch in der privaten Altersversorgung, und zwar gedeckt durch angespartes Kapital, sei an die Wachstumsgrenzen erinnert. Auf lange Sicht werden reale Renditen von über 3 Prozent nicht erzielt werden können. Je mehr wir in den alternden Industriegesellschaften privat vorsorgen müssen, weil die demografische Entwicklung die komplette Umlagefinanzierung von Rente und Krankenversicherung unbezahlbar macht, desto mehr Menschen werden im Alter »entsparen«. Sie werden ihre Ersparnisse verbrauchen, was tendenziell die Kapitalrenditen senken wird. Auch das sind Grenzen des Wachstums, die wir uns immer wieder vor Augen führen sollten.

Patentrezepte gibt es nicht. Manche liebenswürdigen Exoten würden uns gern aus der Zinsknechtschaft befreien, die sie als Kern aller Probleme in der Geldwirtschaft sehen. Andere, wie die Globalisierungskritiker von attac, hatten 2001 plötzlich die Tobin-Steuer als Allheilmittel propagiert. Doch auch eine Spekulationssteuer auf Devisen- und Kapitalmarkttransaktionen ist kein Dukatenesel.

Um dieses Instrument ist es wieder ruhiger geworden, denn auch die glühenden Verfechter der Tobin-Steuer mussten einsehen, dass die Einkünfte aus der Tobin-Steuer nicht ausreichen würden, um die anstehenden Probleme zu lösen. Schon gar nicht in Zeiten, in denen an den Weltfinanzmärkten buchstäblich Billionen US-Dollars echtes Geld im Nirwana des Börsenhypes verschwanden und seither die börsentäglichen Umsätze global abstürzten. Auch ohne die über zwei Jahre andauernde Kapitalvernichtung an den Aktienmärkten bleibe ich grundsätzlich bei meiner Absage an die Robin Hoods von attac: Wer notwendige Leistungseinschnitte in den Wohlfahrtsstaat dadurch vermeiden will, dass er auf eine St.-Nimmerleinstag-Steuer setzt, wird von wirklichkeitsferner Ideologie beherrscht. Eine Besteuerung der täglichen Transaktionen an den Weltkapitalmärkten setzt eine einheitliche Einführung mindestens in allen großen Wirtschaftsregionen voraus. Denn Kapital ist so flüchtig wie ein scheues Reh. Und in Zeiten der internationalen Datennetze ist jede Transaktion per Mausklick sekundenschnell in jede Steueroase umdirigierbar. Die Tobin-Steuer ist ein typisches Produkt aus dem Wolkenkuckucksheim der Gutmenschen.

47
Der freie Welthandel – eine Einbahnstraße

Die marktwirtschaftliche Ordnung lebt von fairen Wettbewerbsbedingungen, und zwar auf den nationalen Märkten und im globalen Handel. Machtmonopole müssen durch ein funktionierendes Kartellrecht verhindert werden, damit die Preisbildung auf den Märkten überhaupt im Wettbewerb stattfinden kann. Nationale Grenzen dürfen nicht durch Schutzzölle gegen ausländische Konkurrenz abgeschottet werden. Der Preiswettbewerb sollte nicht durch staatliche Subventionen verzerrt werden.

Ungehinderter Marktzugang ohne Wettbewerbsverzerrungen durch staatliche Eingriffe, das ist das Idealbild vom freien Welthandel, das von marktwirtschaftlichen Pharisäern in Nordamerika und Europa unentwegt heruntergebetet wird. Doch die raue Wirklichkeit sieht anders aus. Die reichen Staaten der Nordhalbkugel betrachten den freien Welthandel offenbar als Einbahnstraße. Sie drücken ihre mit Hunderten von Milliarden Euro jährlich subventionierten Agrarprodukte in die Märkte des Südens. Sie zerstören in anderen Ländern systematisch die Nahrungsmittelerzeugung und beuten durch große Food Companies die natürlichen Ressourcen mit gigantischen Monokulturen zum Nutzen der Industriestaaten aus.

Die intellektuellen Eliten der Entwicklungs- und Schwellenländer wurden häufig in den Industriestaaten ausgebildet und geprägt. Sie sorgen mit der unreflektierten Akzeptanz der herrschenden Welthandelsbedingungen geflissentlich für die reibungslose Organisation dieser Ausbeutung. Außerdem sind die Machtverhältnisse in der WTO (World Trading Organisation) so organisiert, wie könnte es auch anders sein, dass die Industriestaaten am längeren Hebel sitzen.

Wir verkaufen modernste Technik zu hohen Preisen in alle Welt, schotten aber den europäischen Markt von preisgünstigen Agrarimporten ab. Gerade die Nahrungsmittelerzeugung ist aber die Entwicklungschance für alle Länder, die über ein großes Heer billiger Arbeitskräfte verfügen. Nur über diesen Weg ist realistischerweise ein kontinuierlicher sozialer Aufstieg möglich, der nach und nach zu mehr Bildung und Qualifikation führt. Wer täglich um das nackte Überleben kämpfen muss, weil er keine Arbeit hat, wird den Aufstieg aus dem Elend kaum schaffen.

Doch nicht nur die Interessensverwalter des Kapitals handeln so imperialistisch. Auch die Gewerkschaften in den Industriestaaten agieren trotz aller Beschwörungen der internationalen Solidarität in letzter Konsequenz wie die Bosse der Konzerne. Denn es ist eindeutig Marktabschottung, wenn der Hauptvorteil der Armenhäuser dieser Welt, ihre günstigen Lohnkosten, mit europäischen oder amerikanischen Exportsubventionen zunichte gemacht wird. Unsere Agrarüberschüsse wären zu echten Marktpreisen überhaupt nicht verkäuflich. Sie sind es nur, weil sie mit Steuergeldern auf Dumpingpreisniveau verbilligt werden. Wir verhindern also durch Subventionen, dass in armen Ländern Arbeitsplätze entstehen, obwohl wir diese Länder mit Entwicklungshilfe unterstützen. Das ist klassische Doppelmoral! Deshalb müssen wir auch höllisch aufpassen, dass der Kampf der internationalen Gewerkschaftsbewegung um globale Mindestlohnstandards nicht eine andere Form der Marktabschottung der reichen Länder darstellt.

Wir kommen eben, wenn wir ehrlich sind, nicht daran vorbei, dass unser Wohlstand nicht nur zu Lasten der künftigen Generationen geschaffen wird. Wir haben ihn auch zusammengerafft auf Kosten der armen Südhalbkugel der Erde, indem wir die Welthandelsbeziehungen zu unseren Gunsten gestaltet haben. Gerade die ehrlichen Marktwirtschaftler sollten aber immer an der Seite derer stehen, die energisch gegen Kartellbildungen und Wettbewerbsverzerrungen vorgehen. Unser herrschendes Welthandelssystem ist ein solches Kartell, das uns Reiche systematisch vor den Armen schützt.

48
Der konkurrenzlose Kapitalismus

Die Marktwirtschaft lebt vom Wettbewerb. Doch wir hatten in der längsten Etappe der Industrialisierung auch einen Wettbewerb der politischen Systeme. Das sozialistische Gesellschaftsmodell zwang dem Kapitalismus einen durchaus fruchtbaren Rechtfertigungswettlauf auf, der seinen ursprünglichen Marktradikalismus zügelte. Die Rechte der Arbeiterklasse wurden Zug um Zug ausgeweitet, die Ausbeutung durch Sozialpartnerschaft abgelöst, die soziale Mindestabsicherung gegen Lebensrisiken wie Krankheit, Armut und Alter staatlich gewährleistet.

1990 brach das real existierende, osteuropäische Gesellschaftsmodell zusammen. Seitdem existiert der Kapitalismus ohne reale Konkurrenz. Global scheint er das gesellschaftspolitische Monopolmodell zu werden. Das ist gefährlich, weil ein System ohne Wettbewerbsdruck dazu neigt, sich selbst in seinen negativen Auswirkungen zu wenig zu reflektieren und zu korrigieren. Auch die gesellschaftspolitischen Modellmärkte leben wie die Gütermärkte vom immer währenden Wettbewerbsdruck: »Warum ist unser Modell besser? Wo liegen die Schwächen, die korrigiert werden müssen?«

Ein schrankenloser globaler Kapitalismus mutiert zum kulturimperialistischen Instrument. Er schaltet die Welt gleich, wenn er der globalen Vielfalt, die auf der Unterschiedlichkeit mentaler, sozialer und religiöser Werte der Völker beruht, nicht Rechnung trägt. Er wird als konkurrenzloses Modell in seiner negativen Ausprägung Hass ernten und Gewalt provozieren. Im Kern steckt dieses negative Potenzial auch hinter der US-Kultur, die mit dem Irak-Krieg so viel emotionale Ablehnung mobilisiert.

49
Mehr Mut zur Freiheit

Der Grundkonflikt hinter allen Themen, die ich in diesem Buch diskutiert habe, verbirgt sich im Spannungsverhältnis zwischen Individuum und Kollektiv. Wollen wir als aufgeklärte Bürger mehr Freiheit und Verantwortung, oder plädieren wir für Verteilungsgerechtigkeit? Sollen die Menschen im Ergebnis gleich sein oder vielmehr die gleichen Startchancen haben, um sich dann in eigener Verantwortung unterschiedlich zu entwickeln? Verstehen wir gesellschaftliche Solidarität als Versorgungsanspruch an den Staat zur Sicherung des Lebensstandards, oder vertrauen wir auf das Subsidiaritätsprinzip, das Hilfe zur Selbsthilfe gewährt, aber keinen Vollkaskoanspruch garantiert? Wollen wir die Absicherung gegen Lebensrisiken wie Alter und Krankheit weiterhin ausschließlich durch kollektive Versorgungssysteme organisieren, oder flankieren wir das herrschende Umlagesystem durch kapitalgedeckte Versicherungen?

»Ihr werdet die Schwachen nicht stärken, wenn ihr die Starken schwächt«, verkündete schon Abraham Lincoln.

Der Mann hatte Recht, obwohl er US-Präsident war. Wer Leistungsbereitschaft diskreditiert, auf Erfolg mit Neid reagiert oder Leistungsträger aus dem Land treibt, braucht sich nicht zu wundern, wenn ein Land wie Deutschland zurückfällt. Das Bekenntnis zur Leistung beinhaltet aber auch, dass jeder Mensch nach seiner individuellen Leistungsfähigkeit beurteilt wird und nicht nach seinem sozialen Status oder der Höhe seines Einkommens. Auch der gering Qualifizierte, der mit seinen Fähigkeiten für sich selbst sorgt, ist ein Leistungsträger in unserer Gesellschaft. Nur wenn möglichst alle Menschen, die gesund

und im Erwerbsalter sind, ihre individuellen Fähigkeiten produktiv einsetzen, wird unsere Gesellschaft behinderte, kranke und alte Menschen, sofern sie nicht über ausreichendes privates Vermögen verfügen, auf Dauer sozial absichern können.

50 Die Grünen als Sachwalter der Zukunft

Ich bin ein Grüner Politiker und will es auch bleiben. Denn im politischen Überbau meiner idealisierten Grünen Partei spiegelt sich für mich das Modell einer Zukunftspartei. Der ökologische Imperativ »Mensch, lebe so auf diesem Planeten, dass diejenigen, die nach uns kommen, auch eine Zukunft haben!« ist eine zutiefst humanistische und zugleich optimistische Devise. Die menschliche Triebfeder der Arterhaltung korrespondiert mit einer Ethik der Verantwortung für die Zukunft, die den schrankenlosen Umgang mit den Lebensgrundlagen auf diesem Planeten als unmoralisch brandmarkt.

Leitmotiv des eigenen Handelns ist nicht allein der Egoismus des Heute, sondern auch die nachhaltige Für- und Vorsorge für das Morgen. Ein aufgeklärter Freiheitsbegriff manifestiert sich nicht nur in den Schranken, die uns die Freiheitsansprüche lebender Mitmenschen setzen, sondern auch im Freiheitsanspruch der noch nicht Geborenen.

So pathetisch meine Definition von Zukunftsvorsorge auch wirken mag, in ihr scheint doch durch, was sich Generationen von Eltern und Großeltern immer wieder aufs Neue bewusst machen, wenn sie sich um die Lebenschancen ihrer Kinder und Enkel sorgen. Das atemberaubende Veränderungstempo der globalen Entwicklung birgt neben ungeheuren Chancen auch gewaltige Risiken. Die Kapazitäten dieser einen Erde sind begrenzt. Und doch beherrscht der Glaube an schier grenzenloses Wachstum nach wie vor unser Handeln. Raubbau an den natürlichen Lebensgrundlagen vermeiden, Wohlstandsverzehr zu Lasten der Zukunft einstellen, indem wir unsere Zeche heute bezahlen und sie nicht in Form von Schulden und ungedeckten Versorgungszusagen in die Zukunft verschieben. Das verstehe ich unter einer Politik, die »sustainable development« oder »nachhaltige Entwicklung« ernst meint.

Wenn sich die Grünen in diesem umfassenden Sinn als Zukunftspartei definieren wollen, muss nicht nur vorsorgender Umweltschutz, sondern vorsorgende Sozial-, Wirtschafts- und Finanzpolitik im Zentrum des politischen Handelns stehen. Grüne müssen aus Überzeugung und energisch die Staatsverschuldung bekämpfen. Sie haben allen Formen der Lastenverschiebung in der Renten-, Kranken- und Pflegeversicherung den Kampf anzusagen, weil die demografische Entwicklung andernfalls die Zukunft strangulieren wird. Grüne müssen für Reformen im Arbeitsmarkt streiten, um die Kartelle der Arbeitsplatzbesitzer zu zerschlagen, damit Arbeitslose bezahlte Beschäftigung finden können. Grüne haben sich für ein leistungsgerechtes Steuersystem stark zu machen, das den Leistungswillen der Menschen nicht dadurch bricht, dass sie immer weniger von den Früchten ihrer Arbeit behalten dürfen. Grüne müssen auch ganz grundsätzlich die Eigenverantwortung des Menschen betonen. So wie die heutige Generation die Folgen ihrer Lebensweise nicht auf die Zukunft abwälzen darf, so hat der Einzelne nicht zuerst nach dem Staat zu rufen, sondern durch persönlichen Einsatz für sich selbst zu sorgen. Hilfe der Gesellschaft erhalten nur die, die sich nicht selbst helfen können. Subsidiarität muss Richtschnur einer Grünen Sozialpolitik sein, nicht staatliche Rundumversorgung.

Scharf formuliert: Ökonomische Reformkompetenz, gepaart mit einer ökologischen Ethik der Verantwortung für die Zukunft, das ist die Grundkonzeption für meine Grüne Partei.

Damit verschränkte sich die einzige originäre Botschaft, die von den Grünen vor gut zwanzig Jahren in die deutsche Politik eingebracht wurde, die ökologische Frage, mit einem liberalen Verständnis von der Bürger-Staat-Beziehung, das mehr auf individuelle als auf kollektive Lösungen setzt. Wenn Sie wollen, können Sie diese programmatische Verschränkung mit dem Etikett »ökolibertär« beschriften.

Ich bin längst alt genug, um zu wissen, dass auch in der Politik nur selten grundlegend neue Konzepte auf den Markt kommen. Die Grünen müssten sich aus meiner Sicht mitnichten dafür schämen, die aufklärerische Idee des Liberalismus, die nicht mit der FDP verwechselt werden darf, mit ihrem ureigenen ökologischen Leitbild einer nachhaltigen Entwicklung zu kombinieren. Diese Kombination verspricht programmatische Strahlkraft. Sie hat Zukunft, weil sie politische Gestaltungsspielräume auch jenseits der verhärteten Lager eröffnet.

51
Die Grünen als Sachwalter bürgerlicher Freiheitsrechte

Eine staatskritische Haltung gehörte für meine Partei von Beginn an zum guten Ton. Grüne lehnten anfangs sogar das staatliche Gewaltmonopol ab und sagten der im Umfeld der Berufsverbote grassierenden Gesinnungsschnüffelei durch den

Verfassungsschutz den Kampf an. Sie wehrten sich gegen den gläsernen Bürger und stritten für die Respektierung der persönlichen Entscheidung selbst in der heiklen Frage des § 218 (Verbot der Abtreibung). Alle Organisationsformen staatlicher Gewalt, ob Polizei, Geheimdienste oder Armee, waren vielen Grünen überwiegend suspekt.

Diese bürgerrechtliche Staatsferne ist mir in ihrem Kern auch heute noch sympathisch. Natürlich habe ich meinen Frieden mit dem staatlichen Gewaltmonopol längst geschlossen, nicht erst als die Grünen nach der Polizei riefen, um brennende Asylbewerberheime oder auf offener Straße gejagte Ausländer vor dem rechten Pöbel zu schützen. Natürlich ist der Verfassungsschutz, wenn er die rechte Szene infiltriert, den Grünen nicht mehr so suspekt wie früher, als man ihn der Blindheit auf dem rechten Auge verdächtigte. Gewiss hat der Verfassungsschutz diese Grüne Kritik aus frühen Tagen aber nicht so missverstanden, dass er die Führungsebene der verbotsbedrohten NPD mit V-Leuten gleich so stark unterwandert hat, dass es selbst einer Sperrminorität des Karlsruher Verfassungsgerichts zu bunt wurde und das Verbotsverfahren aus rechtsstaatlichen Gründen zu Recht scheiterte. Nicht nur wegen dieser Niederlage in Karlsruhe, sondern aus grundsätzlichen Erwägungen sollten Parteiverbote in einer demokratischen Gesellschaft verpönt sein. Denn Verbote sind kein Ersatz für die politische Auseinandersetzung mit Extremisten. Ich gehörte in meiner Fraktion bei der Entscheidungsfindung über das NPD-Verbotsverfahren übrigens zu den Kritikern des Gangs nach Karlsruhe.

Wer in der Gesellschaftspolitik zu Recht Staatsferne predigt, muss aber gut begründen können, warum er ausgerechnet in der Sozial- und Wirtschaftspolitik einer ausgesprochenen Staatsgläubigkeit huldigt. Gerade die politische Linke in der Grünen Partei muss sich fragen lassen, warum der Schutz des Bürgers vor dem Allmachtszugriff des Staates auf seine klassischen bürgerlichen Freiheitsrechte beschränkt sein soll. Heißt Freiheit nicht auch, den selbstbewussten Homo oeconomicus nicht durch ein Versorgungsstaatsmodell für alle Lebenslagen zu entmündigen? Freiheit in einer marktwirtschaftlichen Ordnung setzt selbstverständlich voraus, dass alle Wettbewerbsschranken, die durch die marktbeherrschende Stellung von Unternehmen entstehen, mit den Mitteln eines wirksamen Kartellrechts eingerissen werden. Wie staatliche Allmacht ist auch wirtschaftliche Allmacht der natürliche Gegner des Bürgers und des Konsumenten.

Wer will, dass sich der Überwachungsstaat nicht überall breit macht und bürokratische Regelungswut nicht alle Lebensbereiche mit Vorschriften erstickt, der muss konsequenterweise auch den grenzenlosen Zugriff des Staates auf den Geldbeutel seiner Bürger verurteilen. Weniger Staat heißt auch hier mehr Freiheit! Wer als Grüner für die Bürgergesellschaft streitet, muss gleichzeitig gegen den staatlichen Leviathan kämpfen. Er muss die viel zu hohe Staatsquote und das leistungsfeindliche Steuerrecht kritisieren. Er muss das hohe Lied der Selbstorganisation in der Zivilgesellschaft singen und erst da nach staatlicher Absicherung rufen, wo die Eigenverantwortung an ihre Grenzen stößt. Er muss allen Besitzstandswahrern und ihren gut organisierten Lobbygruppen den Marsch blasen.

Dieser ökonomische Freiheitsbegriff fordert nicht die Zerschlagung staatlicher Rahmenregelungen. Er fordert nur, dass Staatstätigkeit und bürgerschaftliche Leistungsfähigkeit wieder neu justiert werden. Denn was nützt ein Versorgungsstaat, wenn die Bürger ihn sich nicht mehr leisten können?

52
Konzeptpartei, nicht Machtpartei

Machtausübung ist im Ergebnis das Ziel des politischen Prozesses. Doch obwohl ich keineswegs blauäugig bin, scheint mir für meine Grüne Partei ein anderes Ziel lohnender als die Macht. Die Grünen sollten sich als Konzeptpartei aufstellen, die uneigennützig und langfristig denkt, obwohl die davon profitierende Wählerschaft überwiegend noch gar nicht geboren oder wenigstens noch nicht wahlberechtigt ist. Die Meta-Botschaft, die hinter einem so heroisch klingenden Politikansatz steckt, verschafft natürlich bereits bei gut informierten heutigen Wählern hohe Glaubwürdigkeit: Denn diesen Wählern geht es um das Gemeinwohl und nicht nur um Machterringung oder Machterhalt.

Die Wirklichkeit sieht leider etwas trister aus – auch bei den Grünen. Macht ist meist wichtiger als Inhalte und Überzeugungen. Das gilt selbst für den populärsten deutschen Politiker, Joseph Fischer, der im politischen Handwerk eine absolute Extraklasse verkörpert. Reines Machtkalkül gilt erst recht für die Trittins, aber auch für so manchen grünen Yuppie. Trotzdem verfügen die Grünen über ein inhaltliches Entwicklungspotenzial und Marktchancen, die auf eine überdurchschnittliche Akzeptanz bei den Wählern auch in der Zukunft schließen lassen. Das Personalpotenzial in der Bundestagsfraktion und den Landtagsfraktionen ist mehr als nur konkurrenzfähig im Vergleich mit den Mitbewerbern.

Obwohl wir Grünen immer noch eine Partei sind, die keinen großen Interessengruppen verpflichtet ist, haben auch wir unsere kleinstrukturierte und treue Klientel: die Ökoszene vom Biolandbau bis zur Solarfabrik, die natürlich längst auch eigennützige Wirtschaftsinteressen verfolgt. Ich denke da zudem an die freien Bildungsträger, die derzeit unter der Mittelkürzung der Bundesanstalt für Arbeit leiden und die Grünen gegen Florian Gerster in Stellung bringen wollen, was jedoch absolut falsch wäre. Der Sozialdemokratie sitzen ihre Gewerkschaften im Nacken, der Union ihre den Gewerkschaften eng verbundenen Sozialausschüsse und die Wirtschaftsverbände, der FDP die organisierten freien Berufe und große Konzerne.

Obwohl wir Grünen also auch nicht ganz frei von Klientelismus sind, ist es doch ein Vorteil, den großen Interessengruppen nicht exklusiv verpflichtet zu sein. Wir können uns undogmatisch und selbstbewusst an der Sache orientieren. Gerade in der Bioethik waren in den vergangenen zwei Jahren sogar gemeinsame Aktivitäten mit der katholischen Amtskirche möglich, mit der in Zeiten der emotionalen Abtreibungsdebatten das Tischtuch fast zerschnitten war.

Der vorurteilsfreie Diskurs zwischen den gesellschaftspolitischen Lagern lässt sich von einer Partei am besten führen, die keiner Seite personell und organisatorisch verpflichtet ist. Eine solche Partei kann quer zu den vertrauten Mustern denken und handeln und damit im besten Sinn innovativ wirken. Eine solche Partei hat schlussendlich auch alle machtpolitischen Optionen, weil sie mit unterschiedlichsten Mitbewerbern Gestaltungsbündnisse auf Zeit schließen kann. Sie kann aber auch, weil sie nicht vom Machtanspruch, sondern einer langfristig tragfähigen Idee lebt, in der Opposition für ihre Konzepte streiten.

Eine solche Partei wird, sofern sie immer wieder Persönlichkeiten hervorbringt, die diesen Konzepten wählbare Gesichter geben, Strahlkraft besitzen durch alle politischen Konjunkturzyklen. Die Grüne Partei könnte auch mit der Union Reformpolitik gestalten, weil in der Gesellschaftspolitik zwar die Differenzen überwiegen, dafür aber bei der Reform des Sozialstaates und beim ökologischen Umbau der Wirtschaft durchaus eine Fülle von Anknüpfungspunkten bestehen. Diese Grüne Partei bräuchte sich nicht auf das Hassobjekt FDP einzuschießen, weil der Liberalismus zu Recht Zukunft hat, auch wenn die FDP zurzeit über wenig liberale Hoffnungsträger verfügt. Und sie wird dem mühsamen Erneuerungsprozess der geschichtsträchtigsten Partei unseres Landes, der Sozialdemokratie, nicht mit Häme, sondern mit ermunternder Sympathie begegnen.

Eine Partei, die weiß, wofür sie steht, weil sie über einen eigenen Wertekanon verfügt, kann gelassen mit der Konkurrenz umgehen. Sie kann die eigene Programmatik auch immer wieder im Sinne eines lernenden Organismus weiterentwickeln. Sie wird nicht die Unterschiede betonen, sondern die Gemeinsamkeiten, und auf diese Weise Motor der dringend notwendigen gesellschaftlichen Erneuerung sein – jenseits aller alten Feindbilder und Denkblockaden. Denn es geht um unser Land und seine Zukunftschancen.

Die Hoffnung stirbt zuletzt, heißt es. Wenn andere noch Bäume pflanzen wollen, selbst wenn anderntags die Erde untergehen sollte, warum, frage ich Sie, darf ich dann nicht am Ende dieses Buches leicht ins Schwärmen geraten?

Anhang

Kleines Wirtschaftsglossar

Arbeitskosten
Die Arbeitskosten je Stunde, die ein Unternehmen zu zahlen hat, setzen sich aus dem direkten Stundenlohn – dem Lohn für tatsächlich geleistete Arbeit – und den anteilig verrechneten Personalzusatzkosten zusammen.

Die Arbeitskosten je Stunde gelten als besonders wichtiger Indikator der internationalen Wettbewerbsfähigkeit eines Landes. Die Arbeitskosten haben nicht in allen Unternehmen einen dominierenden Anteil an den gesamten Produktionskosten. Das liegt jedoch meist daran, dass ein großer Teil der Gesamtkosten auf zugekaufte Vorleistungen entfällt. (In diesen Vorleistungen der Zulieferer stecken allerdings ebenfalls Arbeitskosten.) Betrachtet man daher nur die von einem Unternehmen selbst erbrachte *Wertschöpfung,* zeigt sich, dass die Arbeitskosten den Löwenanteil ausmachen.

Arbeitskosten international im Jahr 2001
je Arbeiterstunde (Euro) in der verarbeitenden Industrie

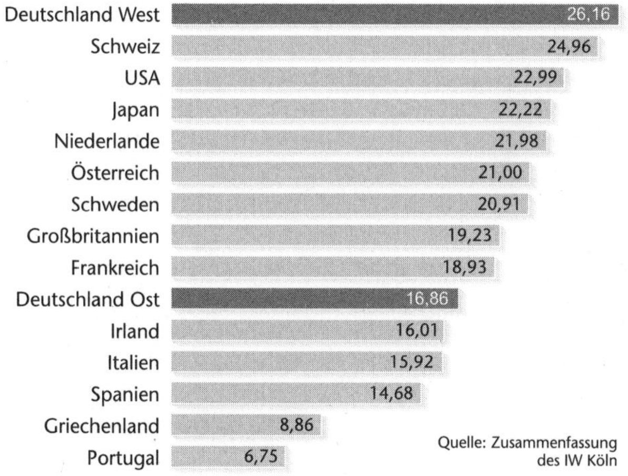

Quelle: Zusammenfassung des IW Köln

Im Jahr 2001 betrugen die durchschnittlichen Arbeitskosten für eine Arbeiterstunde in der westdeutschen Industrie 26,16 Euro und in der ostdeutschen Industrie 16,86 Euro. Westdeutschland hatte damit die höchsten Arbeitskosten im internationalen Vergleich. Ein Gegengewicht zu den Arbeitskosten bildet das Produktionsergebnis je Arbeiter bzw. je Arbeitsstunde *(Produktivität)*.

Die Verwendung des Bruttoinlandsprodukts

Deutschland 2001; nominales BIP in Milliarden Euro

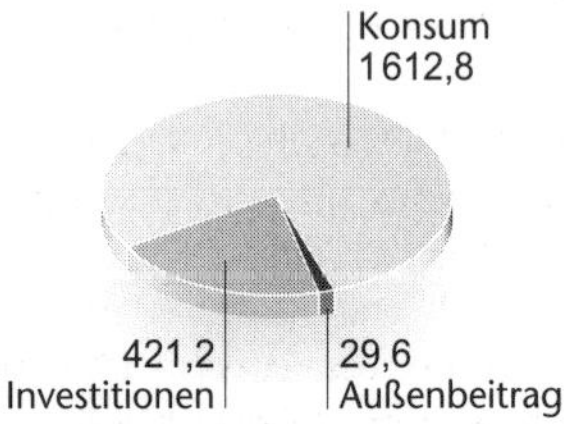

Bruttoinlandsprodukt

Das Sozialprodukt – seit der Revision der Volkswirtschaftlichen Gesamtrechnungen (VGR) im Jahr 1999 auch »Nationaleinkommen« genannt – dient als Basisgröße für das Wirtschaftswachstum. Das Sozialprodukt entspricht dem Wert aller Güter und Dienstleistungen, die in einem Jahr von inländischen Unternehmen, Haushalten und vom Staat erwirtschaftet werden.

Weil es sich beim Sozialprodukt um die Summe der *Wertschöpfung* aller Sektoren handelt, müssen – um Doppelzählungen zu vermeiden – die so genannten Vorleistungen von der Produktion der Wirtschaftsbereiche abgezogen werden.

Ein Beispiel: Die Reifen eines Autos sind im Wert des Autos enthalten und dürfen nicht noch einmal als eigenes Produkt in das Nationaleinkommen eingehen. Das Nationaleinkommen erfasst die wirtschaftlichen Aktivitäten aller Beteiligten mit ständigem Wohnsitz im Inland (Inländerkonzept). Dabei steht im Vordergrund, dass mit der Produktion gleichzeitig und in gleicher Höhe auch Einkommen wie Löhne, Gehälter, Zinsen, Mieten, Pachten und Gewinne entstehen. Ein anderes, immer häufiger verwendetes Messkonzept ist das des »Inlandsprodukts« bzw. das »Bruttoinlandsprodukt«. Dabei wird das Ergebnis der Produktion in den geografischen Grenzen eines Landes oder eines Wirtschaftsraumes (Inlandskonzept) gemessen.

Das deutsche Bruttoinlandsprodukt (BIP) belief sich im Jahr 2001 auf 2070 Milliarden Euro. Die Statistiker errechnen das Bruttoinlandsprodukt einmal auf der Basis der aktuellen Preise (»zu laufenden Preisen«). Doch diese nominale Rechnung liefert nur eine ungenaue Basis zur Berechnung des Wirtschaftswachstums, denn das BIP würde auch dann wachsen, wenn lediglich die Preise steigen. Für die reale, also um die Inflation bereinigte Berechnung werden das Inlandsprodukt und das Nationaleinkommen deshalb zusätzlich »zu konstanten Preisen« ausgewiesen. Dazu wird, genau wie bei der Berechnung der Teuerung, ein bestimmtes Basisjahr (derzeit 1995) gleich 100 gesetzt. In den Folgejahren referieren die Werte dann jeweils auf dieses Basisjahr.

In den Volkswirtschaftlichen Gesamtrechnungen gibt es drei Rechnungen zum BIP: Die Entstehungsrechnung zeigt, in welchen Wirtschaftsbereichen das BIP entstanden ist. Die Verwendungsrechnung belegt, wofür das laufende Bruttoinlandsprodukt verwendet wurde (Konsum oder Investitionen). Und die Verteilungsrechnung gibt schließlich Auskunft darüber, welche Einkommen im Produktionsprozess entstanden sind (Löhne und Gehälter der Beschäftigten einerseits, Gewinne der Unternehmen andererseits).

Eigenkapital

Unter Eigenkapital versteht man den Teil des Vermögens eines Unternehmens, der dem oder den Eigentümern zuzurechnen ist. Ausgewiesen ist das Eigenkapital auf der Passivseite der Bilanz. Dazu zählen – je nach Rechtsform – das Kapitalkonto des persönlich haftenden Gesellschafters, das Grundkapital der AG oder das Stammkapital der GmbH sowie die gesetzlichen und freien Rücklagen und der Bilanzgewinn. 1999 betrug die Eigenkapitalquote in der gewerblichen Wirtschaft in Deutschland knapp 19 Prozent und im verarbeitenden Gewerbe 24,5 Prozent (1998). Das ist in der gewerblichen Wirtschaft gut ein Prozentpunkt mehr als zu Anfang der Neunzigerjahre, aber deutlich weniger als früher (1977: 22 Prozent).

Im internationalen Vergleich ist die deutsche Eigenkapitalquote niedrig. Sie liegt in der Industrie Frankreichs bei 34 Prozent und in Großbritannien bei 28 Prozent. Das Eigenkapital besteht überwiegend aus Rücklagen, die

Eigenkapitalquoten großer Industrieunternehmen
1999 Haftendes Eigenkapital in Prozent der Bilanzsumme

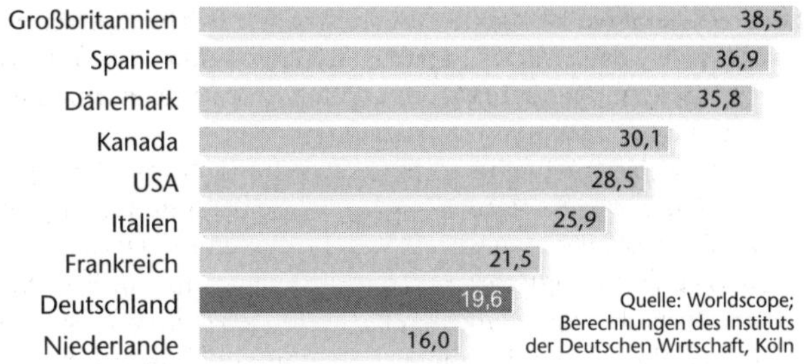

aus früheren Gewinnen gebildet wurden. Der Unternehmensgewinn ist deshalb eine der Hauptquellen für das haftende Eigenkapital, vor allem bei nicht kapitalmarktfähigen kleinen und mittleren Unternehmen.

Eine zu dünne Eigenkapitalbasis erhöht das Existenzrisiko der Unternehmen, weil sie drei betriebswirtschaftliche Funktionen der haftenden Eigenmittel beeinträchtigt:

- *Bestandssicherung:* Eine hohe Eigenkapitalquote bietet ein Krisenpolster für wirtschaftliche Schwächezeiten.
- *Kreditwürdigkeit:* Zusätzliches Fremdkapital wird von den Kreditinstituten gewöhnlich nur dann zur Verfügung gestellt, wenn der Kreditinteressent über ein bestimmtes Eigenkapitalpolster verfügt. Eine hohe Eigenkapitalquote ist auch deshalb wichtig, weil sie dem Kapitalmarkt signalisiert, dass das Unternehmen in der Vergangenheit erfolgreich gewirtschaftet hat. Das erleichtert den Zugang zu Fremdkapital.
- *Risikoabsicherung:* Wer neue Produkte entwickeln und sich neue Märkte öffnen will, hat häufig hohe Verlustrisiken zu tragen. Für solche Vorhaben braucht ein Unternehmen ausreichend Eigenkapital.

Eine Eigenkapitalquote von etwa 20 Prozent bedeutet nicht, dass der Rest auf Fremdkapital entfällt. Eine wichtige Position in den deutschen Bilanzen sind Rückstellungen (vor allem für Pensionsverpflichtungen), die etwa 21 Prozent der Bilanzsumme ausmachen. Sie stehen dem Unternehmen zwischenzeitlich bis zur Fälligkeit der Verpflichtung für Finanzierungszwecke zur Verfügung.

Einkommensverteilung

Die Verteilung des insgesamt in einem Jahr in einer Volkswirtschaft erarbeiteten Einkommens, des *Volkseinkommens*, lässt sich nach verschiedenen Gesichtspunkten analysieren:

Primär- und Sekundärverteilung: Die Primärverteilung ergibt sich direkt aus dem Produktionsprozess. Sie spiegelt die Entlohnung der Produktionsfaktoren (Arbeit, Kapital) wider. Durch die (meist staatliche) Umverteilung des Einkommens durch Steuern und Transfers wird aus der Primär- die Sekundärverteilung. Der Staat verteilt Teile der Einnahmen aus Steuern und Sozialabgaben als Transferleistungen nach sozialen Gesichtspunkten, als Geldleistung (z. B. Wohngeld) oder als »reale« Leistung (z. B. in Form von Studien- oder verbilligten Kindergartenplätzen).

Funktionale Einkommensverteilung: Mit der funktionalen Einkommensverteilung versucht man, das *Volkseinkommen* den Produktionsfaktoren Arbeit und Kapital zuzuordnen. Die bekannteste Kennziffer der funktionalen Einkommensverteilung ist die so genannte *Lohnquote* (Arbeitnehmerentgelt in Prozent des *Volkseinkommens*). Die Aussagefähigkeit der *Lohnquote* hat abgenommen, weil die einzelnen Haushalte Einkommen aus mehreren Quellen erhalten. So entfallen rund 40 Prozent aller Vermögenseinkommen auf Arbeitnehmerhaushalte.

Personelle Einkommensverteilung: Statistiken über die personelle Einkommensverteilung geben Auskunft darüber, in welchem Umfang verschiedene Personen oder Personengruppen – Arbeitnehmer, Selbständige, Rentner, Beamte, Landwirte – am *Volkseinkommen* partizipieren. Dabei werden alle Einkommensarten einer Person zusammengerechnet, z. B. Lohn-, Zins- und Mieteinnahmen.

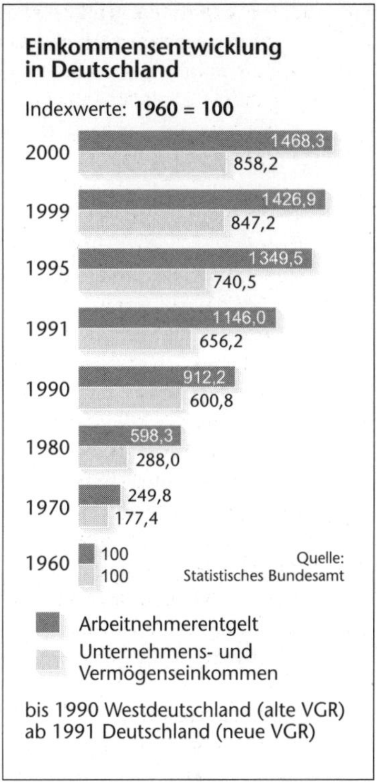

Kapitalstock

In den modernen Industriegesellschaften hängt die Gütererzeugung ganz wesentlich von der Ausstattung mit dem Produktionsfaktor Sachkapital ab. In diesem Zusammenhang bezeichnet man alle reproduzierbaren, dauerhaften Produktionsmittel im Eigentum der Unternehmen und des Staates als volkswirtschaftlichen Kapitalstock.

Um den Kapitalstock einer Volkswirtschaft statistisch zu erfassen, muss der Wert aller Kapitalgüter zusammengefasst werden. Das so ermittelte Anlagevermögen gliedert sich in Ausrüstungsvermögen (z. B. Maschinen, Fahrzeuge, Betriebs- und Geschäftsausstattung) und Bauten. Auch die privat nutzbaren militärischen Anlagen (Militärkrankenhäuser, Flugplätze usw.) zählen seit der Revision der Volkswirtschaftlichen Gesamtrechnungen im Jahr 1999 zum Anlagevermögen.

Die Bedeutung des Kapitalstocks lässt sich durch eine Reihe von Kennzahlen charakterisieren. Der Kapitalkoeffizient misst den durchschnittlichen Anteil des Kapitaleinsatzes an der produzierten Gütermenge. Die Kapitalintensität ist Ausdruck für die Kapitalausstattung je Arbeitskraft oder je Arbeitsplatz. Die Kapitalintensität ist in den vergangenen Jahrzehnten in der Bundesrepublik ständig gestiegen. Dieser relative Mehrein-

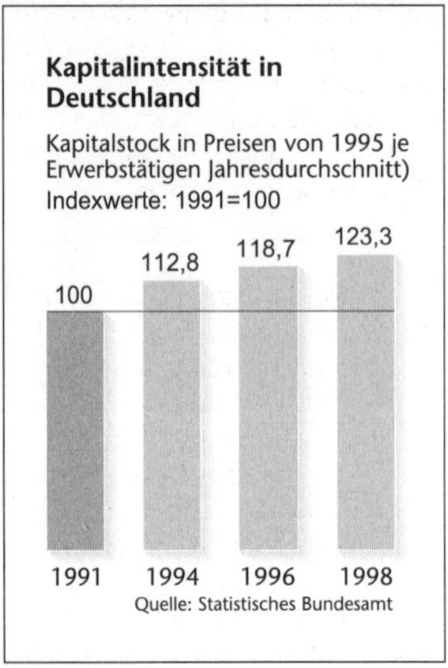

satz des Kapitals ist auf verschiedene Faktoren wie den technischen Fortschritt, die Verteuerung der Energie oder die Knappheit an qualifizierten Arbeitskräften zurückzuführen. Auch hohe *Arbeitskosten* können eine Rolle spielen, da sie die Unternehmen zur Rationalisierung der Produktion veranlassen.

Konjunkturzyklus

Die wirtschaftliche Entwicklung verläuft nicht gleichmäßig, sondern in Wellenbewegungen: Einem Konjunkturaufschwung mit steigenden Wachstumsraten der wirtschaftlichen Leistung und zunehmender Beschäftigung folgt eine Konjunkturabschwächung mit geringeren Wachstumsraten oder sogar sinkender Produktion sowie stagnierender oder rückläufiger Beschäftigung.

Ein Konjunkturzyklus gibt den Verlauf der wirtschaftlichen Entwicklung zwischen zwei aufeinander folgenden konjunkturellen Hochpunkten wieder. Er ist charakterisiert durch die Zeit zwischen zwei konjunkturellen Hochpunkten (Zykluslänge), durch den Abstand zwischen dem höchsten Punkt (Boom) und dem tiefsten Punkt (Rezession) der Entwicklung und durch die Dauer des Konjunkturaufschwungs und -abschwungs. Um die jeweilige Lage der Wirtschaft im Konjunkturzyklus zu beurteilen, nutzen die Experten so genannte Konjunkturindikatoren:

- *Frühindikatoren,* wie die Entwicklung von Auftrags-

eingängen und Auftragsbeständen, laufen der eigentlichen konjunkturellen Entwicklung voraus.

- *Präsenzindikatoren,* wie der Auslastungsgrad des *Kapitalstocks* und die Entwicklung der Arbeitslosenquote, beschreiben die aktuelle Konjunkturlage.
- *Spätindikatoren,* wie z. B. die Verbraucherpreise, reagieren mit einer gewissen Zeitverzögerung.

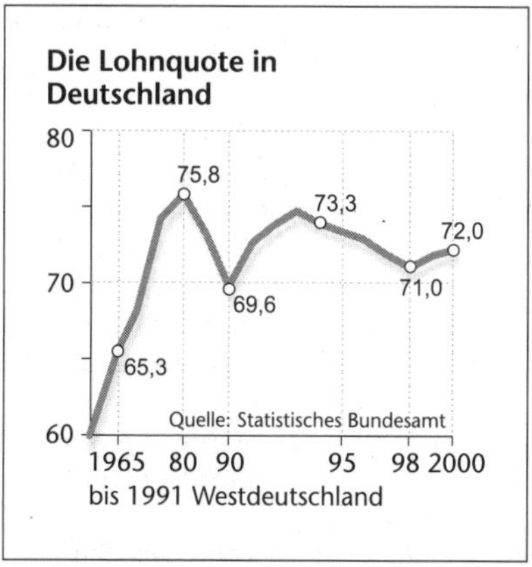

Lohnquote

Die Lohnquote gibt den Anteil der Arbeitnehmerentgelte (früher: »Bruttoeinkommen aus unselbständiger Arbeit«) am gesamten *Volkseinkommen* an. Die Lohnquote wird häufig als Maßstab für die *Einkommensverteilung* angesehen. Dabei gilt zu berücksichtigen, dass die Lohnquote im Konjunkturverlauf schwankt, weil Löhne, Gehälter, Gewinne und Beschäftigung mit zeitlicher Verzögerung und in unterschiedlicher Intensität dem *Konjunkturzyklus* folgen: Im Abschwung steigt die Lohnquote, im Aufschwung geht sie zurück. Die Lohnquote als verteilungspolitische Kennziffer hat zudem einen Konstruktionsfehler: Sie steigt (fällt) auch dann, wenn der Anteil der abhängig Beschäftigten an der Gesamtzahl der Erwerbstätigen (abhängig Beschäftigte und Selbständige) steigt (fällt), ohne dass sich an den Einkommensverhältnissen etwas geändert hat. Im Konzept der »bereinigten Lohnquote« wird dieser Effekt herausgerechnet: Es wird dabei die Lohnquote ermittelt, die sich ergeben würde, wenn das Verhältnis zwischen Selbständigen und unselbständig Beschäftigten so geblieben wäre wie in einem Basisjahr.

Die Lohnquote ist als Verteilungsmaßstab auch aus folgenden Gründen stark umstritten:

- Die Arbeitnehmer erhalten neben Löhnen und Gehältern auch Einkommen aus Kapitalanlagen, z. B. Zinsen, Dividenden, Mieten, Pachten. Die zunehmende Bedeutung dieser Querverteilung hat die Konturen zwischen Arbeitnehmereinkommen und Kapitaleinkommen zusehends verwischt. Das Gegenstück zur Lohnquote sollte deshalb nicht als Gewinnquote bezeichnet werden, denn die Restgröße »Unternehmens- und Vermögenseinkommen« umfasst neben den eigentlichen Unternehmensgewinnen auch den kalkulatorischen Unternehmerlohn der Selbständigen sowie die Zins- und Mieteinkünfte aller Sektoren (Haushalte, Unternehmen, Staat).

- Die Lohnquote berücksichtigt nicht den Beschäftigungsgrad. Ob die Verteilungssituation mit dem gesamtwirtschaftlichen Ziel der Vollbeschäftigung in Einklang steht, lässt sich an der Lohnquote deshalb nicht ablesen.

Lohnstückkosten

Die Lohnstückkosten (»Lohnkosten pro Stück«) bezeichnen den Anteil der *Arbeitskosten*, die auf eine Produkteinheit entfallen (»Wie viel Lohnkosten stecken in einem Auto?«). Sie sind ein Maßstab für die Kosten-Wettbewerbsfähigkeit eines Landes. Man errechnet die durchschnittlichen Lohnstückkosten für eine Volkswirtschaft, indem man die Arbeitskosten pro Arbeitnehmer ins Verhältnis setzt zu der erbrachten Wirtschaftsleistung pro Erwerbstätigem *(Produktivität)*.

Die Lohnstückkosten sind dann besonders niedrig, wenn sich niedrige Arbeitskosten mit einer hohen *Produktivität* kombinieren lassen. Das ist oft bei Direktinvestitionen in Niedriglohnländer möglich. Denn bei einer Produktionsverlagerung ins Ausland wandern auch der heimische technische Standard und das Know-how mit.

Lohnstückkosten international im Jahr 2000

Verarbeitendes Gewerbe **Indexwerte: Deutschland West = 100**

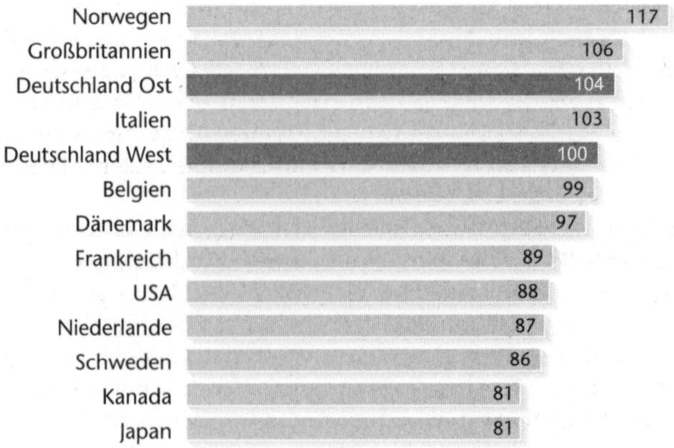

Quelle: U.S. Department of Labor, OECD, Deutsche Bundesbank, Berechnungen des Instituts der Deutschen Wirtschaft, Köln

Im Ländervergleich werden indes zumeist nennenswerte Unterschiede bei den Arbeitskosten durch ähnlich große Unterschiede bei den Produktivitätsniveaus ausgeglichen: Länder mit hohen *Arbeitskosten* arbeiten auch hochproduktiv, und umgekehrt. In Deutschland geht diese Rechnung allerdings nicht ganz auf: Von elf wichtigen Konkurrenzländern hatten 2000 lediglich Norwegen, das Vereinigte Königreich und Italien höhere Lohnstückkosten zu verkraften.

Die Betrachtung des Niveaus der Lohnstückkosten allein kann allerdings in die Irre führen, da ein Land auch dann niedrige Lohnstückkosten aufweisen könnte, wenn es seine Güter besonders kapitalintensiv fertigt. Wichtig für die Bewertung der internationalen Kosten-Wettbewerbsfähigkeit ist daher auch die Entwicklung der Lohnstückkosten.

Empirisch zeigt sich, dass Länder mit einem besonders starken Anstieg der Lohnstückkosten Mühe haben, die Marktanteile auf ihren Absatzmärkten zu verteidigen. Die westdeutsche Industrie hat dies vor allem in der ersten Hälfte der Neunzigerjahre zu spüren bekommen, als die Lohnstückkosten denen der Konkurrenz davonliefen.

Ordnungspolitik

Ordnungspolitik ist ein Begriff, den es nur in Deutschland gibt. Darunter werden alle Institutionen, Gesetze, Regeln und Handlungen verstanden, die es ermöglichen, die Wirtschaft nach den Prinzipien von Markt und Wettbewerb zu organisieren. Dabei kommt es vor allem darauf an, den Wettbewerb zu sichern und den einzelnen Personen Freiräume für ihre wirtschaftliche Betätigung zu gewährleisten.

Wichtig ist eine sinnvolle Abgrenzung zwischen den Tätigkeiten der privaten Wirtschaft und des Staates. Der Staat hat neben der allgemeinen, rahmensetzenden Funktion nur noch ganz beschränkte Aufgaben in einer Marktwirtschaft. Er soll nur dann regulierend oder durch eigene wirtschaftliche Tätigkeiten in den Wirtschaftsprozess eingreifen, wenn Märkte nicht ohne weiteres funktionieren (öffentliche Güter, externe Effekte, natürliche Monopole, Kartellbildung).

In der sozialen Marktwirtschaft hat der Staat auch das Recht, über die Sozialpolitik die Marktergebnisse zu korrigieren und Umverteilung zu betreiben. Dabei steht er immer im Konflikt mit dem Effizienz- und Wachstumsziel. Zu viel Umverteilung oder zu viel Regulierung schwächen die Wirtschaft und die Leistungsfähigkeit von Märkten. Die Ordnungspolitik hat die Aufgabe, die einzelnen staatlichen Maßnahmen so auszubalancieren, dass Eingriffe des Staates oder anderer Gruppen den Marktmechanismus nicht aushebeln.

Dabei gibt es anerkannte Prinzipien: Der Wettbewerb ist vor Absprachen, Kartellen und Missbrauch einer marktbeherrschenden Stellung zu schützen. Eingriffe des Staates müssen marktkonform sein, also Anreize für ein wirtschaftlich vernünftiges Verhalten bewahren. Die Sozialpolitik hat dem Prinzip der Hilfe zur Selbsthilfe *(Subsidiaritätsprinzip)* zu entsprechen. Subventionen dürfen nur als vorübergehende Anpassungshilfe und nicht zur Erhaltung von Wirtschaftsstrukturen und -zweigen gegeben werden.

Zu wichtigen ordnungspolitischen Maßnahmen seit Bestehen der Bundesrepublik Deutschland hier einige Beispiele: die Verabschiedung des Gesetzes gegen Wettbewerbsbeschränkungen (Kartellgesetz) im Jahre 1957; die Errichtung einer unabhängigen Notenbank mit dem Gesetz über die Deutsche Bundesbank von 1957; die Einführung der Mitbestimmung der Arbeitnehmer; der Beitritt der Bundesrepublik zur Europäischen Wirtschaftsgemeinschaft (EWG) im Jahre 1957.

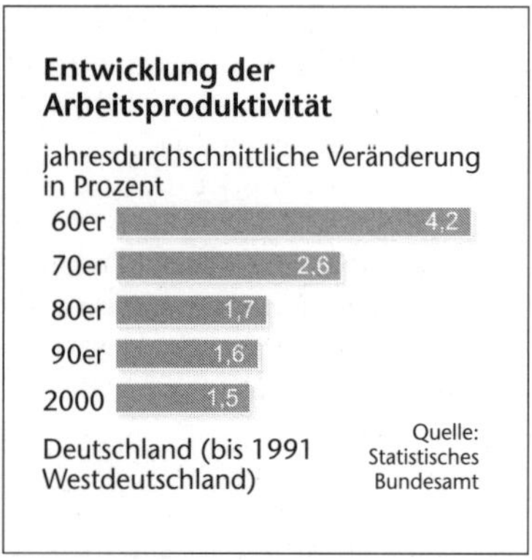

Produktivität

Die Produktivität ist ein Maß für die Leistungsfähigkeit der Produktionsfaktoren Arbeit und Kapital. In allgemeiner Form gibt die Produktivität das Verhältnis von Produktionsmenge und Faktoreinsatzmenge wieder. Je nachdem, welcher Produktionsfaktor betrachtet wird, erhält man entweder die Arbeitsproduktivität, die Kapitalproduktivität oder die totale Faktorproduktivität aus Arbeit und Kapital.

Langfristig ist die Kapitalproduktivität gefallen und die Arbeitsproduktivität stark gestiegen. Der wichtigste Grund ist die immer bessere Ausstattung der Arbeitsplätze mit leistungsfähigen Maschinen. Eine Ausnahme von dieser Regel bildet Ostdeutschland: Weil es dort vor allem unmittelbar nach der Wiedervereinigung an einem ausreichenden und modernen *Kapitalstock* mangelte, hatten die neuen Bundesländer auch 2000 erst 69 Prozent der westdeutschen Arbeitsproduktivität erreicht.

Allerdings hat der Anstieg der Arbeitsproduktivität auch in Westdeutschland im Lauf der Zeit an Dynamik verloren. Zurzeit wird in den Wirtschaftswissenschaften diskutiert, ob die so genannte New Economy wieder zu einem höheren Produktivitätswachstum führt.

Die Produktivität ist für eine Volkswirtschaft von besonders großer Bedeutung, denn wenn sie steigt, können auch die Reallöhne und das Wohlstandsniveau zunehmen. Daher kommt der Produktivität auch eine zentrale Rolle in der Tarifpolitik zu: Der Anstieg der gesamtwirtschaftlichen

Arbeitsproduktivität bestimmt im Wesentlichen den Spielraum, der für Lohn- und Gehaltserhöhungen zur Verfügung steht.

Diese Produktivitätsregel gilt jedoch nur in Zeiten der Vollbeschäftigung. Bei hoher Arbeitslosigkeit dagegen müssen die Tarifpartner auch jene Menschen berücksichtigen, die nicht am Verhandlungstisch sitzen: die Arbeitslosen. Das heißt, Lohnsteigerungen müssen bei hoher Arbeitslosigkeit hinter dem Produktivitätsfortschritt zurückbleiben. Nur so bleibt den Unternehmen genug Geld für Investitionen, die dann – mit einer gewissen zeitlichen Verzögerung – für mehr Arbeitsplätze sorgen.

Sozialquote

Die Sozialquote ist die Summe aller Ausgaben eines Staates für soziale Belange in einem Kalenderjahr. Sie wird in Prozent des jeweiligen *Bruttoinlandsprodukts* (BIP) dargestellt. Anhand der Sozialquote lässt sich feststellen, welches Gewicht soziale Leistungen im Vergleich zur gesamtwirtschaftlichen Leistung eines Staates haben.

Grundlage für die Berechnung der Sozialquote in Deutschland – wie auch in allen anderen EU-Staaten – ist das vom Statistischen Amt der Europäischen Gemeinschaft (Eurostat) entwickelte Schema der Sozialschutzstatistik. Demnach werden folgende Sozialleistungen erfasst: Krankheit/Gesundheitsvorsorge (hierzu zählt auch die Lohnfortzahlung im Krankheitsfall), Invalidität, Alter, Hinterbliebenenversorgung, Familien/Kinder (Kindergeld), Arbeitsförderung/Lohnersatzleistungen, Wohngeld, Jugend- und Sozialhilfe.

Hier ein Überblick über die Entwicklung der Sozialausgaben in Deutschland:

Jahr	*Sozialquote (in Prozent des BIP)*
1970	25,9 % (Deutschland West)
1980	32,0 % (Deutschland West)
1991	29,8 %
1999	33,7 %

Subsidiaritätsprinzip

Der katholischen Sozialphilosophie entnommenes Prinzip, wonach jede gesellschaftliche und staatliche Tätigkeit ihrem Wesen nach subsidiär, d. h. unterstützend und ersatzweise eintretend sei, die höhere staatliche oder gesellschaftliche Einheit also nur dann helfend tätig werden und Funktionen der niederen Einheiten an sich ziehen darf, wenn deren Kräfte nicht ausreichen, diese Funktionen wahrzunehmen.

Von fundamentaler Bedeutung wurde das Subsidiaritätsprinzip für die katholische Sozial- und Staatslehre. Nach 1945 hat das Subsidiaritätsprinzip in der Programmatik christlicher Parteien vor allem auf dem Gebiet der Sozial- und Bildungspolitik eine wichtige Rolle gespielt, sich aber nicht als allgemein gültiges rechtliches Prinzip durchgesetzt.

Vereinfacht ausgedrückt könnte man Subsidiarität so beschreiben: Staatliche und/oder gesellschaftliche Stellen/Organisationen (Kirchen, Sozialverbände) sollen nur helfen, wenn anderweitig (z. B. durch Selbsthilfe oder Familie bzw. Nachbarn, Freunde) keine Abhilfe möglich ist.

Quelle: Meyers Großes Universallexikon, 1985

Volkseinkommen

Ob private Haushalte, Unternehmen oder, wenn auch nur in geringem Umfang, der Staat: Sie alle erzielen aus ihrer Erwerbstätigkeit und aus ihren Vermögensanlagen verschiedene Einkommen. Dazu gehören vor allem Löhne und Gehälter, Mieten und Pachten, Zinsen, Dividenden und Unternehmensgewinne. Der Staat »verdient« dagegen hauptsächlich an einer anderen Quelle: den Steuern.

Das Volkseinkommen ist die Summe aller Erwerbs- und Vermögenseinkommen, die in einem bestimmten Zeitraum (gewöhnlich ein Jahr) den Bewohnern eines Landes (Inländerprinzip) zugeflossen sind. Zum deutschen Volkseinkommen zählen deshalb zum Beispiel auch die Arbeitseinkommen der Deutschen, die im Ausland beschäftigt sind (etwa die »Grenzgänger« nach Frankreich), sowie die Zinsen, Dividenden und Gewinne aus Vermögensanlagen im Ausland.

Im Jahr 2000 betrug das Volkseinkommen in Deutschland nach vorläufigen Ergebnissen etwa 1510 Milliarden Euro. In der *Einkommensverteilung* wird das Volkseinkommen in das »Arbeitnehmerentgelt« und das »Unternehmens- und Vermögenseinkommen« aufgeteilt. Der Anteil der Arbeitseinkommen am gesamten Volkseinkommen wird anhand der *Lohnquote* gemessen.

Ihr Gegenstück, die Unternehmens- und Vermögenseinkommen, darf allerdings nicht als reine Gewinnquote missverstanden werden. Denn sie umfasst neben den Unternehmensgewinnen selbst auch den kalkulatorischen Unternehmerlohn der Selbständigen sowie die Zins- und Mieteinkünfte aller Sektoren, also zum Beispiel auch die der privaten Haushalte und des Staates.

Wertschöpfung

Die Wertschöpfung, genauer die Bruttowertschöpfung, ist ein Maß für die eigentliche wirtschaftliche Leistung eines Wirtschaftszweiges. Sie ist der Wert der innerhalb einer Branche in einer Wirtschaftsperiode (in der Regel innerhalb eines Jahres) selbst produzierten Waren und Dienstleistungen, und zwar unter Zuhilfenahme von Vorleistungen aus anderen Branchen. Zum Beispiel beinhaltet die Automobilproduktion elektrische und elektronische Teile aus der Branche Elektrotechnik. Die Bruttowertschöpfung einer Branche ergibt sich demnach als die Differenz zwischen dem Produktionswert der Branche und den Vorleistungen aus anderen Branchen.

Die Summe der Wertschöpfungen aller Branchen ergibt wiederum das *Bruttoinlandsprodukt*. Würde man dagegen die Produktionswerte aller Branchen addieren, dann würden einzelne Produktionsbestandteile (Vorleistungen) mehrfach berücksichtigt, und die wirtschaftliche Leistung würde insgesamt als zu hoch ausgewiesen. Die Wertschöpfungsdaten werden zum Beispiel herangezogen, um die Anteile einzelner Branchen an der gesamtwirtschaftlichen Leistung *(Bruttoinlandsprodukt)* zu messen. Daraus lassen sich Aussagen über den Strukturwandel in einer Volkswirtschaft ableiten.

Wertschöpfungsdaten einzelner Branchen dienen auch dazu, das Produktivitätsniveau und die Produktivitätsdynamik eines Wirtschaftsbereiches zu bestimmen. Hier ist es von besonderer Bedeutung, dass die Bruttowertschöpfung und nicht die Produktionswerte verwendet werden. Produktivitätskennziffern, die die Produktion als Leistungsgröße heranziehen, rechnen ansonsten den Erwerbstätigen in einer Branche Produktionsbestandteile zu, die nicht von diesen, sondern von Erwerbstätigen in anderen Branchen erstellt wurden. Vor allem wenn es im Zeitablauf zu einer intensiveren intersektoralen Arbeitsteilung kommt, dann überzeichnet eine auf Produktionswerten basierende Messung die tatsächliche Produktivitätsdynamik. Das ist vor allem dann der Fall, wenn Produktionsbestandteile, die vorher im eigenen Unternehmen erstellt wurden, in ansteigendem Ausmaß von anderen Unternehmen als Vorleistungen bezogen werden (Outsourcing).

Ein Blick auf die Entwicklung von Bruttowertschöpfung, Vorleistungen und Produktionswerten für die Industrie in Deutschland zeigt, dass sich der Vorleistungsbezug aus anderen Branchen deutlich dynamischer entwickelt hat als die eigentliche Wirtschaftsleistung. Während die preisbereinigten Vorleistungsbezüge des verarbeitenden Gewerbes im Zeitraum 1991 bis 2001 um über 25 Prozent gestiegen sind, ist die Bruttowertschöpfung dagegen nahezu konstant geblieben. Entsprechend ist der Anteil der Vorleistungen am Produktionswert von 61,1 Prozent im Jahr 1991 auf 66,6 Prozent in 2001 angestiegen.

Einfaches Modell eines Wirtschaftskreislaufs

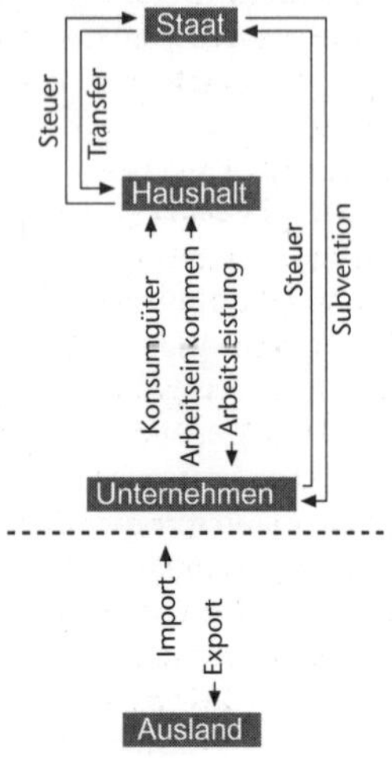

Wirtschaftskreislauf

Der Wirtschaftskreislauf ist eine gedankliche Konstruktion – ein Instrument, um die Güter- und Geldbewegungen in einer Volkswirtschaft besser zu erfassen, darzustellen und zu untersuchen. Formal gesprochen handelt es sich dabei um alle volkswirtschaftlichen Transaktionen, bei denen Güter und Forderungen mit Gegenleistung (Tausch) oder ohne Gegenleistung (Transfer, Schenkung) von einem Wirtschaftsteilnehmer (Betriebe, private Haushalte, Staat) auf einen anderen übergehen. Das Gegenstück wäre eine Art »Robinson-Crusoe-Wirtschaft«, in der jeder ein Selbstversorger ist und in der es folglich keinen Wirtschaftskreislauf gibt.

Die Vorstellung vom Wirtschaftskreislauf hilft, die komplizierten Vorgänge in einer arbeitsteiligen Wirtschaft vereinfacht und stark schematisiert darzustellen. Dabei wird das allgemeine Bild eines geschlossenen Kreislaufs, wie zum Bespiel in der Natur, auf die Wirtschaft übertragen: Zwischen Haushalten, Unternehmen, Banken, dem Staat und dem Ausland (den Kreislaufpolen) fließen bestimmte Geldströme und Güterströme.

Für den geschlossenen Kreislauf gilt: An jedem Pol muss die Summe aller zufließenden Ströme der Summe aller abfließenden Ströme entsprechen. Ein privater Haushalt zum Beispiel erhält für seine Arbeitsleistungen (Güterstrom) ein Einkommen (Geldstrom). Dieses Geld gibt er wieder aus, um Konsumgüter zu kaufen. Durch Erweiterungen kann dieses vereinfachte Bild an die Wirklichkeit angenähert werden, beispielsweise, indem die Kapitalbildung im Kreislauf berücksichtigt wird. Denn die privaten Haushalte verwenden nicht ihr gesamtes Einkommen für Konsumzwecke, sondern sparen einen Teil. Dieses Geld wird, vereinfacht gesagt, von den Banken gesammelt und den Unternehmen in Form von Krediten für Investitionen zur Verfügung gestellt.

Außerdem müssen der Staat und das Ausland als weitere Sektoren (Pole) in den Kreislauf aufgenommen werden. Durch die Berücksichtigung des Außenhandels wird aus der bisher »geschlossenen« eine »offene« Volkswirtschaft. Und nicht zuletzt liefern die Überlegungen anhand des Modells vom Wirtschaftskreislauf auch die theoretischen Grundlagen für die Berechnung des Sozialprodukts.

Zivilgesellschaft

In der politischen Diskussion wird heute mehr und mehr von der so genannten Zivilgesellschaft (oft auch Bürgergesellschaft) gesprochen. Sie zu stärken sei ein Gebot der Stunde, um letztlich der Gesellschaft wieder mehr Verantwortung für sich selbst zurückzugeben.

Der Begriff, der eine Eindeutschung des angelsächsischen »civil society« darstellt, ist recht vieldeutig und erzeugt damit vielfach auch Skepsis. »Zivilgesellschaft« meint in der Regel den selbst gesteuerten Bereich freiwilligen bürgerschaftlichen Engagements zwischen dem Staat, dem Einzelnen und der Wirtschaft. Es handelt sich mithin um ein weiteres Ordnungselement neben Staat und Wirtschaft. Zu den Akteuren der Zivilgesellschaft im weitesten Sinne werden Bürger, Parteien, Medien, Verbände, Vereine, Nichtregierungsorganisationen, aber auch die Wissenschaft gezählt.

So wird unter dem Begriff die freiwillige Orientierung menschlichen Handelns am Gemeinwohl sowie die politische Selbstbestimmung des Einzelnen durch eine weit gehende Partizipation an politischen Entscheidungsprozessen verstanden. Vielfach liegt dem Begriff die republikanische Demokratie-Idee zu Grunde, bei der der »Bürger« im Zweifel das Allgemeininteresse über sein Individualinteresse stellt und seine Angelegenheiten eigenverantwortlich mitbestimmt. Dieses Interesse am Allgemeinwohl wird auch als »Bürgertugend« bezeichnet.

Der Begriff sowie seine Implikationen sind durchaus umstritten; so bleibt offen, ob über Verfahren der demokratischen Bürgerbeteiligung tatsächlich immer das Gemeinwohl bestimmbar ist. Unklar ist auch stets das Verhältnis zum Staat, war die Bürgerbeteiligung doch einst als Gegenspielerin zum Staat gedacht. Andererseits wird an der gegenwärtigen Form der Demokratie bemängelt, dass der Staat einen zu großen Raum einnehme (die Regulierungsdichte sei zu hoch) und die Freiheit und Rechte der Bürger einenge, was nach einer Reform der Demokratie im Sinne einer Neuordnung der Verantwortlichkeiten zwischen Staat, Wirtschaft und Gesellschaft verlange. Häufig wird hierfür die Stärkung zivilgesellschaftlicher Einrichtungen angestrebt.

Der Autor bedankt sich bei der Initiative Neue Soziale Marktwirtschaft für die auszugsweise Nutzung ihres Internet-Wirtschaftslexikons: www.chancenfueralle.de

Internetadressen für die Recherche

Statistisches Bundesamt: www.destatis.de
Bundesfinanzministerium: www.bundesfinanzministerium.de
Bundesbank (ESZB): www.bundesbank.de
Deutscher Städtetag: www.staedtetag.de
Das Hamburgische Welt-Wirtschafts-Archiv: www.hwwa.de
Hans Böckler Stiftung des DGB: www.boeckler.de
Institut der Deutschen Wirtschaft, Köln: www.iwkoeln.de
Institut für Arbeitsmarkt- und Berufsforschung, Nürnberg: www.iab.de
World Economic Forum, Genf: www.weforum.org
Dieter Meyer, Ministerialrat a. D.: www.staatsverschuldung-online.de
Initiative Neue Soziale Marktwirtschaft: www.chancenfueralle.de

Führende Wirtschaftsforschungsinstitute:
Deutsches Institut für Wirtschaftsforschung, Berlin: www.diw.de
Institut für Wirtschaftsforschung, Halle: www.iwh.uni-halle.de
Institut für Weltwirtschaft, Kiel: www.uni-kiel.de/IfW
Institut für Wirtschaftsforschung, München: www.ifo.de
Rheinisch-Westfälisches Institut für Wirtschaftsforschung, Essen: www.rwi-essen.de
Zentrum für Europäische Wirtschaftsforschung, Mannheim: www.zew.de

Literatur

Günter Ederer: Die Sehnsucht nach einer verlogenen Welt, C. Bertelsmann, 2000
Jahresgutachten 2002/03: Zwanzig Punkte für Beschäftigung und Wachstum, Sachverständigenrat zur Begutachtung der gesamtwirtschaftlichen Entwicklung. Download als pdf-Datei: www.sachverstaendigenrat.org
Paul Kirchhof et al: Karlsruher Entwurf zur Reform des Einkommensteuergesetzes. Download als pdf-Datei: www.uni-heidelberg.de/institute/fak2/kirchhof/estg-entwurf.pdf
Meinhard Miegel: Die deformierte Gesellschaft, Propyläen, 2002
Elisabeth Niejahr, Rainer Pörtner: Joschka Fischers Pollenflug und andere Spiele der Macht, Eichborn, 2002
Horst Siebert: Der Kobra-Effekt, DVA, 2. Auflage 2002
Schlussbericht der Enquete-Kommission »Demographischer Wandel – Herausforderungen unserer älter werdenden Gesellschaft an den Einzelnen und die Politik«, Deutscher Bundestag, Drucksache 14/8800
World Economic Forum, Genf: The Global Competitiveness Report 2002– 2003. Download als pdf-Datei: www.weforum.org